Years of Change
Reading the Soviet Press

Natasha Simes

⮝CTR

KENDALL/HUNT PUBLISHING COMPANY
2460 Kerper Boulevard P.O. Box 539 Dubuque, Iowa 52004-0539

ACKNOWLEDGEMENTS

I would like to acknowledge the American Council of Teachers of Russian and the Paul H. Nitze School of Advanced International Studies of the Johns Hopkins University in Washington, D.C. for institutional and financial support of "Years of Change: Reading the Soviet Press." In particular, I would like to express my gratitude to Dr. George Packard (Dean, the Paul H. Nitze School) and Dr. Dan Davidson (ACTR and Bryn Mawr) for their ongoing professional assistance in bringing this project to fruition.

The author is also pleased to acknowledge a debt of gratitude to Dr. Tatiana Kirsh for her numerous suggestions for sharpening the focus of this book, as well as to my colleagues in the profession and their students who participated in the test teaching of these materials at the George Washington University: Dr. Irene Thompson and Liudmilla Gooslistova (George Washington University). I also want to thank my friends Marina Rappoport and Sheila Ross for their priceless effort to improve the editing of the final drafts and their useful recommendations concerning formatting. I want to express my gratitude to Rachel Bleha for her assistance in the layout of the newspaper texts of the book. Unfortunately, I have not been able to include every suggestion which I have received in the preparation of the project and, therefore, I assume exclusive responsibility for the text and any errors it might contain.

I welcome the comments and suggestions of all who use these materials, as I intend to make preparation for its regular revision and updating in the near future.

Washington, D.C.
October 1991
N.S.

PREFACE

YEARS OF CHANGE: READING THE SOVIET PRESS

The great changes which occurred in the Soviet Union on the heels of the failed reactionary coup have forever profoundly changed the nature of that country. The Soviet multi-ethnic empire built by force and coercion and maintained through pervasive totalitarian controls ceased to exist. What will eventually emerge in its place is still far from certain, but there can be no return to the past.

The revolutionary changes of August 1991, did not come as a complete surprise. The failed coup radicalized Soviet politics and thus accelerated historical trends already in the making. These trends were a product of the failed communist experiment. More specifically, they reflected the spectacular reforms of perestroika and glasnost, introduced by Mikhail S. Gorbachev. Current dramatic events cannot be understood without appreciating the background of Gorbachev's historical undertakings.

Understanding the years of perestroika is a must for all those who follow Soviet developments. And there is no better source than the writings of the Soviets themselves. Under Gorbachev, the previously near-monolithic Soviet media, in the spirit of glasnost, suddenly began speaking with a variety of voices offering different and highly interesting perspectives on the crucial aspects of political, social and economic life of the country.

YEARS OF CHANGE: READING THE SOVIET PRESS is an attempt to provide a large group of Americans – scholars and practitioners studying Soviet society, problems of nationalism, history, economy, domestic and international politics – with such information. This book contains interviews, articles and essays by leading Soviet journalists and statesmen, the men and women who are in the forefront of perestroika. These articles are devoted to different apects of Soviet reality which will help a foreigner to understand what brought the country to change, as well as the dimensions of the revolutionary transformations currently under way. They demonstrate what impact this change has had on the society as a whole and how it is affecting the country's domestic and foreign policy.

Although the book does not reflect recent events, its contents are not outdated because it captures the points of Soviet reality which are deeply rooted in its traditions and, hence, are a key to a proper understanding of the country's present and future developments.

YEARS OF CHANGE: READING THE SOVIET PRESS is a Russian language textbook. The ability to function successfully in a foreign culture obviously depends on using language structures properly. Another requirement for successful communication is background information: the country's history and culture, as well as its cultural code as reflected in the language. These elements are the product of everyday existence multiplied by centuries of history and are easily recognized by anyone who grew up in the country, went to school there, stood in lines for groceries and argued with friends about politics or religion. These words are not to be found in dictionaries or reference books. They represent the entire life-span of the country.

Another important skill, indispensible for quality communication, is the ability to transfer knowledge that one already possesses. It is the ability to use native language skills and background knowledge in the context of a foreign language.

This textbook is aimed at the development of two basic skills - **reading and speaking** - with special emphasis placed on culturally specific words and concepts relevant to a particular topic and by activating the mechanisms of prediction inhibited by the lack of self-confidence in a foreign context.

The structure of *YEARS OF CHANGE: READING THE SOVIET PRESS* is based on the goal of functional proficiency in **reading** and **speaking** in the areas of history, sociology, demography, education and religion as well as in domestic and international politics. The author assumes that students using this book have acquired a level of Russian, specified by *Political Russian*[1] (**Speaking** - *Intermediate High*, **Reading** - *Superior* for politics, national security and socio-economics). Students who have attained *Intermediate Mid* in **Speaking**, but show talent, can also profit from this book. It is also assumed that students have fundamental control over grammatical and vocabulary distribution. Each chapter is structured around a particular topic: for example, social hypnosis, market economy, the multi-party system, and the new political system.

Reading materials include feature-length articles. Students are taught first to anticipate and then to identify supported opinion and then, through the use of such language means as synonyms, opposites, and metaphors, to acquire an in-depth understanding of the text.

---

[1]Simes, Natasha and Richard M. Robin. *Political Russian*. Kendall/Hunt Publishing Company, 1990.

Speaking exercises are designed to a) activate some of the vocabulary of the lesson and b) improve the students ability to structure paragraphs to support one's opinions through conversation management strategies.

This book does not contain grammar exercises.

Complete coverage of *YEARS OF CHANGE: READING THE SOVIET PRESS* requires 3 to 4 hours of classroom instruction per week plus homework – two academic semesters. A student who has successfully mastered the textbook and who began with *Intermediate High* in **Speaking**, can attain speaking proficiency of *Advanced Plus*. All students should attain *Superior* in **Reading**.

Each lesson of *YEARS OF CHANGE: READING THE SOVIET PRESS* is made up of three parts.

PART I – pre-reading exercises which are to be completed before reading the text include:

1.   exercises aimed at activating anticipation strategies. Students learn to comprehend more of an unfamiliar text by anticipating the possibilities. This information will facilitate the comprehension of the text.

2.   culturally specific words/terms: words and concepts which are not in a dictionary but are a key to the proper understanding of the text.

3.   a vocabulary list which includes other essential expressions or idioms.

PART II – reading exercises. Because efficient reading of original texts is the most important source of obtaining information, reading exercises are divided into four categories:

1.   reading strategies aimed at fast information retrieval: skimmimg and scanning for specific facts or opinions.

2.   linguo-stylistics: students learn to read for nuances and subtleties of opinion.

3.   macrostructure: students isolate main points that the author wants to make.

4.   microstructure: students learn to single out components of the article, such as the introduction, beginning of an argument, illustration, support or criticism, conclusion and the like.

PART III – post-reading exercises prepare students to discuss the main theme of the lesson at length and in detail. These exercises include:

1.   vocabulary exercises which focus the students' attention on specific words and expressions.

2.   communicative exercises which help students to realize their communicative intentions. These exercises will enhance the ability to speak and argue in logical paragraphed speech a) supporting the author's opinion and b) formulating and supporting their own opinion connected with the theme of the lesson.

SUGGESTIONS TO THE TEACHER

YEARS OF CHANGE: READING THE SOVIET PRESS is a modular book. Teachers can choose from the materials depending on their students interest or specialization without fear that the structure of the book will topple. Moreover, each lesson has enough modularity in itself to allow the teacher who emphasizes reading to totally disregard speaking exercises, which is Part III of each lesson. Teachers who choose to emphasize receptive skills over active skills can concentrate their efforts on the first two parts of each lesson. Teachers and students who do not wish to learn how to read for detail but rather would prefer to concentrate on fast reading techniques, can omit altogether the stylistics exercise in Part II and translations into English.

OUTLINE FOR THE PRESENTATION OF ONE LESSON

STAGE I

In class

1. Part I: exercise A.
    - This assignment can be done out loud in Russian after students

read the assignment in English.

2. Part I: exercise B.
    - Teachers can simply limit questions to whether the information that students find in the assigned paragraphs confirms their predictions.
3. Part I: exercise C.
    - After students read the explanation, teachers can comment or add to the information.
4. Part I: exercise D.
    - Teachers introduce the vocabulary.

At home

1. Part II: exercise A.
2. Phonetic reading of the text.
3. Translation into Russian of portions of the text indicated by the teacher.
4. Part II: exercise B.
    - Students prepare this exercise only in the portions of the text indicated by the teacher.
5. Part I: exercise D.
    - Students write sentences using the vocabulary from the portion of the article assigned by the teacher.

STAGE II

In class

1. Check translation into English of the assigned portion.
2. Check stylistic analysis of the assigned portion.
3. Read out loud students' sentences using the vocabulary from the portion of the article assigned by the teacher.
4. Retell the same portion using active vocabulary.

At home

1. Translation into Russian of portions of the text indicated by the teacher.
2. Part II: exercise B.
    - Students prepare this exercise using only the portions of the text assigned by the teacher.

3. Part I: exercise D.
   - Students write sentences using the vocabulary from the portions of the article assigned by the teacher.
4. Students prepare a complete retelling of the portion covered in class.

STAGE III

This stage can be a repetition of the previous stage if the proficiency level of students does not allow them to move at this speed.

STAGE IV

In class

1. Check translation into English of the assigned portion.
2. Check stylistic analysis of the assigned portion.
3. Read out loud students' sentences using the vocabulary from the portion of the article assigned by the teacher.
4. Retell the entire text.
5. Part II: exercises C, D.

At home

1. Part III: Vocabulary exercises A, B.
2. Part III: Communicative exercises A, B, C – for discourse
                                                    management.
3. Part III: Communicative exercise A – for supported opinion.

STAGE V

In class

1. Part III: Vocabulary exercises A, B.

2. Part III: Communicative exercises A, B, C – for discourse
                                                      management.
    – It is recommended that each student read his/her interpretation
    of each phrase in these exercises.
3. Part III: Communicative exercises D, E, F – for discourse
                                                      management.
    – It is recommended that these exercises be done in class before
    assigning them as homework.

4. Part III: Communicative exercise A for supported opinion.

At home

1. Part III: Communicative exercises D, E, F for discourse
                                                      management.
2. Part III: Communicative exercises B, C, D for supported opinion.

STAGE VI   An overlap of Stage VI of one lesson with Stage I of the next
                lesson is suggested.

In class

1. Part III: Communicative exercises B, C, D for supported opinion.
2. Part III: Communicative exercises E, F for supported opinion.
3. Part III: Communicative exercise G for supported opinion –
    distributing roles in the discussion only.
4. New lesson – Part I: exercises A, B, C, D (see Stage I for
    details).

At home

1. Part III: Communicative exercise G for supported opinion.
2. New lesson – see Stage I.

New lesson (same pattern)

Each new lesson follows the same pattern except that the first two to
three classes will include the unfinished communicative exercises of
the previous lesson.

TABLE OF CONTENTS

ОГЛАВЛЕНИЕ

ГЛАВА ПЕРВАЯ

ГЛАВА ПЕРВАЯ: ИСТОКИ ПЕРЕМЕН

Урок один – Сталинский гипноз

Натан Эйдельман

PART I – PRE-READING TASKS

A. Read the title of this article.   Is this a story about hypnosis as a form
of medical treatment?   Does the article deal with Stalin's mental
condition?   What kind of hypnosis is N. Eidelman writing about?   Discuss
various suppositions with your fellow students and write them down.

B. Skim through paragraphs 7 and 8.   What do they say?   Compare what you
read with your thoughts before reading the paragraphs.

C. The following words can be classified as *culturally specific* and thus are
difficult to understand.   Each of these words carries a number of meanings
that are intimately tied to Soviet/Russian culture and society.   Pay
particular attention to the list below:

In order to fully grasp the dramatic changes in today's Soviet Union,
we must look back at the Stalinist period of Soviet history and try to
understand the psychology of the era, which Nathan Eidelman, the
brilliant Soviet writer and historian, calls "social hypnosis."

1) И. Шафаре́вич – a prominent mathematician who emerged as a major
proponent of the Neo-Slavophile movement.

2) Рой Медве́дев – a Marxist historian, a dissident who, even during the
period of stagnation, continued to feel that Marxism
was the answer for the Soviet Union.

The dialogue between the two on the origins of Stalinism represents
the differences between those who refuse to see Russia as primarily

responsible for Stalinism and those who think that there were
fundamental reasons for its appearance in Russian history.

3)   Михаил Исаковский – the official "court poet" of Stalin and
                          of Stalinism.

4)   коллективизация и 1937 год – two peaks of Stalinist repressions
                                      against the peasants and the
                                      party/intellectual elite.

5)   добрый царь – the concept of a kindly czar who is not aware of the
                     brutalities to which his people are subjected.

6)   Германия 1933–1945 годов - Germany from the moment that the Nazis
                                  came to power to the fall of the Third Reich.

7)   альтернативные варианты исторического процесса – a non-Marxist view
                          of history when political and social developments are
                          not predetermined.

8)   позиция «радостного большинства» - the position of the majority of
                                          the population, which uncritically
                                          and cheerfully follows a party line.

9)   идея спасительной неизбежности – the idea of inevitability can be
                                          soothing because it makes resistance
                                          and struggle unnecessary.

10)   The following are popular phrases which became part of the
      Stalinist lingo:

          Сталин «творец всех благ» – Stalin is "the creator of all good."

          «Спасибо товарищу Сталину за отеческую заботу!.. За счастливое
          детство!.. За счастливую жизнь!..» – "Thanks to Comrade Stalin
          for his paternal care!... For our joyful childhood and happy
          life!..."
          «жить стало легче, жить стало веселей» – "life became easier
                                                      and more fun."
                          (A phrase from a famous speech delivered
                          by Stalin in the mid-1930s.)

11)   Па́влик Моро́зов – a Young Pioneer who reported his father for
           helping purged peasants. His father was
           subsequently arrested.

12)   «уса́тый» – a derogatory nickname for Stalin who had a moustache.

13)   полити́ческие обвине́ния 1937-1938 го́да – political accusations
           made during 1937-1938, usually against the revolution's old
           guard or against true believers in communism, which led to
           their virtual annihilation.

14)   «За Ро́дину! За Ста́лина!» – "For the Motherland! For Stalin!" With
           these words Soviet soldiers during World
           War II charged out of their trenches.

15) доно́с – под ви́дом бди́тельности и исполне́ния до́лга пе́ред госуда́рством
           и наро́дом – a report to the secret police about someone on the pretext
           of exercising vigilance as well as a citizen's duty
           before state and people to make any unauthorized
           actions known to authorities.

16) ... «Трудо́м со все́ми сообща́ и заодно́ с правопоря́дком» –
           this is a line from B. Pasternak. It is an
           attempt to explain that many decent people at
           that time were happy in their own way. For
           example, the idea that they were law–abiding
           citizens working in harmony with the existing
           order.

17)   Да ми́нет вас ча́ша сия́! – these words are from the Gospel: May such a
           fate not befall you!

D.   Look through the following words and expressions from the text.

1)   вызыва́ть/вы́звать мно́го о́ткликов среди́ (со стороны́)– to evoke
                                a strong response among (in)
2)   жи́во интересова́ть – to interest someone deeply
3)   передёржки – juggling facts, stretching or even distorting them to
                                suit one's purposes; sophistry
4)   налицо́ – to exist; to be present (not about people)
5)   вопро́с вопро́сов – the key question
6)   пре́дки – ancestors; one's old folks (coll.)
7)   крича́ть/кри́кнуть ура́ – to voice naive support, to acclaim uncritically
8)   иска́ть внутри́, а не вне – to look within rather than without
9)   на престо́ле – on the throne
10) коренна́я ло́мка – radical restructuring
11) отдава́ть/отда́ть си́лу и ду́шу – to put one's heart into something

12) ве́ра в справедли́вость соде́янного – faith in the fairness of what was done

13) про́литая кро́вь – spilled blood

14) приноси́ть/принести́ же́ртвы зря – to sacrifice in vain

15) иде́я непогреши́мости – idea of infallibility

16) об э́том и разгово́ра нет – it is not even discussed

17) наиме́ньшее зло – the lesser of two evils

18) преодолева́ть/преодоле́ть страх – to overcome fear

19) проявля́ть/прояви́ть самоотве́рженность – to act selflessly

20) соверша́ть/соверши́ть до́брые дела́ – to do good deeds

21) прохво́ст – scoundrel

22) меня́ть/поменя́ть места́ми причи́ны и сле́дствия – to mix up cause and effect

23) приобща́ть/приобщи́ть кого́-то к + дат. – to make somebody a part of; to link to...; to co-opt

24) ми́тинг в осужде́ние вреди́телей – meeting to condemn saboteurs

25) доно́счик – informer

26) обожествля́ть/обожестви́ть – to idolize

27) изде́ржки – costs, damage (here)

28) убежда́ться/убеди́ться в обра́тном – to find out that the the opposite is true; to recognize one's error

29) облада́ть о́стрым полити́ческим уме́нием – to possess acute political skill

30) станови́ться/стать послу́шным – to become obedient

31) с по́мощью средств подавле́ния – by means of suppression

32) целенапра́вленная агита́ция – single minded, focused agitation

33) выходи́ть/вы́йти из тра́нса – to come out of a trance

34) усто́и не ру́хнули, но тре́снули – the foundation cracked but did not crumble

35) зна́ть по себе́ – to know firsthand

36) по-сво́ему счастли́вый – happy in one's own way

37) насме́шливость молоды́х – sarcasm of the young

38) в обозри́мом бу́дущем – in the foreseeable future

39) благи́е переме́ны – changes for the better

PART II – READING TASKS

A. Read the questions below. Then, read the text and answer the questions in written form.

Questions:

1) What is the main idea of the article?

PARAGRAPH 1

2) Readers of the "Moscow News" want to know ...
    (mark the correct answer):
    a) about the extent of terror during the Stalin era.
    b) how many innocent victims were annihilated at that time.
    c) how it was possible that Stalin could remain in power
       despite all the atrocities of his rule.

PARAGRAPH 2, 3

3) To whom is the poem addressed?

4) The author calls today's interpretation of the Stalin era an aberration.
    Explain why.

5) Young people cannot understand how their fathers could adore Stalin ...
    (mark the correct answer):
    a) when they read about the horrors of collectivization and 1937.
    b) for so long.
    c) when they compare the horrors of collectivization with the verse
       quoted above.

6) The explanation that their "folks" are simply idiots is complicated by
    something. What is it?

PARAGRAPH 4, 5

7) Which major question is raised by the author here?

8) The golden rule of scientific thinking is ...
    (true or false for each item):
    a) first, look for a complex decision.
    b) first, look for a simple decision.
    c) first, look for a decision outside the problem.
    d) first, look for a decision in the problem itself.

9) Why does the author mention this rule?

PARAGRAPH 6, 7

10) What percentage of the population believed in Stalin?

11) The secret of Stalin's power lies in ...
    (mark the correct answer):
    a) the use of terror alone.
    b) his reliance on the top bureaucracy.
    c) social hypnosis.
    d) certain improvements in living conditions.

PARAGRAPH 8

12) Certain preconditions are necessary to bring an entire society to a similar mental disposition. Name three.

13) Why does the author mention Germany of 1933–1945?

PARAGRAPH 9, 10

14) Where are the roots of the idea of infallibility to be found?

15) Today, as different from the 1930s, the theme of an alternative course of history is often discussed. This brings us back to the question of ... (mark the correct answer):
   a) historical aberration.
   b) "fathers and sons."
   c) the golden rule of analysis.
   d) Russia's historical destiny.

16) The idea of unity and salutary inevitability is personified in ... (mark the correct answer):
   a) the "cheerful" majority.
   b) an authoritarian leader.
   c) a fearless hero.
   d) the smallest of evils.

PARAGRAPH 11

17) The author talks about replacing cause and effect. What does he mean by this?

18) What was the reaction of millions to the annihilation of innocent people?

PARAGRAPH 12

19) What did Stalin and his entourage do to make an entire population feel themselves to be accomplices to crime?

PARAGRAPH 13, 14

20) The story of the author's father proves the point that ... (mark the correct answer):
   a) it is possible to believe their statements that they understood what was going on.
   b) it is impossible to believe them.
   c) their understanding of life then was different than that of today.
   d) they acted without thinking.

21) What does the story of Eidelman's veteran friend prove?

PARAGRAPH 15, 16

22) In these paragraphs the author summarizes some of the points he has made and comes up with some new ones. Which are which?

PARAGRAPH 17

23) As a result of Khrushchev's speech at the 20th Party Congress the huge
country ... (mark the correct answer):
a) came out of the trance.
b) began to come out of the trance.

24) People who have been in a trance follow certain patterns. Name four.

PARAGRAPH 18, 19, 20

25) What is the most important guarantee of changes for the better, according
to Eidelman?

26) Which kinds of books does he hope to be reading in the future?

B. Stylistic analysis.

This story, and all the others that you are going to study in the course
of this book, is an example of journalistic writing. If we assume that the
basic function of newspapers is to inform and to persuade, then we can expect
that each article will probably contain a problem which the author wants to
raise, the author's attitude toward the problem, its status in the world and,
possibly, a proposed solution.

Technically speaking, in a journalistic piece the author should a) make a
general statement introducing the problem and then illustrate it with
examples, or start with illustrations and then coalesce them under a specific
general subject. b) After that the author can express support or criticism
by arguing a point. c) The author can also bring in a new angle which will
widen the dimensions of the problem or channel it in a different direction.
d) The story should contain a conclusion in which the author states a
prognosis of the problem's outcome.

Transition markers are the words which help the author to develop a train
of thought.   Here are some frequently used transition words:
итак; вот почему; например; во-первых, ..., во-вторых, ...; кстати; ведь;
следовательно; между тем; однако; с одной стороны ..., с другой стороны etc.

1. Keeping this in mind, make a list of words -- let's call them
transition markers -- which N. Eidelman uses to:
- begin the argument
- illustrate the argument
- support or criticize the argument
- shift to a new problem
- conclude the argument

2. Single out different parts of the article and name them.

3. Find uses of stylistic redundancy[1] and explain the reasons for its use.

4. Find uses of opposites in the text.

5. Find uses of rhetorical questions and explain them.

6. Find uses of metaphors and explain them.

C. Write an outline of the story in Russian using a) quotations from the text and b) your own questions.

D. Did you like the article? What position does the author take? Do you agree with this position?

E. Did you learn anything new for yourself in this article? Name the points which surprised you.

---

[1]**Redundancy** through use of synonyms or synonymous phrases is one of the main stylistic devices in expository prose. Writers use redundancy to emphasize the importance of a previously made statement. It holds a paragraph or a series of paragraphs together and allows the reader to follow the direction of the writer's line of argument.

Example: Разрушéния, **жéртвы, прóлитая кровь** усиливают ощущéние справедлѝвости.

СТАЛИНСКИЙ ГИПНОЗ

Hypnosis —

Натан ЭЙДЕЛЬМАН

Диалог между математиком Шафаревичем и историком Роем Медведевым («МН» № 24) вызвал много откликов. Авторов писем живо интересует вопрос: как могло случиться, что жестокость, террор, уничтожение многих невинных людей не помешало Сталину в течение многих лет оставаться во главе страны. Свое мнение по сему поводу высказывает историк и писатель Натан Эйдельман.

В СВОЕ ВРЕМЯ поэт Михаил Исаковский писал: «Спасибо Вам, что в годы испытаний Вы помогли нам устоять в борьбе; мы так Вам верили, товарищ Сталин, как, может быть, не верили себе...»

Сейчас во множестве книг, статей, выступлений легко обнаружить известную историкам аберрацию, «передержку», стремление оценить людей 1930 — 1950 гг., как если бы они жили сейчас. Молодежь, читая про ужасы коллективизации и 1937 года и сравнивая это с вышеприведенными стихами, не понимает, как могли отцы и деды верить вождю и восторгаться. Мысль, что предки — просто «дураки», осложняется тем, что некоторые предки еще налицо и на дураков не похожи — честные, нередко героические люди...

Вопрос вопросов: если Сталин — один из самых зловещих тиранов в истории человечества, как получилось, что миллионы людей (а в их числе многие умнейшие политики, ученые, писатели) десятки лет радостно, искренне кричали ура!

Ответить пытаются по-своему самые разные люди — в их числе, например, Шафаревич, который, впрочем, в своих рассуждениях, я полагаю, нарушил первое правило научного мышления — искать сначала простые решения, а не сложные, искать внутри, а не вне «ситуации».

Но в чем же все-таки секрет Сталина: страх, террор? Конечно, это важные «факторы», однако ни один тиран, продержавшийся достаточно долго на престоле, не мог рассчитывать только на террор.

Сталин, конечно, опирался на аппарат (они взаимно «создавали» друг друга), но ведь это не более 2 — 3 процентов населения. Более существенно, что остальные 97 — 98 процентов как будто верили и повторяли: «жить стало лучше, жить стало веселее», в то время как жизнь народа становилась печальнее. Похоже, что в 1930 — 1950 годах значительная часть населения нашей страны жила в состоянии особого социального гипноза...

Кто не испытывал влияния толпы, в которой вдруг раздается крик «бежим!» или «бей его!» Для длительных же гипнотических состояний целого общества нужны определенные условия. Такому состоянию нередко предшествует коренная социальная ломка: народные массы отдали силу и душу общему делу, заложили основу единодушия, веры в справедливость содеянного; разрушения, жертвы, пролитая во время «взрыва» кровь усиливают ощущение справедливости — иначе жертвы принесены зря... Другой важный фактор — относительная отсталость, необразованность большинства населения, отсутствие демократических, индивидуалистических традиций. Вспомним, что в течение нескольких веков в России существовала вера народа в идеального, доброго царя. Известны, правда, случаи социального гипноза и в развитых странах — вспомним Германию 1933 — 1945 годов...

Социальный гипноз часто опирается на убежденность в отсутствии альтернативы избранному пути, отсюда — идея непогрешимости, единственности. Сегодня и в печати, и в ходе публичных обсуждений довольно часто поднимается тема альтернативных вариантов исторического процесса. Но в 30-х об этом и разговора не было, повторяли одно и то же: там, на Западе, кризис, а наши недостатки — «наименьшее зло».

Еще причина: многим, даже нетрусливым людям было легче преодолевать страх, переходя на позицию «радостного большинства». Идея единства, идея спасительной неизбежности того, что происходит, легко персонифицируется, сливается с фигурой авторитарного лидера.

Советские люди трудились, боролись, проявляли героическую самоотверженность, совершали прекрасные добрые дела, были субъективно безусловно честными (хотя процент прохвостов, конечно, возрастал), но при этом гипнотический мираж менял местами причины и следствия: труженики создавали богатства страны, и а то же время им искренне казалось, что Сталин «творец всех благ». «Спасибо товарищу Сталину за отеческую заботу!.. За счастливое детство!.. За счастливую жизнь!..»

И снова спросим — как же «всенародная любовь» к вождю могла расти и крепнуть в условиях массового террора? Миллионы наблюдали, как истребляются невиновные, но «под гипнозом» все это оправдывали, не замечали. А самое главное, Сталин и его окружение старались приобщить к репрессиям всех: тысячи митингов в осуждение «вредителей»; культ Павлика Морозова и более взрослых доносчиков; клятвы соучастия... Общность совершаемых преступлений, иллюзия и реальность соучастия (когда миллионы восторженных за и лишь наиболее смелые отмалчиваются) — в таких условиях пролитие крови не ослабляло, а, наоборот, усиливало «сталинский гипноз».

Тем, кто сегодня думает и говорит, что уже тогда все понимал, можно, вероятно, верить. И одновременно верить нельзя. Скорее всего, они не обманываются, только вряд ли в ту пору они понимали все именно так, как сегодня. Тихо рассказывая анекдоты, проклиная «усатого», все же (сознательно, а чаще подсознательно) соединяли его персону с общегосударственными и общенациональными потребностями, видели в нем зло, но «наименьшее». Вспоминаю своего отца, который Сталина не любил, над обожествлением его смеялся, в политические обвинения 1937 — 1938 года абсолютно не верил, но считал все это печальными издержками, порожденными борьбой с фашизмом... Верил, что после победы над гитлеризмом жить станет действительно «лучше, веселее»... Когда убедился в обратном, не смог смолчать и отправился в лагерь.

Один лейтенант-фронтовик много лет назад рассказывал мне: «Я выскакивал из окопа с криком «За Родину! За Сталина!», и несколько десятков мужиков, которым Сталин ничего хорошего не сделал, бежали в атаку вслед за мною».

Что же, выходит, Сталин и его присные были столь гениальными гипнотизерами, что сумели буквально околдовать огромный народ?

Видимо, ряд важных условий для «сеанса» создался без них, многое — задолго до них! Однако Сталин и его люди несомненно обладали особым острым, хищным политическим умением — иногда осознанным, большей частью подсознательным — тем самым, которым владеет, например, атаман, который заранее, «не готовясь», умеет так рыкнуть, что все вокруг притихают и становятся послушны. Удобное для диктатора совпадение исторических обстоятельств было использовано, укреплено и развито активным «правящим меньшинством» — с помощью средств подавления и мощнейшей целенаправленной агитации. Тут, конечно, использовались такие рычаги, как патриотизм, идея общего блага, но притом — прославлялся Вождь, фактически поощрялись ненависть к инакомыслящим, доносы — под видом бдительности к врагам и исполнения долга перед государством и народом.

Н. С. Хрущев, наверное, и сам не предвидел, какие последствия будут иметь его историческая речь на XX съезде партии, реабилитация миллионов людей. Устои многолетнего гипноза, может, и не рухнули, но треснули. Великая страна выходила из гипноза не сразу, годами, десятилетиями, но выходила. Люди, долго зачарованные, обычно с трудом вспоминают, какими были «до пробуждения», изрядно идеализируют свое прежнее поведение, не могут объяснить (а ведь действительно очень трудно!), как одобряли, осуждали; как при этом (автор знает по себе) были по-своему счастливы. Чем? «Трудом со всеми сообща и заодно с правопорядком», как сказал поэт.

Проснувшись, оглядываемся. Опасаемся легкой насмешливости молодых: «Мы бы не попались!» Ах, милые мои, да минет вас чаша сия... К счастью, в обозримом будущем, при всей еще противоречивости народного сознания, условий, необходимых для нового длительного «восторженного усыпления», пока что, слава богу, не видно.

Может быть, это важнейшая гарантия благих перемен...

Заканчивая этот краткий очерк, автор уверен, что со временем прочитает специальные и популярные книги о тридцатилетнем сталинском гипнозе и радости пробуждения.

PART III - POST-READING TASKS

Vocabulary exercises

A. Explain the meaning of the following words using synonyms, antonyms and/or equivalent phrases.

искать внутри, а не вне;   коренная ломка;   вера в справедливость содеянного;   идея непогрешимости;   наименьшее зло;   преодолевать страх; спасительная неизбежность;   митинг в осуждение вредителей;   издержки; обладать острым политическим умением.

B. Paraphrase words and expressions in bold using appropriate words from the text.   Make the necessary changes.

1) **В ближайшее время** было бы нелепо ожидать **серьёзных изменений к лучшему** в области планирования экономики.

2) В результате событий, последовавших за открытым письмом Н. Хрущёва, основы сталинизма, безусловно, **дали трещину, но не развалились.**

3) **По своему опыту** знаю, что **самопожертвование** родителей чаще всего **напрасно.**

4) **Никто и не говорит,** что может наступить время, когда не будет существовать **мерзавцев и стукачей.**

5) **Бурная реакция** читателей **была результатом** кампании в прессе, **проводимой с чётко поставленной целью** разоблачить коррупцию верхнего эшелона власти.

6) **Под предлогом неослабевающего внимания к врагам революции** НКВД **подключал** массы к соучастию в репрессиях против невинных граждан.

7) Характерным приёмом советской прессы периода застоя являлось **недобросовестное использование** цитат западных общественных и государственных деятелей.

8) Мой **старики боготворили** Сталина и, **не жалея себя,** трудились для построения общества добра и справедливости.

9) **Во главе угла** стоит вопрос, что **породило** сталинизм, а не какими являются его **непосредственные результаты.**

10) Теперь хотелось бы знать, кто же те, кто всегда **голосовал «за» и стоя?**

11). Оказывается, что после революции просто вместо царей **на троне** сидели первые секретари!

12) Общество сегодня **занимает вопрос,** когда «старая гвардия» революции практически **встала на точку зрения** монархистов.

13) Христос учил **творить добро** вопреки **сарказму** циников.

14) Сталинский террор сделал советское общество **покорным** слугой репрессий.

15) Если вы до сих пор считаете фашизм наименьшим злом, то эта статья, может быть, **вам докажет противоположное.**

C. Find the following phrases in the text:

1)   Диало́г **вы́звал мно́го о́ткликов.** – The dialogue evoked a strong
                                                        response.

Write five to ten sentences following the pattern below on the basis of
the article:

(что)   **вы́звал (а,о,и) мно́го о́ткликов**   (среди́ кого́)
_____   _____

Try to use the following expressions:

передёржки; коренна́я ло́мка; про́литая кро́вь; изде́ржки; ми́тинг в
осужде́ние...; переме́ны; до́брые дела́; молодёжь; че́стные лю́ди;
са́мые ра́зные лю́ди; дураки́; аппара́т; доно́счики; значи́тельная часть
населе́ния; це́лое о́бщество; фронтовики́.

2)   Ле́гче **преодолева́ть страх,** переходя́ на пози́цию.... – It is easier to
                                                  overcome fear by shifting one's point of view to...

Write five to ten sentences following the pattern below on the basis of
the article:

ле́гче   **преодолева́ть страх,** (де́лая что-то)
трудне́е   _____

Try to use the following expressions:

соверша́ть до́брые дела́; обожествля́ть; выходи́ть из тра́нса;
проявля́ть самоотве́рженность; убежда́ться в чём-то; станови́ться
послу́шным; отдава́ть си́лу и ду́шу чему́-то; крича́ть ура́.

3)   ...они бы́ли **по-сво́ему** счáстливы – ...they were happy in their own way

Write five to ten sentences following the pattern below on the basis of
the article.

(кто, что)   был (á,о,и) **по-сво́ему**   счáстлив (а, о, ы)
_____   самоотве́ржен (а, о, ы)
_____   че́стен, честна́, че́стно, честны́
                                          ве́сел, весела́, ве́село, ве́селы
                                          трусли́в, трусли́ва, трусли́во,
                                             трусли́вы
                                          послу́шен (а, о, ы)

бди́телен (а, о, ы)
умён, умна́, умно́, умны́
жесто́к, жестока́, жесто́ко,
   жесто́ки
неви́нен, неви́нна, неви́нно,
   неви́нны

Try to use the following expressions:

фронтовики́; учёные и писа́тели; пре́дки; умне́йшие поли́тики; аппара́т; толпа́; це́лое о́бщество; значи́тельная часть населе́ния; сове́тские лю́ди; тру́женики; вождь; нетрусли́вые лю́ди.

4)   Авторов **жи́во интересу́ет** вопро́с: ....   - The authors are deeply interested in the following question: ...

Write five to ten questions following the pattern below on the basis of the aticle:

(кого́)	**жи́во интересу́ет**	(что)
_____	**жи́во интересова́л (а, о, ы)**	_____

Try to use the following expressions:

у́жасы коллективиза́ции; специали́сты; ве́ра в до́брого царя́; социа́льный гипно́з; терро́р; переде́ржки в пре́ссе; обще́ственность; молодёжь; сре́дства подавле́ния; эли́та; дикта́торы; целенапра́вленная агита́ция; изде́ржки борьбы́ с фаши́змом.

D.   Make a list of words from the text which can be used to describe the theme "social hypnosis."

Communicative exercises - for discourse management

A.   Identify the source of the following statements, using the words below:

по мне́нию ...,
как писа́л ...,

Model:

Дли́тельному гипноти́ческому состоя́нию це́лого о́бщества предше́ствует коренна́я социа́льная ло́мка.

По мне́нию Ната́на Эйдельма́на, гипноти́ческому состоя́нию це́лого о́бщества нере́дко предше́ствует коренна́я социа́льная ло́мка.

1) Шафаре́вич нару́шил пе́рвое пра́вило нау́чного мышле́ния: иска́ть снача́ла просты́е реше́ния, а не сло́жные; иска́ть внутри́ ситуа́ции, а не вне её.
2) На За́паде был жесто́кий экономи́ческий кри́зис, поэ́тому недоста́тки ста́линского социали́зма явля́лись «наиме́ньшим злом».
3) «Жить ста́ло лу́чше, жить ста́ло веселе́е.»
4) «Трудо́м со все́ми сообща́ и заодно́ с правопоря́дком».

B. Express your agreement/disagreement with the following statements by arguing your point of view.   Use the following:

я согла́сна (согла́сен) с тем, что ..., потому́ что ...
я не согла́сна (согла́сен) с тем, что ..., потому́ что ...

Model:

Все сове́тские лю́ди 1930–1950 гг. ве́рили Ста́лину и восторга́лись им.

Я не согла́сна с тем, что все сове́тские лю́ди 1930–1950 гг. действи́тельно ве́рили Ста́лину, **потому́ что** тру́дно предста́вить себе́, что в тако́й огро́мной стране́ не существова́ло крити́чески мы́слящих индивидуумов.

1) Ста́лину удава́лось остава́ться во главе́ страны́ благодаря́ терро́ру и уничтоже́нию мно́гих неви́нных люде́й.
2) Коренна́я социа́льная ло́мка спосо́бна привести́ к серьёзной дестабилиза́ции в о́бществе.
3) Иде́я неизбе́жности спаси́тельна.
4) Н. Хрущёв не предви́дел, каки́е после́дствия бу́дет име́ть его́ речь на XX съе́зде па́ртии.
5) Тех, кто тогда́ отма́лчивался на собра́ниях, мо́жно назва́ть хра́брыми.

C. Express your opinion concerning the following statements using the words below:

по-мо́ему, ...
мне ду́мается, ...
сле́довательно, ...

Model:

Сейча́с не существу́ет усло́вий для но́вого дли́тельного социа́льного «усыпле́ния».

Мне ду́мается, что в настоя́щее вре́мя нет причи́н полага́ть, что сове́тские

лю́ди гото́вы глубоко́ пове́рить в каку́ю-нибу́дь полити́ческую иде́ю.
Сле́довательно, усло́вий для но́вого социа́льного гипно́за нет.

1) В рабо́тах не́которых исто́риков наблюда́ется аберра́ция в их ана́лизе
   пери́ода 30х-50х годо́в.
2) Культ Па́влика Моро́зова помога́л приобщи́ть к репре́ссиям всех гра́ждан.
3) Полити́ческие обвине́ния 1937-1938 годо́в бы́ли печа́льными изде́ржками,
   порождёнными борьбо́й с фаши́змом.
4) Меньшинство́ не могло́ бы пра́вить страно́й без мо́щных сре́дств подавле́ния.

D. Continue and develop the following statements using as many of the words
    below as possible:

> я хоте́л(а) бы доба́вить сле́дующее ...
> не то́лько ..., но и ...

Относи́тельная отста́лость Росси́и спосо́бствовала наступле́нию
состоя́ния социа́льного гипно́за.
Я хоте́ла бы доба́вить сле́дующее.   Изве́стны слу́чаи социа́льного гипно́за
не то́лько в отста́лых, **но и** в ра́звитых стра́нах.   Вспо́мним Герма́нию
1933-1945 годо́в.

1) Ста́лин и аппара́т взаи́мно создава́ли друг дру́га.
2) Гипноти́ческий мира́ж меня́л места́ми причи́ны и сле́дствия.
3) Ста́лин и его́ при́сные бы́ли гениа́льными гипнотизёрами.
4) Сего́дня мо́жно услы́шать голоса́ тех, кто утвержда́ет, что уже́ тогда́ всё
   понима́л.

E. Make an attempt to avoid the discussion of the problem and shift to
    another subject by using the following:

> мне ка́жется, ...
> есть и други́е причи́ны (после́дствия, возмо́жности etc.)
> наприме́р, ...

Model:

Социа́льный гипно́з опира́ется на отсу́тствие альтернати́вы и́збранному пути́.

Мне ка́жется, что тако́е явле́ние должно́ опира́ться не то́лько на отсу́тствие
альтернати́вы.   **Есть и други́е причи́ны** для тако́го социа́льного явле́ния.
Наприме́р, относи́тельная отста́лость о́бщества.

1) Состоя́ние толпы́, в кото́рой раздаётся крик «бей его́!» мо́жно сравни́ть
   с состоя́нием о́бщества в миниатю́ре.
2) Отсу́тствие усло́вий, необходи́мых для но́вого сеа́нса гипно́за, явля́ется
   важне́йшей гара́нтией благи́х переме́н в бу́дущем.

3) При отсу́тствии индивидуалисти́ческих тради́ций Росси́и бу́дет тру́дно стать полнопра́вным чле́ном общеевропе́йского до́ма.

4) Лю́ди, кото́рым Ста́лин ничего́ хоро́шего не сде́лал, бежа́ли в ата́ку с кри́ком «За Ро́дину! За Ста́лина!».

F. Suggest to a friend or a colleague to read or not to read this article using the following words:

эту статью́ сто́ит прочита́ть
эту статью́ не сто́ит чита́ть
де́ло в том, что ...

Communicative exercises – for supported opinion

A. Answer the following questions:

1. Наско́лько и́скренна была́ наро́дная подде́ржка Ста́лина в Сове́тском Сою́зе при его́ жи́зни?
2. Как объясни́ть, что Ста́линым ча́сто восторга́лись его́ же́ртвы?
3. В чём суть тради́ции ру́сской конце́пции до́брого царя́?
4. Наско́лько осве́домлены бы́ли по́дданные Ста́лина о развя́занном им терро́ре, и как они́ на него́ реаги́ровали?
5. Каки́ми полити́ческими рычага́ми по́льзовался Ста́лин, чтобы убеди́ть наро́д в свои́х благи́х наме́рениях?
6. Понима́л ли Ники́та Хрущёв, что, критику́я так называ́емый культ ли́чности, он подрыва́ет полити́ческие и психологи́ческие осно́вы сове́тского госуда́рства?
7. Есть ли гара́нтии, что Ста́линизм не повтори́тся?

B. Edit the following summary of the story:

Изве́стный сове́тский исто́рик Н. Эйдельман анализи́рует состоя́ние социа́льного гипно́за, кото́рому подверга́лось сове́тское о́бщество в пери́од ... Сейча́с наблюда́ется определённая абберра́ция в тракто́вке пери́ода 1930–1950 гг., когда́ мы хорошо́ понима́ем, почему́ на́ши пре́дки принима́ли и подде́рживали Ста́лина.

Как же мо́жно объясни́ть, почему́ Ста́лин, оди́н из са́мых злове́щих тира́нов в исто́рии, мог так до́лго остава́ться во главе́ страны́? А́втор стате́й ви́дит причи́ну успе́ха Ста́лина в состоя́нии ... На э́то существу́ет не́сколько причи́н. Во-пе́рвых, тако́му состоя́нию предше́ствует разруши́тельная война́. Второ́й причи́ной явля́ется отста́лость и необразо́ванность большинства́ населе́ния, кото́рое на протяже́нии веко́в ве́рило в жесто́кого царя́. Тре́тью причи́ну продолжи́тельного социа́льного гипно́за а́втор ви́дит в ...

Сего́дня мо́жно услы́шать, что лю́ди той эпо́хи ... , но счита́ли ...
изде́ржками борьбы́ с фаши́змом и поэ́тому ...

В результа́те ... усто́и многоле́тнего гипно́за ру́хнули, и страна́
бы́стро вы́шла из гипно́за.   К сожале́нию, в настоя́щее вре́мя
не существу́ет усло́вий, необходи́мых для но́вого «восто́рженного усыпле́ния».

C.   Write up your own summary.

D.   What title would you use for the story?

E.   Make a short list of the issues which appear the most important to you.

F.   Restate the main points of the article in the way in which you would have
approached the subject matter.   Make use of words suggested in the above
exercises to   a) quote sources;   b) express agreement/disagreement with
the author;   c) state your opinion and support it.

G.   Conduct a discussion, posing as people who lived under Stalinism.   Some
of you believe that Stalinism was inevitable and even worth it, given the
state of the country's economy and the emerging war with Hitler.   Others
feel that it is solely the responsibility of Stalin and his henchmen and
insist that they were not aware of the atrocities of the regime.   And
others think that everybody was responsible, that they knew enough and if
there were some things they did not notice, it was because they had been
brainwashed not to notice the obvious.

Distribute the roles beforehand, think through each line of argument,
and present it in a logical way supporting your position.

H.   Be prepared to discuss the following themes:

1.   Приро́да национа́льного психо́за.
2.   Как лю́ди уме́ют не замеча́ть то, что происхо́дит вокру́г них?

I.   Write a one-page composition on one of the above themes.

ГЛАВА ПЕРВАЯ: ИСТОКИ ПЕРЕМЕН

Урок два – Шестидесятники: взгляд на себя.

Д.К.

PART I – PRE-READING TASKS

A. Read the title of this story. *Shestidesiatniki* means generation of the 60s. What does the author have to say about this glorious generation? Is it a flattering description? Why did he choose to write about it at all? Does it deal with how the Soviet yuppies resemble their American counterparts? Discuss your thoughts with other students and write them down.

B. Skim through paragraphs 1, 2, 17 and 19. Compare what you read with your predictions.

C. Culturally specific words. Pay particular attention to the list below.

One of the first goals of Gorbachev's perestroika was to complete the process of de-Stalinization that began in the Khruschev era but was dramatically interrupted for 20 some years. This article introduces the generation of the so-called "Khruschev Thaw."

1) «Искýсство кинó» – a monthly magazine published by the USSR Committee on Cinematography.

2) XX съезд КПСС – the Congress of the CPSU held in 1956 at which Nikita Khrushchev made his famous "secret speech" which dealt with the personality cult of Joseph Stalin.

3) Лев Анненский – a contemporary poet, writer and movie critic.

4) В. Кáдрин – a contemporary writer of history.

5) Венгéрские собы́тия – the events which took place in Hungary in 1956 when, by the order of Khrushchev, Soviet troops crushed an anti-communist rebellion.

6) Алекса́ндр Фаде́ев - Alexander Fadeev was one of the leading Soviet writers of the Stalin era. Unable to cope with the truth about his party and its leader, whom he had glorified in his works, he shot himself.

7) Леони́д Лиходе́ев - a modern Soviet writer and journalist who specializes in satirical prose.

8) Лысе́нко - Lysenko was the leader of the campaign against genetics. His pseudo-scientific theories in biology were responsible for holding back the development of genetics in the USSR. They helped Stalin to emphasize the importance of social upbringing because Lysenko claimed that an individual was formed through "nurture rather than by nature."

9) Н. Хрущёв то́пал на худо́жников - this is a reference to an episode at the first exhibition of modern art after the death of Stalin held in the Manezh Gallery at which Khrushchev, who had been deliberately biased against abstractionism by its enemies, verbally attacked Ernst Neizvestny, a famous sculptor, calling his works trash and denigrating the whole movement of non-formal art.

10) аппара́т - bureaucracy.

11) миф о «мора́льно-полити́ческом еди́нстве» наро́да- a myth that the entire Soviet people shared the same political aspirations and, therefore, gave overwhelming support to their government.

12) Андре́й Рублёв - one of the most renowned artists of icon painting who lived in 16th century Russia and, although a man of great talent and vision, was a humble individual who shared the hardships of his people. The movie "Andrei Rublev" was a breakthrough because for the first time since the 1920s the world was looked at through the eyes of a simple man and not a czar or a despot.

13) Андре́й Тарко́вский – the famous movie director who was unable to be artistically free in his country and moved to France where he died several years ago.

14) «ли́рики и фи́зики» – The 1960s produced the so-called *lyricists* and *physicists*. The *lyricists* emphasized an emotional and artistic vision of the world; the *physicists* preferred a rational approach to the analysis of events.

15) Юрий Афана́сьев – an historian, a political figure of the 1980s who in the early years of perestroika was a mover and a shaker. Now he is an outspoken opponent of Gorbachev and his style of reforms.

16) интеллиге́нция – intellectual elite which in the Russian context has a meaning of being a critic of any establishment.

D. Look through the following words and expressions from the text.

1) моногра́фия – monograph
2) иссле́довать *(imperf. only)* – to study
3) размышля́ть *(imperf. only)* о + пред. – to weigh something; to deliberate about
4) сказа́ть своё сло́во – to make a mark
5) име́ть отте́нок + род. – to have a connotation of, shade of meaning
6) клич поколе́ния – the motto of a generation
7) оттира́ть/оттере́ть *(fut: ототрёт, past: оттёр)* – to brush off someone; i.e., to give someone the brush off
8) заряжённый максимали́змом ю́ности – charged with the fervor of youth
9) переде́лывать/переде́лать мир – to change the world
10) совпада́ть/совпа́сть с + твор. *(past: совпа́л)* – to coincide with
11) наде́жды обма́нуты – hopes are dashed
12) сбыва́ться/сбы́ться – to come true
13) вои́стину *(adv.)* – truly
14) пробива́ться/проби́ться к + дат. – to make one's way to
15) свет ме́ркнет – the light is fading
16) потрясе́ние – shock
17) вспы́хивать/вспы́хнуть с небыва́лой си́лой – to flare up with an unusual intensity
18) звёздный час – a moment in the sun; a moment of glory; a high point
19) не знать то́лком + a clause – not to have a clear understanding
20) наси́лие над ли́чностью – assault on personal dignity
21) то́пать на + вин. – to jump all over someone; to chew out
22) удруча́ть/удручи́ть – to make unhappy
23) вводи́ть/ввести́ в уны́ние – to depress

24) уде́рживаться/удержа́ться на высоте́ свое́й зада́чи – to stay at the
$\qquad$ height of one's moral position;
$\qquad$ to stay on top

25) безразде́льно доверя́ть – to trust completely

26) нет ме́ста для ли́чного созна́ния – there is no room for individualism

27) устра́ивать/устро́ить кого́-то – to suit someone

28) перетря́хивать/перетряхну́ть аппара́т – to reshuffle the bureaucracy

29) впи́сываться/вписа́ться в схе́му – to fit into the scheme, to conform

30) ста́вить/поста́вить в один ряд – to put on a par with

31) на пе́рвых пора́х – at first

32) остава́ться во вла́сти догм – to remain a prisoner of dogma

33) вгля́дываться в(о) + вин. – to peer at something

34) мир глаза́ми отде́льного челове́ка – the world through the eyes of one
$\qquad$ person

35) выделя́ться/вы́делиться из о́бщего пото́ка – to break out,
$\qquad$ to branch off from the mainstream

36) вклад в + вин. – contribution to; investment(s)

PART II – READING TASKS

A. Read the questions below. Then, read the text and answer the questions
in written form.

Questions:

1) What is the main idea of this story?
    PARAGRAPH 1, 2

2) What event marked the beginning of the 60s generation?

3) What was the principle behind the selection of authors for
    the January issue of the "Iskustvo Kino?"

4) Explain the contradiction between the name of the
    generation and the date of its beginning.

    PARAGRAPH 3

5) The word *Shestidesiatniki* ... (mark the correct answer):
    a) had the meaning of a slogan 25–30 years ago.
    b) has acquired this connotation only today.
    c) preserved its special meaning through years.

6) This generation ... (true or false for each item):
    a) was the carrier of change in the 1960s.
    b) was brushed off in the 1960s.

c) is today denied its right to be called the founder of perestroika.

d) was proven to have been right.

PARAGRAPH 4, 5

7) The *Shestidesiatniki* include *Soldiers* and *Children of the War*.   Explain the difference between the two groups.

PARAGRAPH 6, 7, 8, 9

8) Describe the circumstances of *the hour of moral choice* for the 60s generation in the Soviet Union.

PARAGRAPH 10

9) The *Shestidesiatniki* rebelled against ... (true or false for each item):

a) the collectivization of the peasants.

b) spiritual slavery.

c) the united front of generations.

d) any abuse of man.

PARAGRAPH 11, 12

10) There are two points of view of the dilemma: *The 60s and Khrushchev.* Compare them.

PARAGRAPH 13

11) The drama of the generation lies in the fact that ... (true or false for each one):

a) Khrushchev needed an occasional fight with the intelligentsia.

b) it had taken Khrushchev too little time to get real power.

c) once in power, Khrushchev could not stay at the height of his position.

PARAGRAPH 14, 15

12) Draw Stalin's model of society.   Indicate by arrows the interaction of its components.

13) Draw Khrushchev's model of society.   Make a list of a) similarities and b) differences between the two.

PARAGRAPH 16

14) Explain why V. Kadrin equates the 20th Party Congress in its significance with the suicide of Alexander Fadeev.

PARAGRAPH 17

15) It was the generation of the 60s which started ... (mark the correct answer):

a) a political revolution.

b) a social revolution.

c) a spiritual revolution.

16) What is the major contribution of the *Shestidesiatniki*, according to Lev Annensky?

PARAGRAPH 18
17) What was the input of the *physicists*? Name two of their contributions.

PARAGRAPH 19
18) Yuri Afanasiev, a famous Soviet historian, believes that the intelligentsia has been the engine of perestroika because ... (mark the correct answer):
a) it is the most educated.
b) it was less corrupted by the system.
c) there is no other group to perform this function.
d) it was able to develop better values.

B. Stylistic analysis.

1. Make a list of transition markers and explain the function of each.

2. Single out different parts of the article and name them.

3. Find uses of stylistic redundancy and explain the reasons for its use.

4. Find uses of opposites in the text.

5. Find uses of metaphors and explain them.

C. Write an outline of the story in Russian using a) quotations from the text and b) your own questions.

D. Did you like the article? What position does the author take? Do you agree with this position?

E. Did you learn anything new for yourself in this article? Name the points which surprised you?

В ЗЕРКАЛЕ ПРЕССЫ

ШЕСТИДЕСЯТНИКИ: ВЗГЛЯД НА СЕБЯ

Январскую книжку журнала «Искусство кино» можно, пожалуй, назвать коллективной исторической монографией. Полтора десятка авторов — известные писатели, публицисты, критики, среди которых Игорь Дедков, В. Кардин, Лев Анненский, Александр Гельман, Константин Щербаков, Леонид Лиходеев, Юрий Афанасьев, Вячеслав Кондратьев, Н. Зоркая, Александр Свободин и другие не менее авторитетные,— исследуют десятилетие, которое началось в 1956 году, началось XX съездом партии.

ВСЕ ОНИ — шестидесятники, поколение 60-х годов. И размышляют они о времени своей юности, когда почувствовали себя поколением и сказали свое слово в литературе, театре, кино, в публицистике, в критике. Это «свое слово» зрело в них с середины 50-х, но высказано было в первой половине 60-х. Отсюда — шестидесятники.

Прав, впрочем, Лев Анненский: слово «шестидесятники» для нас нуждается в объяснении, ибо оно имеет сегодня, как и двадцать пять — тридцать лет назад, оттенок клича и лозунга. «Шестидесятники» — клич поколения, которое во второй половине 60-х было несправедливо оттерто, а в середине 80-х «оказалось» право».

В этом поколении объединились старшие — «солдаты» и младшие — «дети войны». Младшие вступали в мир, заряженные тем обычным максимализмом юности, который всегда требует мир переделать. На этот раз их максимализм совпал с более глубокими потребностями времени.

Старшие шестидесятники помнили еще и довоенный мир с его 1929-м и 1937-м годами. И надеялись, что послевоенный — будет другим. Их надежды были обмануты. Точнее, их надежды начали сбываться лишь через десять лет после Победы. Началом стал XX съезд.

Старший шестидесятник В. Кардин пишет: «XX съезд был воистину потрясением. Свет, к которому пробивались не одни лишь шестидесятники, вспыхнул с небывалой силой.

И вскоре начал меркнуть.

Зима 1956 года — XX съезд, осень — венгерские события. В мае застрелился Фадеев».

Таковы обстоятельства года, который принято считать звездным часом шестидесятников. В этот час, говорит В. Кардин, они встали перед решающим выбором. Сделав его, собственно, и стали шестидесятниками.

Антисталинизм — вот лозунг, объединивший поколение. Социализм — «да», но социализм «с ленинским лицом». Не зная еще толком, чем была сталинская коллективизация деревни, они восстали против «коллективизации сознания», против духовного рабства, против духовного и всякого иного насилия над человеком.

Во многих статьях первого номера «Искусства кино» так или иначе затрагивается проблема, которая до сих пор общественным сознанием не решена: «Шестидесятники и Хрущев». Или крупнее: «Интеллигенция и Хрущев».

Единой точки зрения на проблему нет. «Каким бы ни был Хрущев,— считает Леонид Лиходеев,— как бы он ни топал на художников, как бы ни выкорчевывал абстракционизм, как бы ни возрождал Лысенко, как бы ни веселил нас, или удручал, или вводил в уныние своим невежеством — он все-таки способствовал тому, что мы все стали ощущать себя отдельно взятыми индивидуумами...» Другой взгляд менее снисходителен: Хрущев чем далее, тем более враждебно относился к интеллигенции.

Пока Хрущев шел к власти, у него не было явных конфликтов с шестидесятниками: он в них нуждался. Вся драма поколения в том, что Хрущев, получив власть, очень недолго смог удержаться на высоте своей исторической задачи. Тут очень важно проследить отношение Хрущева к Сталину.

Единственный Вождь и единый Народ — такова сталинская модель общественного устройства. Вождь — идеален, Народ — монолитен. Вождь понимает народные интересы лучше самого Народа, а Народ безраздельно доверяет Вождю. Связь Вождя с Народом осуществляет Аппарат. В этой схеме нет места для личного сознания, для личного мышления, вообще, для личности человека. Интеллигент в ней превращен в безличного чиновника.

Что в этой схеме не устраивало Хрущева? Против чего он восстал? Против крайностей Вождя, но не против вождя вообще. Против культа личности Сталина, точнее — против личности Сталина. Культ единого Народа, миф о его «морально-политическом единстве» Хрущев не тронул. Не тронул он и Аппарат. Он перетряхивал его, пытался поставить под свой контроль, а нужен-то был контроль демократический.

Схема «вождь — народ» не была разрушена. Только вождь, по мнению Хрущева, должен был быть более народным, скорее — простонародным. Человеческая личность в хрущевскую схему тоже не вписывалась.

И все-таки потрясение, вызванное в миллионах людей XX съездом, стало началом эмансипации личности человека. В. Кардин, думаю, прав, когда ставит в один ряд XX съезд и выстрел Фадеева. Фадеев, пожалуй, первым пошел «дальше Хрущева». Его выстрел — это выстрел человека в чиновника, в сталинского аппаратчика.

Шестидесятники, особенно на первых порах, как и Хрущев, оставались во власти многих догм и предрассудков, перешедших из сталинской эпохи. Но именно они начали революцию. Не политическую, не социальную — духовную. Вглядываясь из наших дней в шедевр киноискусства 60-х годов, фильм «Андрей Рублев» Андрея Тарковского, критик Лев Аннинский пишет: «Итак, мир увиден здесь глазами отдельного человека. Но ведь шестидесятники все так смотрели? Все. Начиная с 1956 года до середины следующего десятилетия. Выломился, выделился отдельный человек из общего потока... Это, в сущности, и есть главный опыт шестидесятников, их вклад в духовную историю современности».

Это, безусловно, так. Только вклад шестидесятников этим, мне кажется, не ограничивается. Они не были сплошь «лириками». Среди них со временем все больше появлялось «физиков», вернее, экономистов, потом — экологов. Экономисты последовательно пробивались к той истине, что в экономике рубль эффективнее административной силы. Экологи привели общественное сознание к пониманию глобальных опасностей, которые не ограничиваются одной лишь атомной.

Трудно не согласиться с историком Юрием Афанасьевым: «В запуске двигателя перестройки, прежде всего в духовной жизни народа, главную роль сыграла интеллигенция». Можно лишь добавить: чтобы сыграть эту роль, надо было кое-что накопить до того, как перестройка началась.

Д. К.

PART III - POST-READING TASKS

Vocabulary exercises

A. Explain the meaning of the following words using synonyms, antonyms and/or equivalent phrases.

клич поколе́ния; заряжённый максимали́змом ю́ности; сбыва́ться; пробива́ться к чему́-то; звёздный час; наси́лие надли́чностью; то́пать на кого́-то; удруча́ть; устра́ивать кого́-то; перетря́хивать аппара́т; впи́сываться; ста́вить в оди́н ряд; во вла́сти догм; мир глаза́ми отде́льного челове́ка; о́бщий пото́к; оттира́ть кого́-то.

B. Paraphrase words and expressions in bold using appropriate words from the text. Make the necessary changes.

1) **Изуче́ние** кита́йской действи́тельности - моё профессиона́льное заня́тие.
2) **Начнём с того́, что** разберёмся в сове́тской реа́кции на собы́тия в Кита́е.
3) Вели́кая францу́зская револю́ция **оказа́лась исключи́тельно приго́дной** Ста́лину для созда́ния теорети́ческой ба́зы терро́ра.
4) Наси́лие **недопусти́мо** в перспекти́вных радика́льных переме́нах в конце́ второ́го тысячеле́тия.
5) В зре́лые го́ды о́ба теоре́тика маркси́зма да́ли терро́ру оце́нку, **отлича́ющуюся от** того́, что они́ писа́ли в мо́лодости.
6) **Мно́го ду́мая на** э́ту те́му, Энгельс называ́л терро́р бесполе́зной жесто́костью.
7) Бу́дем наде́яться, что на́ша перестро́йка **не разочару́ет** тех мно́гих, кто ве́рит в бу́дущее социали́зма с челове́ческим лицо́м.
8) Тогда́ никто́ **не име́л я́сного представле́ния** о том, что же тако́е «пери́од вы́сшего подъёма револю́ции».
9) Мемуа́ры уча́стников проце́ссов 30-х годо́в **приво́дят в уны́ние** да́же са́мых пре́данных приве́рженцев иде́и ру́сского коммуни́зма.
10) Вкуси́в неограни́ченной вла́сти, Робеспье́р бо́льше не **удовлетворя́л са́мым стро́гим тре́бованиям** револю́ции.
11) Фо́рмула «кто не с на́ми, тот про́тив нас» позволя́ла расправля́ться с те́ми, кто не был спосо́бен **гармони́чно сочета́ться с посре́дственностью**.
12) Тала́нтливые и непоко́рные с лёгкостью **отта́лкивались** послу́шными и безнра́вственными.
13) Го́ды, непосре́дственно предше́ствующие револю́ции, бы́ли **моме́нтом вы́сшего подъёма** ру́сской либера́льной интеллиге́нции.
14) Ру́сский реали́зм 19-ого ве́ка **оста́вил значи́тельный след** в мирово́й культу́ре.
15) Атмосфе́ра, при кото́рой нача́льство постоя́нно **переназнача́ет и́ли снима́ет свои́х рабо́тников**, не спосо́бствует улучше́нию ка́чества рабо́ты.

16) У нас име́ется нема́лое коли́чество **некрити́чески мы́слящих** люде́й, кото́рые идеализи́руют про́шлое.

17) Как бу́дет вы́глядеть 21-ый век **че́рез при́зму** сторо́нников по́лного я́дерного разоруже́ния?

C.   Find the following phrases in the text:

1) **Как бы** он **ни то́пал** на худо́жников, он всё-таки́ спосо́бствовал тому́, что мы все ста́ли ощуща́ть себя́ отде́льно взя́тыми индиви́дуумами. **Regardless of how** he (Khrushchev) jumped all over the artists, he, nevertheless, helped us to begin to feel that we were individuals.

Write five to ten sentences following the pattern below on the basis of the article:

Как бы   (кто)   **ни (де́лал что),** + *main clause in the indicative mood*
Что бы _____   _____   _____
etc.   _____   _____   _____

Try to use the following expressions:

удруча́ть; публици́ст; оттира́ть; шестидеся́тники; пробива́ться к ...; аппара́т; иссле́довать; безразде́льно доверя́ть; вгля́дываться в; наро́д; перетря́хивать; поколе́ние; «солда́ты»; остава́ться во вла́сти...; «де́ти войны́»; интеллиге́нция; впи́сываться в...

2) Хрущёв **чем да́лее, тем бо́лее** враждё́бно относи́лся к интеллиге́нции. **The longer** Khrushhev stayed around, **the more** hostile he became toward the intelligentsia.

Write five to ten sentences following the pattern below on the basis of the article:

(кто)   **чем да́лее, тем** + *short comparative form*   (де́лал что)
_____   _____
_____   _____

Try to use the following expressions:

ста́рший; мла́дший; глубо́кий; си́льный; кру́пный; невё́жественный; ва́жный; безли́чный; простонаро́дный; духо́вный; эффекти́вный; опа́сный.

3) **Тру́дно не согласи́ться** с исто́риком Ю. Афана́сьевым. It is difficult not to agree with the historian Y. Afanasiev.

Write five to ten sentences following the pattern below on the basis of the article:

Тру́дно не + *(infinitive of perfective verbs)*

_____
_____

Try to use the following expressions:

размышля́ть о ...; вводи́ть в уны́ние; оттира́ть; знать то́лком; выделя́ться из ...; ста́вить в оди́н ряд; безразде́льно доверя́ть; остава́ться во вла́сти ...

4) Хрущёв **вводи́л нас в уны́ние свои́м неве́жеством.**
   Khrushchev **depressed us with his ignorance.**

Write five to ten sentences following the pattern below on the basis of the article:

(кто)	**вводи́л**	(кого)	**в уны́ние**	(чем)
(что)	**вво́дит**	_____		_____
_____		_____		_____
_____				

Try to use the following expressions:

полтора́ деся́тка ...; моногра́фия; максимали́зм ю́ности; «ли́рики»; венге́рские собы́тия; эко́логи; «фи́зики»; своё сло́во в исто́рии; клич; наси́лие над ...; отде́льный челове́к; вклад в ...; экономи́сты; реша́ющий вы́бор; наси́лие над ли́чностью; конфли́кты с ...; моде́ль обще́ственного устро́йства; интеллиге́нция; аппара́т; безли́чный чино́вник; антидемократи́ческая схе́ма.

D. Make a list of words from the text which can be used to describe the theme "generations."

Communicative exercises - for discourse management

A. Identify the source of the following statements, using the words below:

>   по слова́м ....
>   прав(а́) ..., когда́ он(а́) пи́шет...

Model:

Ну́жно иска́ть снача́ла просты́е реше́ния, а не сло́жные.

Прав был Н. Эйдельма́н, **когда́** писа́л, что снача́ла ну́жно иска́ть просто́е, а не сло́жное.

1) Сло́во «шестидеся́тники» име́ет отте́нок кли́ча и ло́зунга.
2) XX съезд был войстину потрясе́нием.
3) Вы́стрел Фаде́ева стои́т в одно́м ряду́ с XX съе́здом.
4) В фи́льме «Андре́й Рублёв» мир уви́ден глаза́ми отде́льного челове́ка.
5) Интеллиге́нция сыгра́ла гла́вную роль в за́пуске дви́гателя перстро́йки.

B. Express your agreement/disagreement with the following statements by arguing your point of view. Use some of the following:

>   я должна́ (до́лжен) согласи́ться с тем, что....
>   я не могу́ согласи́ться с тем, что...
>   я не совсе́м согла́сен (согла́сна) с тем, что ...
>   де́ло в том, что...

Model:

Тех, кто отма́лчивался на собра́ниях во вре́мя чи́сток, мо́жно назва́ть хра́брыми.
Я **должна́ согласи́ться с тем, что** промолча́ть в те времена́ свиде́тельствовало о прису́тствии му́жества. **Де́ло в том, что,** не голосу́я «за», челове́к пока́зывал своё несогла́сие с реше́нием па́ртии.

1) Гру́ппа люде́й мо́жет назва́ть себя́ поколе́нием то́лько по́сле того́, как оно́ ска́жет своё сло́во в литерату́ре и иску́сстве.
2) Наде́жды шестидеся́тников на то, что послевое́нный мир бу́дет други́м, бы́ли обма́нуты.
3) 1956-ой год стал звёздным ча́сом шестидеся́тников.
4) Н. Хрущёв способ́ствовал тому́, что все они ста́ли ощуща́ть себя́ отде́льно взя́тыми индиви́дуумами.
5) Н. Хрущёв восста́л про́тив кра́йностей вождя́.
6) Вы́стрел Фаде́ева -- э́то вы́стрел челове́ка в ста́линского аппара́тчика.
7) Глоба́льные опа́сности ограни́чиваются то́лько а́томной.

C. Express your opinion concerning the following statements using the words below:

> мне ка́жется, что ...
> мне ду́мается, что ...
> вот почему́ ...

Model:

Культ Па́влика Моро́зова помога́л приобща́ть всех гра́ждан к репре́ссиям. **Мне ду́мается, что** культ доно́счиков помога́л вла́сти создава́ть впечатле́ние, что всё населе́ние тем или ины́м о́бразом уча́ствовало в преступле́нии. **Вот почему́** Па́влик Моро́зов служи́л приме́ром для мо́гих поколе́ний сове́тских дете́й.

1) Шестидеся́тники вы́сказали своё сло́во в пе́рвой полови́не 60-х.
2) Социали́зм «с ле́нинским лицо́м» - вот ло́зунг, объедини́вший поколе́ние.
3) Челове́ческая ли́чность не впи́сывалась в хрущёвскую схе́му.
4) Шестидеся́тники не́ были сплошь «ли́риками».
5) Интеллиге́нция сыгра́ла веду́щую роль в духо́вной жи́зни наро́да.

D. Continue and develop the following statements using as many of the words below as possible:

> я хоте́л(а) бы доба́вить сле́дующее ...
> не то́лько ..., но и ...
> налицо́ (и) ...

Model:

Ста́лин и аппара́т взаи́мно создава́ли друг дру́га.

Я хоте́л(а) бы доба́вить сле́дующее. Культ Ста́лина создава́лся не то́лько его́ аппара́том. **Налицо́ и** всео́бщее обожествле́ние Вождя́.

1) Шестидеся́тники бы́ли несправедли́во оттёрты во второ́й полови́не 60-х.
2) В э́том поколе́нии объедини́лись ста́ршие и мла́дшие.
3) 1956-о́й был го́дом XX съе́зда.
4) Антисталини́зм - вот ло́зунг, объедини́вший поколе́ние.
5) Еди́нственный Вождь и еди́ный Наро́д — такова́ ста́линская моде́ль обще́ственного устро́йства.
6) Хрущёв не тро́нул Аппара́т.
7) Шестидеся́тники остава́лись во вла́сти мно́гих догм, переше́дших из ста́линской эпо́хи.

E.   Make an attempt to avoid the discussion of the problem and shift to
     another subject by using some of the following:

         мне ка́жется, что ...
         есть и други́е причи́ны ...
         де́ло в том, что ...
         вопро́с вопро́сов ...

Model:

Поведе́ние толпы́ напомина́ет поведе́ние о́бщества в миниатю́ре.

Мне ка́жется, что сравне́ние толпы́ с о́бществом интере́сно, но непо́лно.
Вопро́с вопро́сов: что отлича́ет толпу́ от созна́тельных чле́нов
о́бщества?

1)   Интеллиге́нция не смогла́ бы сыгра́ть веду́щую роль в перестро́йке, е́сли
     бы она́ не накопи́ла ко́е-что до того́, как э́тот проце́сс начался́.
2)   Максимали́зм ю́ности всегда́ тре́бует переде́лать мир.
3)   Свет XX съе́зда вспы́хнул с небыва́лой си́лой и вско́ре на́чал ме́ркнуть.
4)   Хрущёв чем да́лее, тем бо́лее вражде́бно относи́лся к интеллиге́нции.
5)   Получи́в власть, Хрущёв не до́лго смог удержа́ться на высоте́ своего́
     положе́ния.
6)   Все шестидеся́тники ви́дели мир глаза́ми отде́льного челове́ка.

F.   Suggest to a friend or a colleague to read or not to read this article
     using the following words:

         э́ту статью́ сто́ит прочита́ть, потому́ что ...
         э́ту статью́ не сто́ит чита́ть, потому́ что ...

Communicative exercises - for supported opinion

A.   Answer the following questions:

1.   Что объединя́ет поколе́ние шестидеся́тников, люде́й ра́зного
     во́зраста и ра́зных профе́ссий?
2.   Как скла́дывались отноше́ния ме́жду интеллиге́нцией и Хрущёвым?
3.   В чём Хрущёв отлича́лся от Ста́лина и в чём походи́л на него́?
4.   Почему́ самоуби́йство А. Фаде́ева воспринима́лось как кру́пное
     собы́тие шестидеся́тниками?
5.   Что унасле́довала перестро́йка от шестидеся́тников?

B. Edit the following summary of the story:

Поколе́ние шестидеся́тников объединя́ет ста́рших – ...... и мла́дших –
...... Это выраже́ние ста́ло кли́чем тех, кто сказа́л своё сло́во в 60-х года́х
и продолжа́ет остава́ться дви́жущей си́лой о́бщества с тех пор.

Вот обстоя́тельства го́да, кото́рый при́нято счита́ть звёздным ча́сом
шестидеся́тников. ....

Ло́зунгом, кото́рый объедини́л э́то поколе́ние, ста́ло построе́ние
коммуни́зма в СССР. Вот почему́ взаимоотноше́ния Хрущёва и шестидеся́тников
представля́ют осо́бый интере́с. Н. Хрущёв нужда́лся в них, и когда́ он шёл к
вла́сти, и по́сле того́, как он её получи́л.

Хрущёв, безусло́вно, сыгра́л огро́мную роль в формирова́нии э́того
поколе́ния. Ведь и́менно он по́лностью уничто́жил ста́линскую моде́ль
обще́ственного устро́йства, в кото́рой ......

Гла́вным вкла́дом шестидеся́тников в духо́вную исто́рию явля́ется то,
что ....

C. Write your own summary.

D. What title would you use for the story?

E. List the issues which seem most important to you.

F. Restate the main points of the article in the way in which you would
have approached this subject matter. Make use of words suggested in
the above exercises to a) quote sources; b) express your agreement
or disagreement with the author; c) state your opinion and support it.

G. Conduct a discussion of the *Shestidesiatniki*. One group of participants
thinks that they have lived their lives in vain. They feel deceived by
the glittering appeal of the reforms of the 1960s when they jumped on
the bandwagon. Now they are no longer young, and it is too late to make
a new start. Another group says that they were not impressed with the
reforms of the 1960s, and therefore they are reluctant to support
perestroika now.The third group believes in participating in whatever is
important to society at the moment, and so they are ready to do whatever
is "in" today in spite of their age.

Distribute the roles beforehand, think through each line of argument,
and present it in a logical way supporting your position.

H. Be prepared to discuss one of the following themes:

1. Что такóе поколéние?
2. Есть ли что-лйбо óбщее мéжду поколéнием 60-ых годóв в США и в СССР?
3. Опишйте модéль общéственного устрóйства в демократйческой странé.
4. «Шестидесятники» в другйх странах мира.

I. Write a one-page composition on one of the above themes.

ГЛАВА ПЕРВАЯ: ИСТОКИ ПЕРЕМЕН

Урок три - Мы не пойдём на баррикады.

Дмитрий Радышевский

PART I - PRE-READING TASKS

A. Read the name of the article and then look at the picture of its
author. What barricades does he mean? How old is the man? Whom does he
have in mind by saying "we?" Discuss your thoughts in the group.
Write them down.

B. Skim through the first and the last paragraphs of the article. What do
they say? Do your prior suppositions coincide with what you have just
read?

C. Culturally specific words. Pay particular attention to the list below:

During the failed coup thousands of young Moscovites stood for hours
in heavy rain to protect Boris Yeltsin's government building againsts
junta troops. Still many more stayed at home refusing to get involved.
Is the young generation in the Soviet Union prepared to work hard and
take risks to make the second Russian revolution a success? This is
the topic of an article by a young but already prominent Soviet
journalist.

1) «прорабы» перестройки - active supporters of perestroika who are
trying to promote it even further than
Gorbachev himself. This word became a
nickname used sarcastically by conservatives
to describe the radicals of the reform
movement.

прораб - foreman.

2) выпускные экзамены - comprehensive examinations taken upon
completion of one's secondary education.
Comprehensive exams are of two types: oral and
written.

билеты на выпускных экзаменах - during the orals a student draws
a card which contains two to three
questions on a given subject.
Students are provided in advance

with a list of questions which may
be presented to them.

3) «Ма́лая земля́» – a novel which glorifies the prominent role
allegedly played by Leonid Brezhnev in the war
of 1941–1945.

4) шко́льник и студе́нт – a schoolboy; used only for a student of a
secondary school as opposed to a college or
university student.

5) Оста́п Бе́ндер – a hero of a popular novel of the 1930s.
This name is used to describe a shrewd, cynical, but
at the same time, an attractive wheeler–dealer.

вели́кий комбина́тор – a great schemer, "medicine man;" a nickname
of Ostap Bender, used by one of his
accomplices.

6) Рахме́тов и База́ров – heroes of famous novels of the 19th century.
These names came to symbolize ascetic
idealists, endlessly devoted to the idea of
revolution, who dedicate their lives to serve
its principles.

7) засто́льность – the concept of засто́лье which means a feast; food,
drink and conversation enjoyed with friends without
noticing the passing of time.

8) лине́йки – line-ups held in summer camps and secondary schools
for members of the Young Pioneers' Organization, the
Soviet equivalent of Boy/Girl Scouts.

D. Look through the following words and expressions from the text.

1) име́ть привы́чки и при́нципы – to have habits and principles
2) обла́вы на прогу́ливающих – tracking down truant workers
3) тону́ть/утону́ть вме́сте (с кем-то) – to go under together
4) де́лать/сде́лать с хо́ду – to do something spontaneously, right away
5) переве́шивать/переве́сить – to outweigh something
6) дуби́нки – truncheons, night sticks
7) обожжённая ло́жью жизнь – life tainted by lies
8) меня́ть/поменя́ть ве́ру с ми́нуса на плюс – to change faith from negative
to positive
9) обра́тного пути́ нет – there is no turning back
10) в любу́ю мину́ту – at any moment

11) идти/пойти в светлую даль за обещаниями – to head toward the bright, promising horizon

12) обманутые – those deceived

13) быть в меньшинстве – to be in a minority

14) «лёгкий хлеб» – easy money

15) безнаказанность – impunity

16) необратимость перемен – irreversible changes

17) ухмыляться/ухмыльнуться на что-то – to smirk at something

18) завинчивать/завинтить гайки – to tighten the screws

19) совладать с чем-то – to control something; to cope with something; to deal with something

20) оттепель 60-х годов – the thaw of the 1960s

21) меня это не греет! – it leaves me cold; I don't buy it

22) подписываться/подписаться под этими словами – to subscribe to something

23) новизна и творчество – novelty and creativity

24) образ мыслей – a way of thinking

25) страх кровопролития – fear of bloodshed

26) беречь/уберечь страну от беды – to save the country from trouble

27) рождённый (не) в рабстве – (not) born into slavery

28) расти/вырасти (*past* рос,росла,росло) на лжи – to grow up with lies

29) просачиваться/просочиться – to leak, to trickle through

30) вылезать/вылезти из пропасти – to climb out of the abyss

PART II – READING TASKS

A. Read the questions below.   Then, read the text and answer the questions in written form.

Questions:

1) What is the main idea of the story?

PARAGRAPH 1

2) Dimitry Radishevsky ... (mark the correct answer):
   a) has no doubts that his generation will form the second wave of perestroika.
   b) doubts that his generation desires to be among the followers of perestroika

PARAGRAPH 2

3) What was this generation's background by the beginning of perestroika?

4) Which events affected the formative stage of their principles, sense of morality and behavior?

5) In the succession of names, the name of Gorbachev was ...
    (mark the correct answer):
    a) a revelation.
    b) just another one.

PARAGRAPH 3

6) According to the author, the authorities were in need of change no less then the people themselves. Why?

7) Radishevsky feels that his generation cannot believe in the selflessness of the authorities' intentions. How does he support his attitude?

PARAGRAPH 4

8) The author compares students of 1956, the year of the beginning of de-Stalinization, with those of 1985, the first year of perestroika. Describe the difference.

PARAGRAPH 5

9) Radishevsky's generation ... (mark the correct answer):
    a) is in the first ranks in the struggle for democratization.
    b) is not to be found at all in the avant-garde of perestroika.
    c) represents a minority in the fight for democracy.

10) He defines democratization as ... (mark the correct answer):
    a) a struggle for human rights and glasnost enhanced by the feeling of nationalism.
    b) merely a fight for human rights and glasnost.

PARAGRAPH 6

11) Groups of criminals and gangs today are mostly comprised of 20-year olds. Name two sets of reasons for this phenomenon.

12) Why do the young live according to the principle "Live for today!?"

PARAGRAPH 7

13) Compare two life philosophies described in this paragraph.

PARAGRAPH 8

14) The struggle with the attitude "I want everything at once" ...
    (true or false for each item):
    a) is a sign of extremism.
    b) is a sign of egotism inherent in the young.
    c) has no future.
    d) means fighting against human nature.

15) What is there about this generation that can save the country from more bloodshed?

PARAGRAPH 9

16) What will it take to produce a generation capable of participating in the political life of the country?

B. Stylistic analysis.

    1.   Make a list of transition markers and explain the function of each.

    2.   Single out different parts of the article and name them.

    3.   Find uses of stylistic redundancy.

    4.   Find uses of metaphors and explain them.

    5.   Find uses of opposites.

C. Write an outline in Russian of the story using a) quotations from the text and b) your own questions.

D. Did you like the article? What position does the author take? Do you agree with this position?

E. Did you you learn anything new for yourself in this article? Name the points which surprised you.

Мы не пойдем на баррикады

Дмитрий РАДЫШЕВСКИЙ,
корреспондент
«Московских новостей»

Мне двадцать два года. По возрасту — поколение «продолжателей дела перестройки, ожидающаяся вторая волна ее «прорабов». Но все чаще я сомневаюсь: станем ли мы ею? Сможем ли? Захотим ли?

В начале перестройки нам было восемнадцать, девятнадцать, двадцать лет. Мы уже окончили школу, поступили в институт, ушли в армию. В таком возрасте у людей уже есть привычки, принципы, мораль, есть фундамент. У нас он тоже был. Его кирпичиками стала череда похорон. «Малая Земля», вычеркнутая накануне выпускных экзаменов из билетов, и смерть Брежнева. Облавы на прогуливающих работу в банях и кинотеатрах и смерть Андропова. Новые цены на водку и смерть Черненко... Горбачев был для нас очередным.

Очередным, а главное — равнодушно и уверенно ожидаемым. Перемены нужны были власти не меньше народа — она тонула вместе с ним. Но поверить в ее «бескорыстность»?.. Мы не могли этого сделать с ходу. Мы не можем этого сделать до сих пор. Нескольким реформам не перевесить нашу, пусть еще только начинающуюся, но уже обожженную афганской войной и ложью жизнь; тем более когда на вторую чашу весов ложатся дубинки Минска и Тбилиси.

ВО МНЕ

В этом плане студентам пятьдесят шестого было легче школьников восемьдесят пятого. Они поменяли веру на полностью противоположную: с минуса на плюс. Нам поменять свой ноль не на что. Они думали, что обратного пути нет. Мы видим — и в этом главное различие наших поколений, — что «заморозки» могут ударить в любую минуту. Они были согласны идти «в даль светлую» за обещаниями. Нам нужны гарантии... Но предлагаемые сейчас слишком ненадежны для обманутых. «Если надо причину,— поют рок-фанаты,— это причина...»

Именно поэтому в первых рядах бойцов на баррикадах демократизации моё поколение чаще всего в меньшинстве. (Я имею в виду демократизацию, не обостренную национальным чувством, борьбу «просто» за права человека и гласность).

В преступных группировках, в бандах рэкетиров большинство, по статистике, двадцатилетние. И дело не только в «легком хлебе», развращенности и безнаказанности. Дело скорее в другом — в отсутствии веры, неуверенности в завтрашнем дне. В чем гарантии «необратимости перемен»? В четырех годах гласности? В нашей «очищающей самокритичности»? Мы устали даже ухмыляться на это. Отсюда лозунг: «Живи днем!». Отсюда принцип: «Урвать, пока снова не завинтили гайки». И, боюсь, никаким проектам и перспективным планам с этим не совладать.

Рулевых перестройки — людей, сформированных оттепелью 60-х годов, — греет мысль о том, что работают они для будущих поколений, пусть самим плодов и не увидеть. Нас это не греет. Наша молодость еще не прошла, и положить ее на «пахоту» во имя будущих гипотетических «караваев» мы не хотим. «Я бы взял по частям, но мне нужно сразу» — под этими словами «великого комбинатора» подписался бы каждый из нас: Остапу Бендеру мы верили больше, чем Рахметову и Базарову. Он первым (для нас) честно заявил в то «безгласное» время со страниц официально изданной книги: «Мне скучно строить социализм». (Одна из целей перестройки, по-моему, как раз состоит в том, чтобы и в движении нашем, и в его «конечном пункте» были новизна и творчество, чтобы они попросту не были скучны).

Да, может быть, «хочу все сразу» — это эгоизм молодости. Может быть, это даже экстремизм. (Хотя если мы начали называть этим словом желание, то как же мы назовем его исполнение?). Но в любом случае борьба с этим образом мыслей неперспективна. Это борьба с природой. И в данной ситуации, как ни странно, одна из немногих надежд, которые можно связывать с моим поколением,— это, на мой взгляд, надежда на «застольность», несерьезность «экстремизма» большинства из нас. Я думаю, что именно наша пассивность, наш страх кровопролития скорее уберегут страну от беды...

«Так где же выход?» — спросят меня любители «финальной морали». Не знаю. Но во всяком случае он не в «культивации» нашей веры и не в повышении наших «морально-политических качеств». Социологи утверждают, что для вхождения нового поколения в политическую жизнь страны требуется семь лет. Наши семь лет уже проходят, но не мы подхватываем судьбу страны из рук «прорабов» перестройки. Не мы вытягиваем ее. Это, вероятно, смогут сделать лишь рожденные не в рабстве. Поколение, которое начнет расти не на лжи. И для того чтобы им стали нынешние семи-восьмилетние, чтобы не сорок лет водить нам народ по пустыне, мы должны отдать им не только все силы, но и всю нашу совесть. А точнее — постараться не дать им ни грамма лжи. И начиная с самых маленьких — с нашего октябрятства и пионерства, со всех этих линеек и слетов, со школьной формы и уроков истории. И просочись опять грубая или умалчивающая ложь в школьные учебники или в фильмы для детей, в лозунг над школой или в речь учительницы — боюсь, этому поколению тоже будет очень тяжело перестраиваться — вылезать из пропасти.

PART III - POST-READING TASKS

Vocabulary exercises

A. Explain the following words and phrases using synonyms, antonyms and/or equivalent phrases.

привы́чка; прогу́ливающий; переве́шивать; меня́ть с плю́са на ми́нус; обра́тного пути́ нет; идти́ за обеща́ниями; быть в меньшинстве́; безнака́занность; зави́нчивать га́йки; о́браз мы́слей; страх кровопроли́тия; вылеза́ть из про́пасти.

B. Paraphrase words and expressions in bold using appropriate words from the text.   Make the necessary changes.

1) Я **не уве́рен** в том, что мы ста́нем второй волно́й «прора́бов» перестро́йки.
2) Мы не могли́ **мгнове́нно** пове́рить в бескоры́стность вла́сти.
3) Мы хоти́м быть **уве́ренными в** необрати́мости перестро́йки.
4) Мы **не реаги́руем** на «очища́ющую самокрити́чность».
5) У двадцатиле́тних **психоло́гия потреби́тельства** осно́вана на неве́рии в необрати́мость перестро́йки.
6) Эту психоло́гию **нельзя́ измени́ть.**
7) Рулевы́е перестро́йки - это лю́ди, сформирова́вшиеся в период **демократи́ческих переме́н** 60-х годо́в.
8) «Прора́бы» перестро́йки, возмо́жно, и не увидят **результа́тов** своего́ труда́.
9) Мы **согла́сны** с Оста́пом Бе́ндером, кото́рый говори́л: «Я бы взял по частя́м, но мне ну́жно сра́зу.»
10) **В результа́те переме́н** должны́ появи́ться в о́бществе новизна́ и тво́рчество.
11) **Нет смы́сла** боро́ться с жела́нием молодёжи жить хорошо́.
12) Я ду́маю, на́ша пасси́вность, наш страх кровопроли́тия **помо́гут избежа́ть** беды́.
13) Социо́логи утвержда́ют, что но́вое поколе́ние мо́жет **включи́ться в** полити́ческую жизнь страны́ че́рез семь лет.
14) Это сде́лает поколе́ние, кото́рое бу́дет расти́ **на пра́вде.**
15) И е́сли уче́бники, фи́льмы и шко́ла **бу́дут лгать,** то э́тому поколе́нию то́же бу́дет тяжело́.

C. Find the following phrases in the text:

1)   Он **пе́рвым** заяви́л, что ...
     He **was the first to** declare that ...

Write five to ten sentences following the pattern below on the basis
of the article.

(кто)	**пе́рвым**	сде́лал (что-то)
_____	**после́дним**	_____
	и т.д.	

Try to use the following expressions:

завинчивать га́йки; поменя́ть ве́ру с ми́нуса на плюс; устра́ивать
обла́вы на наркома́нов; подписа́ться под э́тими слова́ми; вы́расти не на
лжи; пойти́ за обеща́ниями; с хо́ду.

2)   **Для** вхожде́ния в полити́ческую жизнь **тре́буется** семь лет.
     It takes seven years **to** enter the political scene.

Write five to ten sentences following the pattern below on the basis of
the article.

(для чего́)	**тре́буется**	(ско́лько вре́мени)
(для того́, что́бы + inf.)	**тре́буется**	(что)
_____		_____
_____		_____

Try to use these expressions:

совлада́ть с чем-то; выпускны́е экза́мены; убере́чь страну́ от беды́;
но́вая о́ттепель; перевеси́ть; необрати́мость переме́н; о́браз мы́слей;
боя́ться кровопроли́тия.

D. Make a list of words from the text which can be used to describe the
theme "generations."

Communicative exercises - for discourse management

A. Identify the source of the following statements using the words below:

> По слова́м ..., ...
> Как сказа́л ..., ...
> ... пе́рвым сказа́л ...

Model:

То́лько поколе́ние, кото́рое начнёт расти́ не на лжи, смо́жет взять в свои́ ру́ки судьбу́ страны́.

По слова́м а́втора, то́лько поколе́ние, кото́рое начнёт расти́ не на лжи, смо́жет взя́ть в свои́ ру́ки судьбу́ страны́.

1)   Мне ску́чно стро́ить социали́зм.
2)   Для вхожде́ния но́вого поколе́ния в полити́ческую жизнь тре́буется семь лет.
3)   Я бы взял по частя́м, но мне ну́жно сра́зу.
4)   Не́скольким рефо́рмам не переве́сить дуби́нки Ми́нска и Тбили́си.

B. Express your agreement/disagreement with the following statements by arguing your point of view. Use the following:

> я согла́сен (согла́сна) с тем, что ..., потому́ что ...
> я не могу́ согласи́ться с тем, что ..., потому́ что ...

Model:

Поколе́ние 60-х годо́в сли́шком наи́вно отнесло́сь к демократи́ческим преобразова́ниям того́ пери́ода.

Я **не согла́сна с тем, что** поколе́ние 60-х годо́в сли́шком наи́вно отнесло́сь к демократи́ческим преобразова́ниям того́ пери́ода, **потому́ что** преобразова́ния бы́ли действи́тельно радика́льными. Освобожде́ние миллио́нов у́зников Гула́га бы́ло одни́м из приме́ров э́тих преобразова́ний.

1)   Молодо́е поколе́ние бы́ло напу́гано агресси́вностью ста́ршего поколе́ния, поэ́тому оно́ предпочита́ет быть в стороне́.

2)   Умáлчивание о фáктах являéтся не мéнее опáсным, чем сáмая грýбая ложь.

3)   «Живи́ днём!» – э́то ло́зунг людéй, котóрые не увéрены в том, что зáвтрашний день наступи́т.

4)   Поколéние детéй продолжáет дéло, нáчатое поколéнием отцóв.

C. Express your opinion concerning the following statements using the words below:

> по-мóему, ...
> дéло в том, что ...

Model:

Борьбá с эгои́змом мóлодости так же бесперспекти́вна, как борьбá с приро́дой.

По-мóему, борьбá с эгои́змом мóлодости совсéм не бесперспекти́вна. **Дéло в том, что** мóлодость прохóдит, а приро́да вéчна.

1)   В вóзрасте двадцати́ лет у человéка ужé есть привы́чки, при́нципы, морáль, есть фундáмент.

2)   Страх кровопроли́тия у сегóдняшнего молодóго поколéния мóжет уберéчь странý от беды́.

3)   «Зáморозки» при Горбачёве мóгут удáрить в любýю минýту.

4)   Облáвы на прогýливающих не помогáют повы́сить производи́тельность трудá.

D. Continue and develop the following statements using as many of the words below as possible:

> Я хотéл(а) бы добáвить слéдующее
> Я хотéл(а) бы уточни́ть
> не тóлько ..., но и ...
> дéло не тóлько в ..., дéло скорéе в том, что ...

Model:

Перестрóйку нáчали «шестидеся́тники», котóрых называ́ют «прорáбами» пéрвой волны́.

Я хотéл(а) бы добáвить слéдующее. В перестрóйке учáствует **не тóлько** поколéние «прорáбов», **но и** другúе сúлы, котóрые не помогáют, а мешáют ей.

1)   Гарáнтия перестрóйки заключáется в необратúмости перемéн.
2)   Для поколéния сегóдняшних двадцатилéтних Горбачёв был очередны́м.
3)   Студéнтам пятьдесят шестóго бы́ло лéгче шкóльников вóсемьдесят пя́того.
4)   Безнакáзанность преступлéния порождáет нóвые преступлéния.

E. Make an attempt to avoid discussion of the problem and shift to another subject by using the following words:

   мне кáжется, что ...
   я дýмаю, ...
   есть и другúе вопрóсы
   а как насчёт ...

Model:

Не нáдо лгать. Тогдá вы́растет молодёжь, спосóбная учáствовать в демократúческой перестрóйке.

Мне кáжется, что не стóит обостря́ть э́ту проблéму. **Есть и другúе**, не мéнее **вáжные вопрóсы**. Напримéр, наркомáния. Когó вы бýдете обвиня́ть в э́том слýчае?

1)   Перемéны нужны́ бы́ли влáсти не мéньше нарóда. Онá тонýла вмéсте с ним.
2)   Я боюсь, что истóрия повторúтся, и придётся опя́ть сóрок лет водúть нарóд по пусты́не.
3)   Как мóжно сегóдня вéрить в бескоры́стность Горбачёва?
4)   Обожжённую лóжью мóлодость не испрáвить обещáниями политикáнов.

F. Suggest to a friend or a colleague to read or not to read this article using the following words:

   э́ту статью́ вам стóит прочитáть ....
   э́ту статью́ вам не стóит читáть ...
   дéло в том, что ...

Communicative exercises – for supported opinion

A. Answer the following questions:

   1. Почему́ поколе́ние 80-х годо́в ме́нее гото́во, чем поколе́ние 50-х и
       60-х годо́в, безоговоро́чно подде́рживать перестро́йку?
   2. Како́го во́зраста большинство́ чле́нов престу́пных группиро́вок?
   3. Почему́ цини́зм молодёжи мо́жет явля́ться позити́вным фа́ктором в
       ны́нешней ситуа́ции в Сове́тском Сою́зе?
   4. Что необходи́мо для уча́стия в судьбе́ страны́ сего́дняшних
       семи́-восьмиле́тних дете́й?
   5. Почему́ основна́я наде́жда на демокра́тию свя́зана со сле́дующим
       поколе́нием, с те́ми, кому́ сего́дня 7-8 лет?
   6. Охарактеризу́йте ка́ждое поколе́ние, о кото́ром говори́тся в статье́:
       - пе́рвая волна́ «прора́бов» перестро́йки
       - шко́льники и студе́нты 85-го го́да
       - семи́-восьмиле́тние де́ти

B. Edit the following summary of the story:

   Поколе́ние а́втора статьи́, сформиро́ванное лагеря́ми и чи́стками,
должно́ стать продолжа́телем де́ла перестро́йки.   Дми́трий Радыше́вский
бои́тся, что э́то невозмо́жно, потому́ что э́то поколе́ние предпочита́ет «жить
днём» в отли́чие от «прора́бов» перестро́йки, кото́рые ....
   Хотя́ поколе́ние двадцатиле́тних и не ве́рит, что за́морозки мо́гут
уда́рить в любо́й моме́нт, оно́ не ви́дит гара́нтий необрати́мости переме́н.
А́втор счита́ет, что и́менно серьёзность его́ поколе́ния, отсу́тствие у него́
стра́ха пе́ред кровопроли́тием убрегу́т страну́ от но́вой беды́.
   Поколе́ние, кото́рое продо́лжит де́ло «перестро́йщиков», должно вы́расти
на ...... И для того́, что́бы сего́дняшние семи́-восьмиле́тние смогли́
подхвати́ть судьбу́ страны́, поколе́нию Радыше́вского ну́жно самому́ вы́лезти из
про́пасти лжи.

C. Make up your own summary.

D. What title would you use for the story?

E. Make a short list of the issues which appear most important to you.

F. Restate the main points of the article in the way in which you would
       have approached the subject matter. Make use of words suggested above
       to a) quote sources; b) express agreement/disagreement with the
       author; c) state your opinion and support it.

G. Conduct a trial with the following participants: a judge, a prosecutor, attorneys, defendants and journalists. On trial: the generation of the 60s and people in their twenties today.[1]

Useful words and expressions:
   суд – court
   судебный процесс над кем-то – trial of somebody
   судья – judge
   прокурор – prosecutor
   обвинительная речь – prosecutor's statement
   адвокат – attorney
   защитительная речь – defense counsel's statement
   подсудимый – defendant
   народные заседатели – people's assessors
   свидетель – witness
   давать/дать свидетельские показания – to testify
   следователь – investigator; detective
   приговор – sentence; verdict
   приговорить к чему-то – to sentence to ...

   Distribute the roles beforehand. The defendants are played by several people. All court proceedings should be as realistic as possible.

H. Be prepared to discuss one of the following themes:

1.   Являются ли всегда сильные убеждения положительным фактором в политике?
2.   Может ли падение авторитета системы быстро переделать людей, воспитанных на послушании и лжи?
3.   Возможно ли верить в будущее без видения будущего?
4.   Существует ли связь между ростом преступности и отсутствием идей в обществе?
5.   Как объясняется цинизм у молодёжи?
6.   Что вы думаете о принципе: «Живи днём!»?

I. Write a one-page composition on one of the above themes.

---

[1]Kirsh, Tatyana. *Poisk*. Russky Yuzyk Publishing House, 1991.

ГЛАВА ВТОРАЯ

ГЛАВА ВТОРАЯ: ПЕРЕСТРОЙКА И ГЛАСНОСТЬ

Урок один - Три кита: собственность, цены, налоги

Павел Бунич

PART I - PRE-READING TASKS

A. Read the title of the story and its author's credentials. Why is a Peoples' Deputy suddenly writing about whales? Do you think this article is about saving this endangered species? The second part of the title seems to deal with economic rather then environmental issues. How can you put both together? Is the story concerned with global or domestic issues? What makes you certain that you are right? Share your thoughts with other students in the group and write them down.

B. Skim through paragraphs 1, 2, 6 and 7. Compare what you find with your predictions.

C. Culturally specific words and terms. Pay attention to the list below.

The future of the Soviet economy, indeed the very fate of what was recently known as the Soviet Union, will depend upon a transition from central planning to some form of a regulated market. And there is now a concensus among Moscow economists that the success of market-oriented reforms is contingent upon what leading Soviet economist and parliamentarian Pavel Bunich discusses in this article - an introduction of private property, realistic prices and a business friendly tax policy.

1) три кита́ - in ancient times people believed that the Earth rested on three whales. By "three whales" the author means basic principles supporting the entire structure.

2) по экспоне́нте *(math)* - at an ever-increasing rate, exponentially.

3) гада́ние на рома́шке - a peasant superstition according to which one can learn one's fate by plucking the petals off a flower. In this context it means doing something without planning, simply relying on good luck.

4) говори́ть «халва́» - this is a saying: ["No matter how many times you say "halva," there will be no sweet taste in your mouth!"] Here it means talking without doing anything.

5) стаж – the number of years an employee has worked at the same place.

6) «чёрные списки» – lists of persons or organizations subject to purges under certain circumstances.

7) КамАЗ – Камский автомобильный завод.

8) прессово-рамный завод – frame pressing plant.

9) президентский Указ – a decree issued by the president. An ukase has the effect of law before it is formally adopted as law.

10) Фонд госимущества – a state-run organization managing state property and the transactions connected with it (selling, leasing).

11) ...решения окончательные и «обжалованию» не подлежат *(legal)* – these decisions are final and not subject to appeal.

12) «рыночная стихия» – a Marxist cliche which suggests that no regulation of a market economy is possible.

13) официально пишут «два», а в уме «четыре» – an expression describing a discrepancy between something officially announced and reality.

13) «горячие» деньги – an excess money supply creating artificially high demand and causing inflation.

D. Look through the following words and expressions from the text.

1) сторонники частной собственности – supporters of private property
2) переход на аренду – transition to leasing
3) делить/поделить собственность на акции между работниками коллектива – to divide the property into shares among workers
4) продажа государственного имущества частным лицам – sales of state property to private individuals
5) раздавать/раздать госимущество не уравнительно, а справедливо – to distribute state property not equally but fairly
6) затрата – expenditure
7) прибыль – profit
8) доход – income
9) сдвинуться с мёртвой точки *(perf. only)* – to get going
10) многое настораживает – many things are alarming
11) переделка госпредприятий в акционерные – changing state enterprises into private stock holdings
12) сохранение за государством контрольного пакета – retention of controlling interest by the state
13) удушение самостоятельности – stifling initiative

14) претендовáть на что-то (*imperf. only*) – to claim to have
the right to something
15) óрган по распоряжéнию имýществом – a branch in charge of handling
property
16) сдáча в арéнду комý-то – the act of leasing to someone
сдавить/сдать в арéнду – to lease to someone
взя́тие в арéнду – taking a lease
брать/взять в арéнду – to take a lease
17) оцéнивать/оценить стóимость – to appraise the value of
18) дóля áкций – share of stock
19) устанáвливать/установить цéну капитáла и направлéния егó перелива –
to establish the price of capital and the direction of its flow
20) закóн, чётко регламентирующий порядок дéйствий – legislation which
clearly spells out the procedure
21) 60% оборóта – 60% of sales (of turnover)
22) стимулировать госзакáзы различными льгóтами – to stimulate state
orders by granting various exemptions (*here*);
incentives
23) началáсь цéпная реáкция появлéния таких цéн де-фáкто – the defacto
appearance of such prices has started a chain reaction
24) натурáльный обмéн – barter
25) взаймные договорённости – mutual agreements
26) рóзничные цéны заморóжены – retail prices are frozen
óптовые цéны – wholesale prices
27) твёрдые цéны – fixed prices
свобóдные цéны – floating prices
28) снять давлéние на ры́нок – to remove pressure from the market
29) пóльзоваться/воспóльзоваться рычагáми – to use levers
30) налóги на дохóды и на прибыль – income tax and capital gains tax

PART II – READING TASKS

A.   Read the questions below.   Then, read the text and answer the questions
in written form.

Questions:

1)   What is the main idea of the article?

PARAGRAPH 1
2)   In six months there were four recipes for economic recovery.
Name them.

3) There are two language devices which lead you to believe that the author is skeptical about the general attitude toward the solution of this eminent problem. What are they?

PARAGRAPH 2, 3

4) According to P. Bunich, why don't people have a proper work ethic in the Soviet Union?

5) Why was leasing a breakthrough in the process of privatization?

6) The author feels that it is high time to shift into "third gear" and to ... (true or false for each item):
a) distribute state property equally among private individuals.
b) leave some shares for the state to make its functioning possible.
c) distribute a bigger share among private individuals.

7) How does P. Bunich envision the distribution of shares among private citizens?

8) The author illustrates the success of leasing. What example(s) does he give?

PARAGRAPH 4, 5

9) P. Bunich indicates that there are some warning signals. What are they, and what do they signify?

10) According to the author, the management of the KamAZ factory is concerned over the current transformation into a joint stock company. Why?

11) The State Property Fund will perform certain functions. Name three.

12) Where does P. Bunich envision danger?

PARAGRAPH 6

13) Talking about floating prices, the author expresses an opinion that exemptions to stimulate state orders will not work. Explain why.

14) Why do attempts by the state to artificially control prices fail?

15) What will be the outcome of such attempts? Find the example(s) in the text.

PARAGRAPH 7

16) The author believes that ... (mark the correct answer):
a) only a perfect system of taxation should be introduced.
b) any system of taxation will do.
c) it is imperative to have a new system in place, even if it is imperfect.

17) What type of taxation will not be acceptable, according to P. Bunich?

B. Stylistic analysis.

    1. Make a list of transition markers and explain the function of each.

    2. Single out different parts of the article and name them.

    3. Find uses of stylistic redundancy and explain the reasons for its use.

    4. Find uses of opposites in the text.

    5. Find uses of metaphors and explain them.

    6. Write an outline of the story in Russian using a) quotations from the text and b) your own questions.

C. Did you like the article? What position does the author take? Do you agree with this position?

D. Did you learn anything new for yourself in this article? Name the points which surprised you.

Три кита: собственность, цены, налоги

В СТРАНЕ

Павел БУНИЧ,
*президент Союза арендаторов
и предпринимателей СССР,
народный депутат СССР*

На наших глазах произошло ускорение темпов гадания на ромашке, смены рецептов оздоровления экономики. За полгода — четыре ускорения: не рынок, рынок, пародия на рынок, снова вроде бы рынок. Что завтра, точнее, сегодня вечером?

При любых вариантах нам никуда не деться от признания, что рынок может стоять только на вполне определенных китах. Первый из них — собственность. Если так называемая общенародная собственность останется главной, то никакие другие киты не помогут, ибо люди по-настоящему не активизируются, не заработают. За последнее время по экспоненте растет число сторонников частной собственности. Но сколько ни говори «халва»... Нужен механизм денационализации. Начало положила аренда: заработанные в условиях аренды фонды развития производства — это уже собственность не государства, а коллектива. Она может быть поделена на акции между работниками. Хорошо, но мало и медленно. Процесс ускоряется продажей государственного имущества — просто гражданам, частным лицам. Становится чуть быстрее. Самое время включить третью скорость: раздать большую часть госимущества по людям, оставив государству для выполнения необходимых функций 30—40 проц. Причем раздать не уравнительно, а по стажу и зарплате, раздать справедливо, то есть оценив раздаваемое не по затратам, а по прибылям, доходу.

Из всего перечисленного реально сдвинулись с мертвой точки арендные дела. Представители этой формы хозяйствования участвуют в работе Президиума Совмина СССР. Тесные связи развиваются с Россией. Союзный премьер обещал сократить «черные списки» предприятий, которым запрещен переход на аренду.

Но многое настораживает. С одной стороны, говорят о сня-

тии препон с аренды. С другой — официально стали пропаган-
дировать переделку госпредприятий в акционерные. Если
речь о том. чтобы активизировать продажу акций, это надо
приветствовать. Но стал вырисовываться и иной умысел: сохранение за государством контрольного пакета — своеобраз-
ного способа удушения самостоятельности коллективов. Это
уже почувствовали арендные заводы КамАЗа. Руководители,
например, прессово-рамного завода поняли, что в связи с прео-
бразованием объединения в акционерное общество им грозит
серьезное сужение самостоятельности по сравнению с арен-
дой.

Государство вправе претендовать на контрольные пакеты
акций. Оно нуждается и в органе по распоряжению имуще-
ством — на днях опубликован соответствующий президентский Указ. Образуемый Фонд госимущества будет не только
принимать решения о продаже собственности или сдаче в аренду, но и оценивать ее стоимость. Причем решения эти окончательные, «обжалованию» не подлежит. И я вижу большую
опасность в том, что долю принадлежащих государству акций,
цену капитала и направления его перелива будут устанавли-
вать чиновники. Если не будет закона, четко регламентиру-
ющего порядок их действий, получим произвол похуже всякой
«рыночной стихии»...

Второй кит, на котором стоит рынок,— свободные цены.
Поначалу хотя бы на 50—60 проц. оборота. Недавно в прави-
тельстве обсуждали проблему госзаказов. Решили их стимулировать различными льготами. Выступая на заседании, я сказал, что льготы не помогут, если они окажутся ниже свобод-
ных рыночных цен. Ведь на практике уже началась цепная реакция появления таких цен де-факто. Государство пытается
помешать этому. Ничего не выйдет. Официально пишут
«два», а в уме «четыре». Истинные цены пробиваются через
натуральные обмены и взаимные договоренности между
предприятиями. Будем пытаться держать насильно — исчез-
нут последние товары. Вот пример: с будущего года повы-
шают цены на бумагу и красители, а розничные цены на
обои заморожены, и в ответ на требование выполнять госзаказ по твердым ценам московские фабрики уже предпола-
гают сократить выпуск обоев. Добро бы одни эти фабрики и
лишь обоев. Говорят, нельзя трогать цены, пока мы не осу-
ществили демонополизацию экономики. Но это долгий
путь, и держать все это время цены замороженными невозможно. Зато возможно и необходимо перед их разморажива-
нием снять давление на рынок массы «горячих» денег. Ре-
цепты давно известны...

Наконец, третий кит — рычаги, которыми пользуется государство, и условия, которые оно «задает». Важнее всего тут,
пожалуй, налоги. Мне уже приходилось писать: даже если система налогов не идеальна, ее надо вводить как можно скорее.
Но не настолько же плохую: вводимые сегодня налоги и на доходы граждан, и на прибыль предприятий — это не кит, а аку-
ла, которая сожрет инициативу людей и наши рыночные за-
мыслы. Это надо признать и это надо менять.

PART III – POST-READING TASKS

Vocabulary exercises

A. Explain the meaning of the following words using synonyms, antonyms and/or equivalent phrases.

натура́льный обме́н; держа́ть наси́льно; ро́зничные це́ны; демонополиза́ция; реце́пты; при́быль; оздоровле́ние эконо́мики; активизи́ровать населе́ние; ча́стное лицо́; препо́ны; акционе́р; обжа́лование; оборо́т; де-фа́кто.

B. Paraphrase words and expressions in bold using appropriate words from the text.   Make the necessary changes.

1) За после́днее вре́мя **произошло́ заме́тное измене́ние** в состоя́нии аре́ндного вопро́са.
2) Несмотря́ на определённый прогре́сс **есть сигна́лы, заставля́ющие беспоко́иться**.
3) Госуда́рство **счита́ет себя́ впра́ве** име́ть контро́льные паке́ты а́кций.
4) С друго́й стороны́ **стал обознача́ться** своебра́зный спо́соб **подавле́ния** самостоя́тельности коллекти́ва.
5) Но́вый о́рган бу́дет определя́ть **сто́имость** капита́ла и направле́ния его́ **распределе́ния**.
6) Необходи́м зако́н, **определя́ющий процеду́ру** де́йствий чино́вников, ина́че э́ти де́йствия бу́дут бесконтро́льными.
7) **Невозмо́жно игнори́ровать тот факт**, что ры́ночная эконо́мика должна́ стоя́ть на трёх **то́чках опо́ры**.
8) Число́ сторо́нников ча́стной со́бственности **постоя́нно** увели́чивается.
9) В усло́виях аре́нды зарабо́танные де́ньги уже́ не со́бственность госуда́рства, а принадлежа́т **гру́ппе люде́й**.
10) Наста́ло вре́мя **ускó́рить** процéсс прода́жи госуда́рственного иму́щества, но не пó́ровну, а **с учётом срó́ка, прорабо́танного** слу́жащим **на да́нном предприя́тии**.
11) Каки́е **срé́дства испо́льзует** госуда́рство для получе́ния дополни́тельных нало́гов от населе́ния?
12) Неда́вно в прави́тельстве реши́ли **поощря́ть** заинтересо́ванность рабо́тников **дополни́тельными вы́платами**.
13) В «чёрных спи́сках» нахо́дятся назва́ния предприя́тий, котó́рым **не разреша́ется** перейти́ на аре́нду.
14) Ну́жно **распределя́ть** госуда́рственное иму́щество, оцени́в раздава́емое не по тому́, **что израсхó́довано**, а по **дохó́ду**.

15) Предприя́тия **одно́ за други́м** перехо́дят на систе́му натура́льных обме́нов или взаимных договорённостей.

16) В отве́т на тре́бование продава́ть проду́кцию по **устано́вленным це́нам** предприя́тия вообще́ прекрати́ли вы́пуск э́того проду́кта.

C.   Find the following phrases in the text:

1) При любы́х вариа́нтах **нам никуда́ не де́ться от** призна́ния, что ры́нок мо́жет стоя́ть то́лько на вполне́ опредлённых кита́х.
   No matter what we do, we **cannot but** face the fact that the market has to rest on only very definite supports.

Write five to ten sentences following the pattern below on the basis of the article:

   (кому)   **никуда́ не де́ться**   (от чего́)

   _____   _____

   _____   _____

Try to use the following expressions:

   перехо́д на ры́ночную систе́му; введе́ние нало́гов на при́быль;
   установле́ние свобо́дных цен; отка́з от льго́т госаппара́ту; переде́лка
   госпредприя́тий в акционе́рные; произво́л «ры́ночной стихи́и»; сторо́нники
   ча́стной со́бственности; чино́вники; коллекти́в; ча́стные ли́ца;
   госуда́рство; аренда́торы.

2) Но **стал вырисо́вываться** и ино́й у́мысел.
   But a different intention **began to take shape**.

Write five to ten sentences following the pattern below on the basis of the article:

Стал   **вырисо́вываться**   (что)
Ста́ла   _____
Ста́ло   _____
Ста́ли

Try to use the following expressions:

новая пародия на рынок; возможность натурального обмена; закон, чётко регламентирующий ...; появление «чёрных списков» предприятий, которым запрещён ...; окончательное решение по вопросу ...; новые формы хозяйствования.

3) ..., и в ответ на требование выполнять госзаказ по твёрдым ценам московские фабрики уже предлагают сократить выпуск обоев. Добро бы одни эти фабрики (предлагали это) и лишь обоев.
..., and in response to the demand that state orders be filled at fixed prices, some Moscow factories are already proposing to reduce the production of wallpaper. **If it were** only these factories and...

Write five to ten sentences following the pattern below on the basis of the story.

Добро бы   + *a subject and a predicate in the subjunctive mood.*
            ————————————————————
            ————————————————————

Try to use the following expressions:

выполнить госзаказ по ... ценам; претендовать на контрольные пакеты; замораживать розничные цены; вводить налоги на доходы граждан; оценивать стоимость собственности; продавать государственное имущество частным лицам; сдвинуться с мёртвой точки; раздавать не уравнительно, а справедливо.

D. Make a list of words from the text which can be used in a conversation about market economy.

Communicative exercises – for discourse management

A. Identify the source of the statements using the words below:

по мнению сторонников ... ,
в этой статье речь идёт о ...
официально пишут о ...

Model:

Социали́зм стро́ить ску́чно.

По мне́нию молоды́х люде́й, сформиро́ванных в перйод застоя, строи́тельство социали́зма – э́то ску́чное де́ло.

1) Ну́жен механи́зм денационализа́ции.
2) Ры́нок мо́жет стоя́ть на ча́стной со́бственности, свобо́дных це́нах и на но́вой систе́ме нало́гов.
3) В отве́т на тре́бование вы́полнить госзака́зы по твёрдым це́нам моско́вские фа́брики уже́ предлага́ют сократи́ть своё произво́дство.

B. Express your agreement/disagreement with the following statements by arguing your point of view. Use the following:

> я должна́ (до́лжен) согласи́ться с тем, что ...
> мне тру́дно согласи́ться с тем, что ...
> де́ло в том, что ...

Model:

Поколе́ние дете́й продолжа́ет де́ло, на́чатое отца́ми.

Мне тру́дно согласи́ться с тем, что любо́е сле́дующее поколе́ние продолжа́ет де́ло свои́х отцо́в. **Де́ло в том, что** де́ти ча́ще всего́ крити́чески отно́сятся ко всему́, что де́лают их роди́тели.

1) Сли́шком высо́кие нало́ги убью́т инициати́ву люде́й и ры́ночные за́мыслы.
2) Что́бы реши́ть пробле́му ры́нка, ну́жно изба́виться от общенаро́дной со́бственности.
3) Проце́сс денационализа́ции встреча́ется с огро́мным сопротивле́нием партаппара́та.
4) Произво́л бу́дет ху́же вся́кой «ры́ночной стихи́и».

C. Express your opinion concerning the following statements using the words below:

> мне ка́жется, что ...
> ведь ...

Model:

«За́морозки» при Горбачёве мо́гут уда́рить в любо́й моме́нт.

Мне ка́жется, что «за́морозки» при Горбачёве мо́гут наступи́ть в любо́й моме́нт. **Ведь** Горбачёв – либера́л не по скло́нности, а по необходи́мости!

1) Пе́ред тем, как размора́живать це́ны, ну́жно сня́ть давле́ние на ры́нок ма́ссы «горя́чих» де́нег.
2) Госуда́рственное иму́щество ну́жно продава́ть ча́стным ли́цам, оста́вив госуда́рству 30-40 проце́нтов.
3) Нало́ги, вводи́мые сего́дня, насто́лько плохи́, что они́ не мо́гут быть прие́млемы на сего́дняшний день.
4) Госуда́рство впра́ве претендова́ть на контро́льные паке́ты а́кций.

D. Continue and develop the following statements using as many of the words below as possible:

К э́тому мне хо́чется доба́вить, что ...
Де́ло не то́лько в ... , де́ло скоре́е в ...

Model:

Гара́нтия перестро́йки заключа́ется в необрати́мости переме́н.

К э́тому мне хо́чется доба́вить, что необрати́мость переме́н зави́сит не то́лько от установле́ния зако́нов, регламенти́рующих поря́док де́йствий в демократи́ческом о́бществе. Разва́л в эконо́мике ведёт за собо́й полити́ческую нестаби́льность, кото́рая в свою́ о́чередь мо́жет привести́ к вое́нному переворо́ту. А э́то бу́дет концо́м всех демократи́ческих преобразова́ний.

1) Истинные це́ны пробива́ются че́рез натура́льные обме́ны.
2) На пра́ктике уже́ начала́сь цепна́я реа́кция появле́ния свобо́дных ры́ночных цен.
3) Очень настора́живает то, что ста́ли официа́льно говори́ть о переде́лке госпредприя́тий в акционе́рные.
4) Реа́льно с мёртвой то́чки сдви́нулись то́лько аре́ндные дела́.

E. Make an attempt to avoid the discussion of the problem and shift to another subject by using some of the following words:

В при́нципе э́то, коне́чно, так, но есть и други́е причи́ны, по кото́рым ...
а как насчёт ...

Model:

Молоды́е лю́ди сего́дня не хотя́т уча́ствовать в перестро́йке. Их мо́жно поня́ть. Как мо́жно ве́рить в бескоры́стность поли́тиков?

В при́нципе э́то, коне́чно, так, но есть и други́е причи́ны, по кото́рым сове́тская молодёжь полити́чески пасси́вна. Всю их созна́тельную жизнь им регуля́рно лга́ли. Лга́ли не то́лько в газе́тах, но и в шко́ле, и да́же до́ма.

Это явля́ется основно́й причи́ной, по кото́рой они не торо́пятся перехвати́ть
де́ло перестро́йки в свои́ ру́ки.

1) Е́сли за госуда́рством сохраня́ется контро́льный паке́т а́кций, то
   чино́вники бу́дут определя́ть це́ну капита́ла и направле́ния его́ перели́ва.
2) Ну́жен зако́н, чётко регламенти́рующий поря́док установле́ния до́ли а́кций,
   кото́рая мо́жет принадлежа́ть госуда́рству.
3) Е́сли пыта́ться сде́рживать появле́ние свобо́дных цен, то исче́знут
   после́дние това́ры.
4) Нало́ги явля́ются важне́йшим рычаго́м, кото́рым по́льзуется госуда́рство для
   заполне́ния свое́й казны́.

F. Suggest to a friend or a colleague to read or not to read this article by
using the following words:

Обяза́тельно прочита́йте э́ту статью́. Де́ло в том, что а́втор ...
Я не сове́тую вам чита́ть э́ту статью́, потому́ что а́втор ...

Communicative exercises – for supported opinion

A. Answer the following questions:

1. О каки́х трёх кита́х пи́шет Па́вел Бу́нич?
2. Что, по мне́нию а́втора, явля́ется еди́нственным сре́дством, спосо́бным
   заста́вить сове́тских люде́й рабо́тать?
3. Каки́е механи́змы денационализа́ции предлага́ются а́втором?
4. Что же продолжа́ет беспоко́ить Па́вла Бу́нича, несмотря́ на то, что в
   аре́ндном вопро́се де́ло сдви́нулось с мёртвой то́чки?
5. Как реша́ется вопро́с свобо́дных цен, и что происхо́дит на пра́ктике?
6. Что предлага́ет сде́лать П. Бу́нич, пока́ демонополиза́ция эконо́мики ещё
   не осуществленена́?
7. Почему́ а́втор называ́ет систе́му нало́гов, вводи́мых в СССР, аку́лой?

B. Edit the following summary of the story:

   По мне́нию автора, ры́нок стои́т на трёх опо́рах. Пе́рвая из них –
э́то со́бственность. В после́днее вре́мя число́ сторо́нников ча́стной
со́бственности растёт и уже́ сложи́лся механи́зм денационализа́ции. Пе́рвый из
возмо́жных путе́й – аре́нда. Зарабо́танные в усло́виях аре́нды фо́нды разви́тия
произво́дства стано́вятся со́бственностью госуда́рства, а не колле́ктива.
Второ́й путь – это ......, и тре́тьим путём явля́ется уравни́тельная разда́ча
ча́сти госиму́щества рабо́тникам да́нного предприя́тия. Несмотря́ на успе́х в

аре́ндных дела́х, настора́живает то, что, с одно́й стороны́, ..., а с друго́й
– .... За́мысел – сохране́ние госуда́рственного контро́ля над предприя́тиями и
удуше́ние общенаро́дной со́бственности. Поэ́тому, необходи́м зако́н, чётко
регламенти́рующий ....

Втора́я опо́ра, на кото́рой стои́т ры́нок, – свобо́дные це́ны. На пра́ктике
таки́е це́ны уже́ появля́ются, и госуда́рство вся́чески пыта́ется помо́чь э́тому
проце́ссу. Е́сли так бу́дет продолжа́ться и да́льше, то ....

Тре́тья опо́ра – э́то нало́ги. Но вводи́мые сего́дня нало́ги не спосо́бны
разбуди́ть инициати́ву населе́ния и мо́гут погуби́ть ры́ночные за́мыслы, потому́
что ....

C. Make up your own summary.

D. What title would you use for the story?

E. Make a short list of issues which appear most important to you.

F. Restate the main points of the article in the way in which you would have
approached this subject matter. Make use of words suggested above to a)
quote sources; b) express agreement/disagreement with the author;
c) state your own opinion and support it.

G. Conduct a TV round–table discussion on privatization in the Soviet Union.
Among the participants are a government representative, a Peoples' Deputy
and an economist. There are three points of view on this issue.
  First: Privatization is a betrayal of socialism. It is a way to
restore capitalism in the Soviet Union. It makes the black market and
parallel economy legal, which in its turn allows thieves and
swindlers to rob working people.
  Second: Privatization is the only way out of the crisis. It is the
only method left which can make people work. We should do it even if it
makes the gap between the rich and the poor still wider.
  Third: There are no ideological objections to privatization. However,
sixty years of total state control completely distorted the people's
mentality and has wiped out their ability to do business. Although the
idea of privatization is great, it may prove to be ineffective under
current circumstances in the Soviet Union.

  Distribute the roles beforehand, think through each one's line of
argument, and present it in a logical fashion supporting your point of
view.

H. Be prepared to discuss one of the following themes:

  1. В чём тру́дности перехо́да от пла́новой к ры́ночной эконо́мике?
  2. Почему́ значи́тельная часть сове́тского населе́ния опаса́ется перехо́да к ры́нку?
  3. Лу́чше ли соверша́ть перехо́д к ры́нку постепе́нно и́ли оди́м прыжко́м?
  4. Есть ли разу́мная альтернати́ва ры́нку в све́те определённого успе́ха пла́новой эконо́мики?

I. Write a one-page composition on one of the above themes.

ГЛАВА ТРЕТЬЯ: ПЕРЕСТРОЙКА И ГЛАСНОСТЬ

Урок два - Не миф, не фикция

Алексей Кива

PART I - PRE-READING TASKS

A. This is an article by Dr. Alexei Kiva, a scholar and a prolific writer on burning political issues in the USSR.   Kiva happens to be a staunch supporter of M. Gorbachev's efforts to rebuild the ailing Soviet society. In this article the author analyses current attempts to create a multi-party political system.   Read the title of the story.   What do you know about the tradition of multi-party systems in the territory of the Russian Empire before and after the victory of   the   Bolshevik   revolution?   What picture of political life would you anticipate to find today?   How can you interpret the title "Neither Myth, nor Fiction?" Exchange your thoughts with other students and write them down.

B. Skim through paragraphs 1, 2, 3 and 10.   Compare what you find with your predictions.

C. Culturally specific words and terms.   Pay special attention to the list below.

The demise of the Communist party after the failed coup left the Soviet Union without a single major nationwide political party.   Yet a genuine democracy is hard to achieve without a viable multi-party system. Opportunities for and obstacles to creating such a system in the Soviet Union are assessed in this article by a leading Soviet scholar.

1) Есть партии-призраки, партии-амбиции, за которыми сплошная пустота
    - there are parties which are phantoms, parties-ambitions with absolutely nothing behind them.

2) ... партии-фантазии, изобретения - ... parties-fantasies, inventions.

3) ... партии-уроды - ... parties-monsters.

4)   ... па́ртии-клику́ши, па́ртии пеще́рного атави́зма ... – ... parties of
                           wailing Cassandras, the parties of cave–dwelling
                           atavism ... By describing these parties as such, the
                           author wants to emphasize their hysterical and
                           ultra–reactionary nature.

5)   ... во имя мисти́ческой ру́сской иде́и ... – ... in the name of a mystical
                           Russian idea ... According to people who propagate
                           this idea, Russia and the Russian Orthodox Church have
                           a mission to show the world the path to salvation.

6)   ... па́ртии-милитари́сты – ... parties–militarists.

7)   ... па́ртии-двули́кие Янусы – ... Janus parties, two–faced ...

8)   «инородцы» – ethnic minorities, foreigners, heathen. Before the
                           communist revolution, this word was applied to all
                           non–Russians or non–Slavs. Today, it often has
                           an anti–Semitic connotation.

9)   ... ло́зунги вро́де «Коммуни́сты: бо́льше двух не собира́ться!», «Пусть
     живёт КПСС на Ченобы́льской АЭС!» – ... slogans like "Communists:
                           No more than two together!", "Long live the CPSU at the
                           Chernobyl Nuclear Power Station!"
                           These are the examples of extreme anti–communist
                           political sentiments which in their extremism can
                           compare only to preceeding pro–communist slogans.

10) Зако́н об обще́ственных объедине́ниях – Law on Civic Associations.

11) «Рух» – The "RUKH," the Ukranian nationalism movement which calls for
                                          secession from the USSR.

12) ... респу́блики-федера́нты (конфедера́нты?) – federative (confederative)
                           republics. Republics which exist within a federation as
                           different from a confederation.

D. Look through the following words and expressions from the text.

1) воспроизводи́ть/воспроизвести́ досло́вно – to render word for word
2) служи́ть/послужи́ть ору́дием в рука́х кого́-то – to serve as a weapon in
                                                   the hands of someone
3) в борьбе́ про́тив многопарти́йности – in the struggle against
                                                   a multi-party system
4) ничего́ не извле́чь из исто́рии – to learn nothing from history
5) нагнета́ть не́нависть в о́бществе – to pump up social hatred

6) порывáть/порвáть свя́зи с рáзвитым ми́ром – to break off with the
developed world

7) уходи́ть/уйти́ глубокó в себя́ – to withdraw deep into one's self

8) обрекáть/обрéчь себя́ на пóлную деградáцию – to doom one's self to total
degradation

9) сходи́ть/сойти́ со сцéны как вели́кий нарóд – to disappear as a great
nation

10) отсрóчить агóнию – to postpone the agony

11) провоци́ровать/спровоци́ровать контрдéйствия – to provoke
counteractions

12) национали́зм, замéшанный на провинциали́зме, если не сказáть
на невéжестве – nationalism imbued with provincialism, if not with
ignorance

13) оболвáненные лю́ди – lobotomized people

14) тогдá бéды не миновáть! – then, trouble is unavoidable!

15) филиáл – branch, subsidiary

16) многопарти́йность сведётся к извéстному набóру пáртий –
a multi-party system will boil down to a predictable set of
parties

17) зрéлое граждáнское óбщество – mature civil society

18) «консéнсусное», или соглашáтельское сознáние займёт мéсто ны́нешнего
конфронтациóнного сознáния – a "consensus" or conciliatory mentality
will replace a current confrontational one

19) репрессáлии со стороны́ цéнтра – repressions from the center

20) путь по сáмому крáю прóпасти – a path along the very verge of an abyss

21) удéрживаться/удержáться на краю́ – to hang on to the edge

PART II – READING TASKS

A. Read the questions below. Then, read the article and answer the questions
in written form.

Questions:

1) What is the main idea of the article?

PARAGRAPH 1

2) Alexei Kiva, the author of the story, came across an interesting
description of the entire spectrum of political parties presently
existing in the Soviet Union. List five types of these parties.

PARAGRAPH 2, 3, 4

3) Alexei Kiva adds several more types of parties, political organizations
and movements to the above mentioned five. Name some of them.

PARAGRAPH 6

4) The worst kind of scenario for Soviet political life is ...
   (mark the correct answer):
   a) a return to Communist Party rule.
   b) breaking up the entire society into two opposite camps.

PARAGRAPH 7, 8

5) Which of the following statements are correct:
   a) Nobody knows how many parties exist today because the law on
      freedom of parties is not yet in effect.
   b) We have an approximate idea of the number of existing parties
      although the law on freedom of parties is already in effect.
   c) In the future the multi-party system in the USSR will include
      approximately the same set of parties which exists in any
      civilized country.
   d) If the term "civilized country" amounts to having a certain set
      of parties, the USSR is far from this stage.

PARAGRAPH 9

6) According to the author, what will it take for the Soviet Union to
   arrive at the situation where two parties or two blocks of parties
   dominate the political life of the country?

PARAGRAPH 10

7) How does Alexei Kiva illustrate his point that the multi-party
   system is already a reality and not a myth in his country?

8) What will the transformation of the Union into a supra-national
   entity mean to the Soviet federative (confederative) republics?

PARAGRAPH 11, 12

9) The author states that certain things on the road to democracy are
   unavoidable. List some.

10) However, the author hopes that his country will ...
    (true or false for each item)
    a) avoid a turn to a capitalist system.
    b) skip cataclysmic turns.
    c) allow noble ideas to survive.
    d) let the fruit of socialism ripen.

B. Stylistic analysis.

    1. Make a list of transition markers and explain the function of each.

    2. Single out different parts of the article and name them.

    3. Find uses of stylistic redundancy and explain the reason for its use.

    4. Find uses of opposites in the text.

    5. Find uses of metaphors in the text and explain them.

C. Write an outline of the story in Russian using a) quotations from the text and b) your own questions.

D. Did you like the article? What position does the author take? Did you agree with this position?

E. Did you learn anything new for yourself in this article? Name the points which surprised you.

Алексей
КИВА,
доктор
исторических
наук

НЕ МИФ, НЕ ФИКЦИЯ

Как-то прочел интересную характеристику, данную нашим партиям. Постараюсь воспроизвести ее, разумеется, не дословно. Есть партии — воспоминания о нашем дореволюционном прошлом. Есть партии — аналоги западных партий. Есть партии-призраки, партии-амбиции, за которыми сплошная пустота. Есть партии-фантазии, изобретения. Все из того же ряда. Но есть и партии-провокаторы, специально созданные, чтобы служить орудием в руках старых структур в их борьбе против реальной многопартийности и отдельных, наиболее перспективных политических сил.

Я бы еще добавил сюда партии (организации, движения) — уроды, которые ничего не извлекли из нашей кровавой истории и, нагнетая ненависть в обществе, готовы все повторить сначала.

Кто пользуется подземным переходом на Пушкинской площади в Москве, тот наверняка имеет представление о партиях-кликушах, партиях пещерного атавизма, призывающих нас во имя мистической русской идеи отказаться от рынка, порвать связи с развитым миром, уйти глубоко в себя, в тот мир, которого на деле уже давно нет, и таким образом обречь себя на полную деградацию, сойти со сцены и как великий народ, и как великая держава.

Есть партии-милитаристы, партии — защитницы империи, которые ради того, чтобы отсрочить ее агонию, готовы превратить страну в пустыню, а народ — в нищих. Нельзя не сказать и о партиях (движениях) — двуликих Янусах. Для внешнего мира они цивилизованны, демократичны, а по отношению к «инородцам» — тоталитарны, шовинистичны. Своими действиями они провоцируют контрдействия, помогают сплачивать реакционные силы на союзном уровне, жертвой агрессии которых сами в конечном счете и могут стать. И это будет расплатой за их узколобый национальный эгоизм, замешанный на политическом провинциализме, если не сказать — невежестве.

Когда видишь лозунги вроде «Коммунисты: больше двух не собираться!», «Пусть живет КПСС на Чернобыльской АЭС!» и т. д., то волей-неволей вспоминаешь, какими лозунгами наша компартия вооружала оболваненных людей на протяжении 70 лет.

Самое страшное, что может произойти в нашей политической жизни, так это поляризация общества на два крайних лагеря. Вот уж поистине тогда беды не миновать!

Никто точно не знает, сколько у нас сегодня партий и сколько за ними идет людей. Все приблизительно. Хотя действует уже Закон об общественных объединениях и идет их регистрация.

На Украине, допустим, известно примерно 150 партий, организаций, движений... В их числе 15 партий республиканского масштаба, 10 филиалов союзных партий. «Рух» заявляет, что за ним идет 5 миллионов человек. Но что можно наверняка сказать, так это то, что и у нас в итоге многопартийность сведется к известному набору партий в сколько-нибудь цивилизованном обществе: коммунисты, социал-демократы, либералы, «зеленые», националисты, клерикалы (христианские демократы), партии левого и правого экстремизма, салонные и экзотические... И что дальше?

Вряд ли удастся избежать общей закономерности: постепенно начнется «утряска» партий, и она будет продолжаться до тех пор, пока не сформируется зрелое гражданское общество, в котором станут доминировать две основные партии или два блока партий. Как в США, как в Англии, Германии... Иными словами, пока в недрах нашего обнищавшего общества не сложится мощный средний класс, а место нашего нынешнего конфронтационного сознания, выросшего из классовой идеологии, из насаждавшейся десятилетиями вражды к «плохим» классам и «плохим» мыслям, не займет «консенсусное сознание, которое большевики назвали бы соглашательским, направленным на подчинение труда капиталу.

И все же многопартийность в нашей стране — факт вполне реальный. Не миф. Не иллюзия. Не фикция. В шести из пока 15 союзных республик, не говоря уже о многих областях, городах и районах, у власти находятся оппозиционные КПСС силы. Пусть эта власть неполная и над ней нередко занесен дамоклов меч репрессалий со стороны центра. Но скоро так или иначе отрегулируются отношения между центром и республиками. После недавнего референдума и при наличии нынешнего проекта Договора о Союзе либо республики-федеранты (конфедеранты?) действительно станут суверенными, либо Союз трансформируется в нечто наднациональное.

Давайте не забывать: к зрелой многопартийности ведет долгий, скользкий, изобилующий крутыми подъемами и неожиданными спусками путь. Часто по самому краю пропасти.

Не призываю всех порознь удержаться на краю. Не в том в конце концов цель. А вот избежать катаклизмов, дать выжить облагороженным идеям в сейсмической зоне политики — этого бы хотелось. Иначе как дозреть овощу? Как обещать обществу благие перспективы? Ведь всем вроде понятно: развитие нашей представительной демократии немыслимо без развития многопартийности.

PART III - POST-READING TASKS

Vocabulary exercises

A. Explain the meaning of the following words using their synonyms, antonyms and/or equivalent phrases.

нагнетáть нéнависть; спровоцúровать контрдéйствия; агóния; деградáция; филиáл; многопартúйность; националúзм, замéшанный на провинционалúзме; свестúсь к извéстному набóру пáртий; зрéлое граждáнское óбщество; консéнсусное сознáние; репрессáлии со стороны́ цéнтра.

B. Paraphrase words and expressions in bold using appropriate words from the text.   Make the necessary changes.

1) Дорóга к демокрáтии представля́ет собóй длúнный, скóльзкий путь, во врéмя котóрого вáжно **не упáсть в прóпасть**.
2) Éсли нарóд пойдёт за партия́ми, призывáющими **изолúровать себя́ от внéшнего мúра**, то **бедá неизбéжна**.
3) Коммунистúческая пáртия кормúла **одурáченный** нарóд лóзунгами и пусты́ми обещáниями.
4) Мнóгие боя́тся, что пóсле 70 лет коммунистúческого дурмáна Россúя **целикóм погрузúтся в свой сóбственный мир** и такúм óбразом **сдéлает неизбéжным** дальнéйшее отставáние.
5) Вы мóжете **повторúть слóво в слóво** то, что бы́ло скáзано на лéкции?
6) Пáртии-провокáторы **пóльзуются** стáрыми структýрами **как срéдством** в борьбé с многопартúйностью.
7) Как вы понимáете выражéние: «Бурбóны **ничемý не научúлись у истóрии.**» в совремéнном контéксте?
8) В результáте вотергéйтского скандáла президéнт Нúксон **остáвил политúческое пóле дéятельности**.
9) Сегóдняшние монáрхисты готóвы **опустошúть странý** и **до концá разорúть нарóд**, чтóбы нéсколько продлúть агóнию.
10) При **отсýтствии знáний и нúзком культýрном ýровне** нарóда, егó легкó увлéчь шовинистúческими лóзунгами.

C. Find the following phrases in the text:

1) И это бýдет **расплáтой за** их узколóбый эгоúзм ...
   And that will be a **retribution for** their narrow-minded egoism ...

Write five to ten sentences following the pattern below:

Это бу́дет распла́той   (за что)
_____
_____

Try to use the following expressions:

экстреми́зм; шовини́зм; провинциали́зм; невѐжество; милитари́зм; коммуни́зм; поляриза́ция о́бщества.

2) **Когда́ ви́дишь ло́зунги** вро́де «Коммуни́сты: бо́льше двух не собира́йся!», ... , **то во́лей-нево́лей вспомина́ешь,** каки́ми ло́зунгами на́ша компа́ртия вооружа́ла оболва́ненных люде́й ...
When one sees slogans like "Communists: No more than two together!," ... , **then it is impossible not to recall** the slogans which our Communist Party drilled into the lobotomized people.

Write five to ten sentences following the pattern below on the basis of the article:

Когда́ ви́дишь (что) **, то во́лей-нево́лей вспомина́ешь** мисти́ческую ру́сскую
_____ идѐю ...
_____ дореволюцио́нное
про́шлое ...
конфронтацио́нное
созна́ние ...
узколо́бый национа́ль-
ный эго́изм
терро́р и лише́ния ...

Try to use the following expressions:

па́ртии двули́ких Яну́сов; па́ртии-клику́ши; па́ртии-при́зраки; па́ртии-милитари́сты; ло́зунги 30-ых годо́в.

3) **Са́мое стра́шное, что мо́жет произойти́ в** на́шей полити́ческой жи́зни, **так э́то** поляриза́ция о́бщества на два кра́йних ла́геря.
The worst thing that can happen in our political life **is the** polarization of society into two extreme camps.

Write five to ten sentences following the pattern below on the basis of the article:

Cа́мое стра́шное, что мо́жет произойти́ (в чём)   , **так э́то**   (что)

_____   _____

_____   _____

Try to use the following expressions:

поляриза́ция; отка́з от ры́нка; распла́та за неве́жество; разры́в свя́зей с ра́звитым ми́ром; по́лная деграда́ция; респу́блики-федера́нты; респу́блики-конфедера́нты; Росси́я; обнища́вшее о́бщество; полити́ческая жи́знь; сре́дний класс; зре́лое гражда́нское о́бщество.

4) **Разви́тие** на́шей представи́тельной демокра́тии **немы́слимо без** разви́тия многопарти́йности.
The development of our representative democracy **is inconceivable without** the development of a multi-party system.

Write five to ten sentences following the pattern below on the basis of the article:

Разви́тие   (чего)   **немы́слимо**   (без чего)

_____   _____

_____   _____

Try to use the following expressions:

ру́сский национали́зм; зре́лое гражда́нское о́бщество; консе́нсусное созна́ние; кла́ссовая идеоло́гия; многопарти́йность; полити́ческий провинциали́зм; распла́та за неве́жество; мисти́ческая ру́сская иде́я; забо́та об окружа́ющей среде́; «утря́ска» па́ртий; цивилизо́ванная полити́ческая систе́ма.

D. Make a list of words from the text which can be used to discuss a multi-party system.

Communicative exercises – for discourse management

A. Make an opening statement with respect to the following phrases using:

для нача́ла дава́йте разберёмся в том, что представля́ет собо́й ...

Model:

Произво́л бу́дет ху́же любо́й «ры́ночной стихи́и».

Для нача́ла дава́йте разберёмся в том, что представля́ет собо́й свобо́дный ры́нок.
1) Существова́ние многопарти́йной систе́мы в полити́ческой жи́зни Сове́тского Сою́за сего́дня не миф и не фи́кция, а реа́льность.
2) Если в настоя́щих усло́виях произойдёт поляриза́ция сове́тского о́бщества, то тогда́ беды́ не минова́ть.
3) Уже́ существу́ет Зако́н об обще́ственных объедине́ниях.
4) В СССР не ста́нут domини́ровать два основны́х полити́ческих бло́ка, пока́ не сло́жится мо́щный сре́дний класс.

B. Express your agreement/disagreement with the following statements by arguing your point of view using the words below:

> я не могу́ не согласи́ться с тем, что ...
> мне тру́дно согласи́ться с тем, что ...
> де́ло в том, что ...

Model:

Сли́шком высо́кие нало́ги убью́т ры́ночные за́мыслы.

Я не могу́ не согласи́ться с тем, что сли́шком высо́кие нало́ги осо́бенно на ра́ннем эта́пе перехо́да к ры́ночной систе́ме мо́гут уби́ть ры́ночные за́мыслы. **Де́ло в том, что** они в ко́рне уничто́жат инициати́ву люде́й, кото́рые ещё не о́чень я́сно представля́ют себе́, что тако́е свобо́дная эконо́мика.

1) Сего́дня в сове́тской полити́ческой жи́зни существу́ют па́ртии-провока́торы, специа́льно со́зданные для борьбы́ про́тив реа́льной многопарти́йности.
2) Если Росси́я обрати́тся к мисти́ческой ру́сской иде́е, то она́ сойдёт со сце́ны как вели́кий наро́д.
3) Существу́ют па́ртии, кото́рые призыва́ют Росси́ю порва́ть связь с вне́шним ми́ром и уйти́ в себя́.
4) Компа́ртия оболва́нивала наро́д на протяже́нии 70 лет.
5) В любо́м цивилизо́ванном о́бществе существу́ет изве́стный набо́р па́ртий.

C. Identify the source of the following statements using the words below:

> по мне́нию а́втора ...
> в соотве́тствии с мне́нием ...

Model:

Ну́жен механи́зм денационализа́ции.

В соотве́тствии с мне́нием сторо́нников програ́ммы перехо́да к ры́ночной экононо́мике, ну́жен механи́зм денационализа́ции.

1) В СССР существу́ют па́ртии - ана́логи за́падных па́ртий.
2) Ру́сские националисты призыва́ют наро́д уйти́ в мир, кото́рый уже́ не существу́ет.
3) За украи́нскими националистами идёт 5 миллио́нов челове́к.

D. Express your opinion concerning the following statements using the words below:

> я ли́чно ду́маю, что ...
> дава́й не забыва́ть, что ...

Model:

Госуда́рство впра́ве претендова́ть на контро́льные паке́ты а́кций.

Я ли́чно ду́маю, что госуда́рство впра́ве претендова́ть на контро́льные паке́ты а́кций. **Дава́йте не забыва́ть, что** вся э́та со́бственность изнача́льно ему́ принадлежа́ла.

1) В полити́ческом спе́ктре существу́ют ораниза́ции, кото́рые ничего́ не извлекли́ из ру́сской и сове́тской крова́вой исто́рии.
2) Па́ртии-милитари́сты гото́вы на всё, что́бы сохрани́ть импе́рию.
3) Национали́зм ча́сто заме́шан на полити́ческом провинциали́зме.
4) Тоталита́рное созна́ние в сове́тской полити́ческой жи́зни прису́ще да́же антикоммунисти́ческим па́ртиям.
5) «Утря́ска» па́ртий бу́дет продолжа́ться, пока́ не сло́жится мо́щный сре́дний класс.
6) Путь к многопарти́йности ча́сто идёт по са́мому кра́ю про́пасти.

E. Continue and develop the following statements using some of the words below:

> К э́тому я бы ещё доба́вил(а) сле́дующее. Нельзя́ не сказа́ть и о ... , ведь ...

Model:

Но мно́гое настора́живает. **К э́тому я бы ещё доба́вил(а) сле́дующее. Нельзя́ не сказа́ть и о** переде́лке госпредприя́тий в акционе́рные. **Ведь** э́то мо́жет означа́ть сохране́ние за госуда́рством контро́льного паке́та а́кций.

1) Па́ртии кра́йнего национали́зма призыва́ют наро́д верну́ться к мисти́ческой ру́сской иде́е.
2) Па́ртии - двули́кие Янусы цивилизо́ванны и демократи́чны для вне́шнего ми́ра.
3) Сего́дня нере́дко прихо́дится ви́деть ло́зунги вро́де «Пусть живёт КПСС на Черно́быльской АЭС!».
4) В зре́лом гражда́нском о́бществе многопарти́йность сведётся к двум основны́м па́ртиям и́ли бло́кам па́ртий.
5) На ме́сто ны́нешнего конфронтацио́нного созна́ния должно́ прийти́ «косе́нсусное» созна́ние.

F. Make a concluding statement using some of the following phrases:

из всего́ ска́занного вы́ше мо́жно сде́лать вы́вод, что ...

Model:

Из всего́ ска́занного вы́ше мо́жно сде́лать вы́вод, что ры́нок мо́жет стоя́ть то́лько на трёх определённых кита́х. Это - ча́стная со́бственность, свобо́дные це́ны и реалисти́ческая систе́ма нало́гов.

1) Са́мое стра́шное, что мо́жет произойти́ в сове́тской полити́ческой жи́зни, - э́то поляриза́ция о́бщества на два ла́геря.
2) «Утря́ска» па́ртий бу́дет продолжа́ться до тех пор, пока́ не сформиру́ется зре́лое гражда́нское соо́бщество.
3) Сейча́с ва́жно избежа́ть катакли́змов и дать вы́жить демократи́ческим идея́м.

G. Suggest to a friend or a colleague to read or not to read this article using the following phrases:

Очень сове́тую вам прочита́ть э́ту статью́. Автору прекра́сно удало́сь ...
Я не сове́тую вам чита́ть э́ту статью́. Автору не удало́сь ...

Communicative exercises - for supported opinion

A. Answer the following questions:

1. Каки́е ти́пы па́ртий существу́ют сего́дня в СССР?

2. Каки́м о́бразом «двули́кие Янусы» пока́зывают себя́ по-ра́зному внутри́ страны́ и во вне́шнем ми́ре?
3. В чём опа́сность поляриза́ции сове́тского о́бщества на два ла́геря?
4. В чём значе́ние появле́ния сре́днего кла́сса для побе́ды демокра́тии?
5. С чем свя́зано то, что доро́га к многопарти́йности в СССР идёт «по са́мому кра́ю про́пасти»?

B. Edit the following summary of the article:

На сего́дняшний день мо́жно сказа́ть, что существова́ние многопарти́йной полити́ческой систе́мы в СССР уже́ не миф и не фи́кция.   Здесь мо́жно найти́ и па́ртии, кото́рые напомина́ют за́падные, и па́ртии пеще́рного атави́зма, кото́рые .... Есть па́ртии-милитари́сты, кото́рые гото́вы ...., чтобы отсро́чить аго́нию импе́рии.   Существу́ют па́ртии цивилизо́ванные и демократи́чные для вне́шнего ми́ра, а по отноше́нию к славя́нскому населе́нию они тоталита́рны и шовинисти́чны.   Спи́сок доста́точно дли́нный.   Никто́ то́чно не зна́ет, ско́лько их, потому́ что Зако́н об обще́ственных объедине́ниях ещё не де́йствует.

В коне́чном ито́ге СССР не избежи́т о́бщей закономе́рности, и когда́ сформиру́ется ...., в о́бществе ста́нут домини́ровать две па́ртии или два бло́ка па́ртий.   Для э́того ны́нешнее «консе́нсусное» созна́ние до́лжно быть земенено́ конфронтацио́нным, вы́росшим из ....

Путь к зре́лой многопарти́йности дли́нный и тру́дный.   Са́мое стра́шное, что мо́жет произойти́, так э́то поляриза́ция о́бщества на два кра́йних ла́геря. Це́лью полити́ческой перестро́йки явля́ется ....

C. Make up your own summary.

D. What title would you use for the story ?

E. Make a short list of issues that appear most important to you.

F. Restate the main points in the way in which you would have approached this subject matter. Make use of words suggested above to a) quote sources; b) express your agreement/disagreement with the author; c) state your own opinion and support it.

G. Conduct a round-table discussion on the subject of the multi-party system in the USSR. Its participants disagree on the future of democracy in the post-perestroika period. There are three approaches to this subject:
    First: As Alexander Solzhenitsyn suggested, a multy-party system is inappropriate for the Soviet Union - attempting to produce it artificially would only lead to chaos and dictatorship.

Second: As Winston Churchill observed, democracy is very imperfect but all alternatives are even worse.   Democracy is impossible without a multi-party system.   It has to be introduced quickly and decisively.

Third: Because the Soviet Union has no tradition of a multi-party democracy, developing it requires care, patience and moderation.   But this is the only sensible direction to take for political as well as economic reasons.   Market-oriented reforms in the Soviet context require the presence of various parties, capable of defending the interests of new entrepreneurs and professionals.

Distribute the roles beforehand, think through each line of argument, and present it in a logical way supporting your position.

H.   Be prepared to discuss one of the following themes:

1.   Опишите, чего хотят добиться сторонники «мистической русской идеи», и почему они могут подорвать статус Советского Союза как великой державы?

2.   Расскажите о природе тоталитарного сознания, в СССР и до какой степени оно присуще некоммунистическим и даже антикоммунистическим партиям?

I.   Write a one-page composition on one of the above themes.

ГЛАВА ВТОРАЯ: ПРАВОВАЯ РЕФОРМА

Урок три – Бремя свободы

PART I – PRE-READING TASKS

A. This is an interview-dialogue by Helena Skvortsov, a correspondent for the Soviet magazine "Rodina," with Professor Alexander Yakovlev, a USSR Peoples' Deputy and a member of the USSR Supreme Committee on Legislation, Law and Order. Read the title of the interview. What can you make of it? Why is freedom called "a burden?" What do you already know about the tradition of law and democracy in the USSR? Is there any connection between it and the status of human rights? Exchange your thoughts with other students and write them down.

B. Skim through paragraphs 1, 2 and 12. Compare what you find with your predictions.

C. Culturally specific words and terms. Pay attention to the list below.

The elimination of the Communist dictatorship does not in itself guarantee a triumph of freedom in the Soviet Union. How to turn it into a nation ruled by law and respectful of citizens' rights is the focus of the following interview with a top Soviet legislator and legal authority, Alexander Yakovlev.

1) Комите́т Верхо́вного Сове́та СССР по вопро́сам законода́тельства, зако́нности и правопоря́дка – the USSR Supreme Soviet Committee on Legislation, Law and Order, a committee of the Soviet national parliament.

2) до́брый царь – a kindly czar, an expression which brings to memory a traditional belief of the Russian people that their well-being depended on the personal qualities of their ruler rather than the quality of their political system.

3) представи́тельные о́рганы – representative bodies: elected branches of government including local, republic and federal levels.

4) раскрепоще́ние граждани́на – emancipation of citizens, usually used in the context of liberation of peasants from serfdom. Here it is used figuratively to emphasize the extent to which Soviet citizens were slaves to communist ideology.

   закрепоще́ние (antonym)

5) правово́е госуда́рство – legal state, a term coined early during perestroika which is applied to a state governed by laws rather than by men.

6) принуди́тельные ме́ры по отноше́нию к о́бществу – во бла́го ему́ – coercive measures against society – for the sake of it. By using this seemingly contradictory statement, the author means that while forcing society in a direction it did not want to go, people were told that the ultimate results would be good for them.

   диктату́ра пролетариа́та – dictatorship of the proletariat.

   вое́нный коммунизм – war communism. These two faces of the Soviet communist state are perfect examples of coercion of society to endure terrible privations in the pursuit of future goals.

7) индивидуа́льная трудова́я де́ятельность – any individual labor activity which is not institutionalized by government; self-employment (in private enterprise).

8) госуда́рственно-правова́я систе́ма – state-legal system. A combination of two concepts: government and law. The code of law is enforced by government.

9) воево́ды, уря́дники, ста́росты – governors, village constables, elders; archaic positions no longer in use.

10) ме́стный сове́т – local council that includes village, regional, city and district councils.

D. Look through the following words and expressions from the text.

1) принима́ть/приня́ть на свой пле́чи бре́мя свобо́ды – to shoulder the burden of freedom

2) жить ску́чно, но споко́йно – to live a dull and quiet life

3) порожда́ть/породи́ть но́вые фо́рмы бытия́ – to create new forms of being

4) выполня́ть/вы́полнить свою́ социа́льно поле́зную фу́нкцию – to fulfill one's socially useful function

5) проводи́ть/провести́ раскрепоще́ние путём наси́лия, в принуди́тельном поря́дке – to emancipate by force or coercion

6) принуди́тельные ме́ры по отноше́нию к кому́-то – coercive measures against someone

7) ве́домственные интере́сы – departmental interests

8) напра́влен (а, о, ы) на бла́го всего́ наро́да – directed for the good of all the people

9) продава́ть/прода́ть хлеб по ры́ночным це́нам, а не по иску́сственным – to sell bread at market rather than artificial prices

10) существова́ть в усло́виях беспра́вия – to live without civil rights

11) неотъе́млемые права́ – inalienable rights

12) зако́н о свобо́дном въе́зде и вы́езде из страны́ – law on emigration and return

13) всео́бщее обяза́тельное ра́венство пе́ред зако́ном – universal equality before the law

14) суть де́ла от э́того не меня́ется – it does not change the essence of the matter

15) парти́йные директи́вы иду́т пря́мо в жизнь – party decrees go directly into practice

16) в усло́виях по́длинной демокра́тии – under true democracy

17) открыва́ть/откры́ть для себя́ и́стины – to discover the truth oneself

18) займствовать/позаймстовать за́падные образцы́ – to borrow Western models

19) права́ сосредото́чены наверху́ – rights are concentrated at the top

20) делеги́ровать права́ вниз – to pass the rights down

21) исхо́дный пункт – starting point

22) име́ть пра́во де́лать всё, что не меша́ет свобо́де други́х – to have the right to do anything which does not interfere with the freedom of others

23) вопро́сы в масшта́бе райо́на – district-level problems

24) отсу́тствие стро́йной систе́мы – lack of coherent structure

PART II – READING TASKS

A. Read the questions below. Then, read the article and answer the questions in written form.

Questions:

1) What is the interview about?

PARAGRAPH 1, 2

2) What are the advantages of giving one's "burden" of freedom away to a leader, society or parents?

3) What is the correlation between the well-being of a society and the inner freedom of its citizens?

PARAGRAPH 3, 4, 5, 6, 7, 8, 9 and 10

4) According to Yakovlev, what can and cannot be expected from a law?

5) Laws will fulfill their social function ...
    (true or false for each item):
    a) as soon as laws are adopted.
    b) only if laws become an integral part of a citizen's freedom.
    c) if laws, while becoming an integral part of a citizen's freedom, simultaneously limit this freedom.

6) Russian history is a history of coercion used against society for the "sake" of it. According to Yakovlev, can a man be given freedom through coercion?

7) Professor Yakovlev favors coercion in a "legal state." Explain what he means by it.

PARAGRAPH 11, 12, 13 and 14

8) What is the situation with human rights in the USSR?

9) Professor Yakovlev illustrates his statement on the status of inalienable rights of Soviet citizens citing two examples. What are they?

PARAGRAPH 15, 16, 17, 18 and 19

10) "Legal state" implies that everyone is equal in the eyes of the law. How does the party leadership function today vis-a-vis this law?

11) According to Yakovlev, what is the only way through which political decisions can be implemented?

12) How should those who resist the struggle for a "legal state" be handled?

PARAGRAPH 20, 21, 22, 23, 24 and 25

13) While building a "legal state" at home, Soviet legislators ...
    (true or false for each item):
    a) are discovering truths which have been in use for a long time in the West.
    b) should learn from the already existing Western experience of democracy.
    c) will create their own new concept of a democratic state.
    d) will borrow Western concepts of democracy.

14) What are two traditional ways to distribute rights in society? Describe each one in one or two sentences.

15) Which of the following statements are true?
    a) Lack of a coherent system is dangerous.
    b) Reality will prompt a variety of structures in a "legal state."
    c) New, as yet unknown to mankind, democratic principles are to be formulated.

B. Stylistic analysis.

    1. Make a list of transition markers and explain the function of each.

    2. Single out different parts of the article and name them.

    3. Find uses of stylistic redundancy and explain the reason for its use.

    4. Find uses of opposites in the text.

    5. Find uses of metaphors in the text and explain them.

C. Write an outline of the story in Russian using a) quotations from the text and b) your own questions.

D. Did you like the article? What positions does the author take? Did you agree with this positions?

E. Did you learn anything new for yourself in this article? Name the points which surprised you.

БРЕМЯ СВОБОДЫ

Готовы ли мы принять его на свои плечи? Об этом в беседе с нашим корреспондентом Еленой Скворцовой размышляет народный депутат СССР, член Комитета Верховного Совета СССР по вопросам законодательства, законности и правопорядка профессор Александр ЯКОВЛЕВ.

РОДИНА 2/90

А. Я. Есть такое выражение — бремя свободы. Это очень точное выражение. Если ты отдал бремя свободы вождю, обществу, родителям... ты живешь скучно, но спокойно. За тебя думают, за тебя рискуют. Становится плохо, ты обвиняешь кого-то другого, никогда — себя. Мы привыкли — немножко тепло, немножко уютненько, с голоду, вроде, не пухнем... И главное — бремени свободы нет.

А общество имеет надежду на развитие только в той мере, в которой массы индивидуумов **готовы** стать внутренне свободными.

Е. С. Раньше у народа была вера в доброго царя. Теперь появилась вера в хорошие законы — вот примут их на сессии, и жизнь у нас сразу станет замечательной...

А. Я. Закон не может ни породить новые формы бытия, ни приказать, чтобы они появились. Он может лишь дать простор для их развития.

Нашему народу досталось ужасное наследство в виде целой серии лживых законов. И вся деятельность наших так называемых представительных органов была лишь манифестацией лжи. Настоящего права у нас не было.

Право выполнит свою социально полезную функцию только в том случае, если наши законы действительно станут формой существования свободы — производителя, гражданина и т. д.— и в то же время будут... лимитировать ее. Потому что моя свобода ограничена вашей. Во всяком случае, это — единственный критерий любого ограничения.

Е. С. Мне кажется, что даже раскрепощение гражданина в нашей стране будет проведено путем насилия, в принудительном порядке. Тем более что вся история нашего государства как раз и состоит из постоянно предпринимаемых принудительных мер по отношению к обществу — во благо ему. Правомерно ли нести человеку свободу через насилие?

А. Я. Насилие всегда есть в государстве. Но принудительные меры по отношению к тем, кто в силу своих совершенно четко определенных ведомственных интересов препятствует тому, что направлено на благо всего народа, оправданны. Принуждение может быть также экономическим и политическим: путем настоящих демократических выборов вывести из сферы управления тех, кто не хочет реального оздоровления общества.

Мы теперь, как я надеюсь, наконец вступаем в правовое государство. Конечно, самый верный и правильный путь — принуждение на основе **закона**. Насилие, не ограниченное законом,— мы это уже проходили (это была диктатура пролетариата, военный коммунизм, сталинизм...). Я за принятие демократических законов, а затем, если надо, за применение насилия для их осуществления.

Уверяю вас, как только закон выразит ваши подлинные экономические интересы, навязывать его вам не будет необходимости. Нужно ли заставлять крестьянина продавать хлеб по рыночным ценам? Нет, его нужно заставлять продавать только по искусственным ценам.

Е. С. Свобода, внедряемая путем насилия, по-моему, прямо соотносится с вопросом о правах человека. Как вы оцениваете сегодняшнюю ситуацию в области защиты прав человека в нашей стране? Считаете ли происшедшие изменения кардинальными?

А. Я. Мы пока продолжаем существовать в условиях бесправия. И решающего удара в этом отношении еще не сделано. Мы так притерпелись к казарме, что многие из нас уже потеряли способность оценивать это как казарму.

Мы до сих пор не признаем за гражданином неотъемлемых и неотчуждаемых прав. Почему мы должны **просить разрешить** нам заняться индивидуальной трудовой деятельностью? Только потому, что мое исконное право трудиться так, как я хочу и умею, у меня было отнято государством?

Или другой момент — человеку нельзя самому определить место проживания в собственной стране! Ничего более антидемократического, чем система прописки в нашей стране, не существует. Мы скоро ратифицируем Венские соглашения, в частности закон о свободном въезде и выезде из страны. И может быть, в Париж окажется поехать гораздо легче, чем в Москву или Ленинград.

Ё. С. Правовое государство прежде всего предполагает **всеобщее обязательное равенство** перед законом. У нас в стране этого до сих пор нет. Обладающий большей властью по-прежнему находится в более «близких» отношениях с законом. Почему же на пятом году перестройки мы все еще не равны перед законом?

А. Я. Потому, что у нас существуют структуры, которые законом не регулируются. Я имею в виду партийное руководство. Оно руководит страной за пределами законодательства. Теперь мы вступаем в полосу многопартийности. Но суть дела от этого не меняется.

Партии должны быть. И они имеют право вырабатывать любые политические установки. Но повсюду в мире существует разделение государства и партии. И повсюду в мире существует порядок, что политическую установку можно провести в жизнь только через закон. И до тех пор. пока партийные директивы идут прямо в жизнь — а они сейчас так и идут,— мы можем забыть о правовом государстве. Ничто, принятое на любых уровнях партийного руководства. не должно осуществляться в реальности, если оно не прошло через государственно-правовую систему. Это очень простое правило, ведущее к правовому государству, и выполнения его мы можем добиваться уже сейчас.

Е. С. Но ведь те, кому выгодно такое положение дел, не отдадут своих позиций без боя...

А. Я. Конечно. Самое главное — борьба за правовое государство — еще впереди. Но против тормозящих реформы чиновников есть хорошее средство — их нужно поставить в такие условия, когда бы сопротивление законам привело к лишению официальной должностной позиции. Это возможно только в условиях подлинной демократии.

Е. С. Александр Максимович, мы сейчас открываем для себя истины, которые давно уже стали реальностью на Западе. Я имею в виду некоторые принципы человеческого общежития, систему отношений между государством и гражданином, личностью и обществом, потребителем и производителем и т. д. Есть ли у нас своя концепция правового государства или мы будем ее создавать, заимствуя западные образцы?

А. Я. Поучиться полезно, но делать-то придется не у них, а у нас. Детально разработанной концепции скорее всего у нас нет. Но традиционно возможны два способа распределения прав в обществе.

Первый заключается в том, что все права сосредоточены наверху — у монарха (тирана, диктатора...). Какую-то часть своих прав он делегирует вниз. скажем. воеводам, которые уже меньшую часть передают на места — урядникам или старостам. И совсем малость остается крестьянину. Кстати. согласно именно этой схеме, формулируются права и полномочия Союза, республик, местных Советов и, наконец, граждан.

Второй путь такой. Вся полнота прав принадлежит гражданину, и только ему. Следовательно, исходный пункт рассуждений кардинально меняется. Сувереном, то есть носителем высшей власти, объявляется народ. Это значит, что гражданин имеет право делать все, что не мешает такой же свободе других. Но чего-то он не может. К примеру, построить дорогу в городе. Тогда он говорит: «Я изберу местный орган самоуправления». Местный Совет, рассматривая то, что он уже сделал для того. чтобы люди были счастливы. говорит: «В городе я дорогу построю. а между городами — не могу. Поэтому я передаю право решать эти вопросы в масштабах района и области наверх». Но существуют такие вопросы, которые и силами области решить нельзя, и эту часть своих полномочий область передает в республику. которая, в свою очередь, говорит: «Я не могу решить вопрос обороноспособности страны и руководства всеми железными дорогами. Я передаю это наверх. в Союз». Думаю, что принципиальную разницу между этими конструкциями объяснять не надо.

Нужно просто мерить на элементарные демократические принципы, уже известные человечеству, все, что у нас сейчас происходит в стране.

Не надо бояться отсутствия стройной системы. Жизнь сама покажет значительное разнообразие структур правового государства.

PART III - POST-READING TASKS

Vocabulary exercises

A. Explain the meaning of the following words using synonyms, antonyms and/or equivalent phrases.

притерпе́ться к каза́рме; во бла́го о́бществу; входи́ть в полосу́ многопарти́йности; передава́ть наве́рх; исконные права́; бытиё; манифеста́ция лжи; суть де́ла; директи́вы иду́т пря́мо в жизнь; открыва́ть для себя́ и́стины.

B. Paraphrase words and expressions in bold using appropriate words from the text. Make the necessary changes.

1) Иде́я **освобожде́ния** граждани́на **че́рез принужде́ние** противоречит само́й иде́е свобо́ды.
2) Ру́сский наро́д **унасле́довал** це́лую се́рию **нече́стных** зако́нов.
3) **Име́ет ли пра́во** правительство **заставля́ть** человека **быть свобо́дным?**
4) Партаппара́т **из-за** свои́х **у́зких** интере́сов **меша́ет** демократиза́ции сове́тского о́бщества.
5) За всю исто́рию госуда́рства наро́ды, населя́ющие СССР, **жи́ли при отсу́тствии прав.**
6) Если зако́ны ста́нут фо́рмой существова́ния свобо́ды, то пра́во **ока́жется поле́зным для о́бщества.**
7) Отсу́тствие **логи́чной структу́ры** правово́го госуда́рства мо́жет объясня́ться недоста́точным о́пытом демокра́тии в да́нной стране́.
8) Как мо́жно **призна́ть допусти́мым** пра́вило регистра́ции прожива́ния, до сих пор существу́ющее в Сове́тском Сою́зе?
9) Люба́я па́ртия должна́ быть впра́ве вырабатывать свою́ полити́ческую **платфо́рму.**
10) **Отправны́м** пу́нктом систе́мы централизо́ванной мона́рхии явля́ется тот факт, что мона́рх **спуска́ет** вниз каку́ю-то часть свои́х прав.
11) Если чино́вники пыта́ются **заме́длить** демократи́ческие рефо́рмы, то ну́жно име́ть зако́н, по кото́рому мо́жно **освободи́ть** их **от занима́емой** и́ми **рабо́ты.**
12) Таки́е структу́ры, как КГБ или па́ртия, **не контроли́руются** зако́ном.
13) Нельзя́ автомати́чески **перенима́ть** за́падные **моде́ли,** потому́ что они не соотве́тсвуют на́шей реа́льности.
14) В абсолю́тной мона́рхии все права́ **сконцентри́рованы в рука́х** суверена.

C. Find the following phrases in the text:

1) Наро́ду **доста́лось ужа́сное насле́дство в ви́де** це́лой се́рии лжи́вых зако́нов.
   The people **inherited a terrible legacy in the form of** false laws.

Write five to ten sentences following the pattern below.

(кому, чему)   **достáлось ужáсное наслéдство в вúде**   (чего)

_____   _____
_____   _____

Try to use the following expressions:

сталинúзм; диктатýра пролетариáта; воéнный коммунúзм; абсолю́тная монáрхия; лжúвая конститýция; услóвия беспрáвия; систéма прописки; закóн о ... ; партúйное руковóдство; совéтское óбщество; грáждане; мáссы индивидýумов; представúтельные óрганы; политúческие пáртии; крестья́не.

2) Но **принудúтельные мéры по отношéнию к** тем, кто ..., **опрáвданы**.
    But coercive **measures against** those who ..., **are justifiable**.

Write five to ten sentences following the pattern below on the basis of the article:

Принудúтельные мéры по отношéнию   (к комý)   **опрáвданы.**

                         _____
                         _____

Try to use some of the following expressions:

потребúтель и производúтель; партúйный аппарáт; чинóвники, тормозя́щие рефóрмы; протúвники перестрóйки; óбщество.

3) И **до тех пор, покá** партúйные директúвы идýт пря́мо в жизнь, **мы мóжем забы́ть о** правовóм госудáрстве.
    And **as long as** party guidelines go directly into practice, **we can forget about** a legal state.

Write five to ten sentences following the pattern below on the basis of the article:

До тех пор, покá + *clause*   , **мы мóжем забы́ть**   (чём)

                _____   _____
                _____   _____

Try to use some of the following expressions:

всеобщее ра́венство пе́ред зако́ном; но́вая конститу́ция; раскрепоще́ние челове́ка; бла́го наро́да; ры́ночные це́ны; зако́н о свобо́дном въе́зде и вы́езде.

4) ... все права́ сосредото́чены у мона́рха.
    ... all rights are concentrated in the hands of a monarch.

Write five to ten sentences following the pattern below on the basis of the article:

Все права́ сосредото́чены   (у кого)
_____
_____

Try to use some of the following expressions

отде́льные ве́домства; парти́йный аппара́т; ме́стные сове́ты; тира́н; раскрепощённые гра́ждане.

D. Make a list of words from the text which can be used to talk on "Individual and Society."

Communicative exercises - for discourse management

A. Make an opening statement with respect to the following phrases using:

для нача́ла дава́йте разберёмся в том, что представля́ет собо́й ...

Model:

Вы́сшее образова́ние должно́ быть опережа́ющей систе́мой.

Для нача́ла дава́йте разберёмся в том, что представля́ет собо́й поня́тие «опережа́ющая систе́ма». Что же вы́сшее образова́ние должно́ опережа́ть?

1) Бре́мя свобо́ды - э́то о́чень то́чное выраже́ние.
2) Свобо́да, внедря́емая путём наси́лия, соотно́сится с вопро́сом о права́х челове́ка.
3) Правово́е госуда́рство предполага́ет всеобщее обяза́тельное ра́венство пе́ред зако́ном.

4) Традицио́нно существу́ют два спо́соба распределе́ния прав в о́бществе.

B. Identify the source of the following statements using the words below:

      в соотве́тствии с ...
      по мне́нию ..., ...

Model:

Ло́мка ста́рых укла́дов неизбе́жна.

По мне́нию кла́ссиков маркси́зма, ло́мка ста́рых укла́дов неизбе́жна.

1) У наро́да была́ ве́ра в до́брого царя́.
2) Ско́ро бу́дет при́нят зако́н о свобо́дном въе́зде и вы́езде из страны́.

C. Express your agreement/disagreement with the following statements by arguing your point of view using the words below:

      я согла́сен (согла́сна) с тем, что ...
      я не согла́сен (согла́сна) с тем, что ...
      де́ло в том, что ...

Model:

Челове́чество постоя́нно загоня́ет себя́ в тупи́к.

Я согла́сна с тем, что челове́чество постоя́нно загоня́ет себя́ в тупи́к. **Де́ло в том, что** неразреши́мые пробле́мы стимули́руют челове́ческое любопы́тство, и то, что явля́ется тупико́м сего́дня, за́втра стано́вится вели́ким откры́тием, кото́рое в свою́ о́чередь заведёт челове́чество в но́вый тупи́к. В э́том и заключа́ется причи́на челове́ческого прогре́сса.

1) О́бщество име́ет наде́жду на разви́тие то́лько в том слу́чае, когда́ его́ гра́ждане гото́вы стать вну́тренне свобо́дными.
2) Сове́тские гра́ждане продолжа́ют существова́ть в усло́виях беспра́вия.
3) В Сове́тском Сою́зе существу́ют структу́ры, кото́рые не регули́руются зако́ном.
4) Про́тив чино́вников, тормозя́щих рефо́рмы, ну́жно боро́ться.
5) В коммунисти́ческом госуда́рстве, как в абсолю́тной мона́рхии, все права́ сосредото́чены наверху́.

D. Express your opinion concerning the following statements using the words below:

> по-мо́ему, ...
> де́ло в том, что ...

Model:

Любы́е радика́льные измене́ния встреча́ют сопротивле́ние.

По-мо́ему, любы́е радика́льные измене́ния встреча́ются с сопротивле́нием. **Де́ло в том, что** челове́ческой приро́де сво́йственно рука́ми и нога́ми держа́ться за ста́рое, хорошо́ изве́стное, ую́тное.

1) Раскрепоще́ние ли́чности в СССР бу́дет проходи́ть в принуди́тельном поря́дке.
2) Наро́д привы́к к жи́зни в «каза́рме» и потеря́л спосо́бность оце́нивать э́то как каза́рму.
3) Парти́йное руково́дство пра́вит страно́й за преде́лами законода́тельства.
4) Чино́вники, тормозя́щие рефо́рмы, должны́ лиша́ться свои́х должностны́х пози́ций.
5) В усло́виях демокра́тии носи́телем вы́сшей вла́сти объявля́ется наро́д.

E. Continue and develop the following statements using some of the words below:

> в э́той связи́ я хочу́ доба́вить сле́дующее
> де́ло не то́лько в .... , де́ло скоре́е в ...

Model:

Значи́тельная ма́сса преподава́телей разучи́лась самостоя́тельно ду́мать.

В э́той связи́ я хочу́ доба́вить сле́дующее. **Де́ло не то́лько в том, что** ка́чество образова́ния уху́дшилось, потому́ что преподава́тели разучи́лись самостоя́тельно ду́мать. **Де́ло скоре́е в том, что** нагру́зки преподава́телей расту́т не по дням, а по часа́м, не оставля́я вре́мени на поддержа́ние своего́ интеллектуа́льного и профессиона́льного у́ровня.

1) Вся исто́рия Росси́и состои́т из принуди́тельных мер по отноше́нию к о́бществу я́кобы во бла́го ему́.
2) До сих пор за сове́тским граждани́ном не признаю́тся неотъе́млемые и неотчужда́емые права́.
3) Па́ртии име́ют пра́во выраба́тывать любы́е полити́ческие платфо́рмы.
4) То́лько в усло́виях по́длинной демокра́тии мо́жно боро́ться за правово́е госуда́рство.

5) Граждани́н в демократи́ческом госуда́рстве име́ет пра́во де́лать всё, что не меша́ет тако́й же свобо́де други́х.

F. Make a concluding statement using some of the following phrases:

из всего́ ска́занного мо́жно сде́лать вы́вод, что ...

Model:

Из всего́ ска́занного мо́жно сде́лать вы́вод, что зада́чей вы́сшего уче́бного заведе́ния должна́ быть не то́лько подгото́вка квалифици́рованных специали́стов, но и воспита́ние тво́рческой ли́чности.

1) В госуда́рстве всегда́ существу́ет наси́лие.
2) Наси́лие, не ограни́ченное зако́ном, э́то уже́ про́йденный эта́п.
3) Пока́ в СССР парти́йные директи́вы иду́т пря́мо в жизнь.
4) При построе́нии правово́го госуда́рства ну́жно ме́рить всё на элемента́рные уже́ изве́стные челове́честву демократи́ческие при́нципы.

G. Suggest to a friend or a colleague to read or not to read this article using the following phrases:

Эту статью́ сле́дует прочита́ть. Де́ло в том, что её а́втору
удало́сь ...
Эту статью́ чита́ть не сле́дует, потому́ что ...

Communicative exercises – for supported opinion

A. Answer the following questions:

1. Как мо́жет свобо́да оказа́ться бре́менем?
2. В чём социа́льные фу́нкции зако́нов?
3. В како́й фо́рме правово́е госуда́рство мо́жет применя́ть наси́лие?
4. Почему́ в СССР до сих пор нет ра́венства пе́ред зако́ном?
5. В чём су́щность двух диаметра́льно противополо́жных конце́пций происхожде́ния прав и вла́сти в о́бществе?

B.   Edit the following summary of the article:

Эта статья называется «Бремя свободы», потому что быть свободным трудно.   Быть свободным значит принимать решения и рисковать в то время, как, если отдать это «бремя» кому-нибудь другому, ...   Общество имеет надежду на будущее, только когда его граждане доверяют свою свободу правительству.

Советская страна вступает в правовое государство, и «раскрепощение» граждан будет нередко проводиться в принудительном порядке.   Но насилие всегда существует в государстве, и принудительные меры по отношению к ...... оправданы.

Вопрос о правовом государстве прямо соотносится с вопросом прав человека.   В этом смысле в СССР произошли заметные изменения в сторону демократизации общества.   Советские граждане сегодня по закону имеют неотъемлемые и неотчуждаемые права.   Например, ...

К сожалению, несмотря на все позитивные сдвиги ...... продолжает находиться за пределами законодательства.   Дело в том, что ......идут прямо в жизнь без прохождения через ......

Борьба за правовое государство – длительный процесс, и в этом процессе важно учиться у старых демократий и заимствовать образцы, которые давно стали реальностью на Западе.

C.   Make up your own summary.

D.   What title would you use for the story?

E.   Make a short list of the issues that appear most important to you.

F.   Restate the main points in the way in which you would have approached this subject matter.   Make use of words suggested above to a) quote sources; b) express your agreement/disagreement with the author; c) state your own opinion and support it.

G.   Conduct a round-table discussion on the subject of the "Legal State" in the USSR.   The participants disagree about the interpretation of the term "legal state."   Their vision of the Soviet Union as a state inhabited by law-abiding citizens and run by a government which obeys its own laws, varies greatly.   There are roughly three schools of thought.

First: No civilized society is possible without respect for and strict compliance with the law.

Second: Laws are a creation of man and, accordingly, are imperfect by definition. They should be treated as conveniences rather than absolute norms of conduct.

Third: Observing the law reflects one's respect for fellow citizens and is one's obligation to society, but it is okay to disregard the law in exceptional situations, as long as one is prepared to be open about it and is ready to pay the price.

Distribute the roles beforehand, think through your line of argument, and present it in a logical manner supporting your opinion.

H. Be prepared to discuss one of the following themes:

1. До какóй стéпени госудáрство имéет прáво ограни́чивать правá ли́чности?
2. Что отражáют закóны: морáль, необходи́мость и́ли своегó рóда контрáкт мéжду члéнами óбщества? Объясни́те ваш вы́бор.
3. Дóлжен ли человéк подчиня́ться закóнам, котóрые он считáет проиворéчащими свойм интерéсам, интерéсам своéй семьй и бли́зких и, бóлее тогó, своéй сóвести?

I. Write a one-page composition on one of the above themes.

ГЛАВА ВТОРАЯ: ПЕРЕСТРОЙКА И ГЛАСНОСТЬ

Урок четыре – Требуется закон о свободе читателя

Павел Гутионов

PART I – PRE-READING TASKS

A. This is an article by the well-known Soviet journalist Pavel Gutionov, who writes on a wide variety of problems facing the Soviet Union during its difficult period of change. Read the title of the story. What can you make of it? Have you ever heard of a reader's freedom law? Is it possible that the expression is a metaphor? How do things stand with democratic freedoms in the Soviet Union? What effect do such freedoms have on citizens who have enjoyed them for an extended period of time? Exchange your thoughts with other students and write them down.

B. Skim through paragraphs 1, 2, 3 and 12. Compare what you find with your predictions.

C. Culturally specific words and terms. Pay special attention to the list below.

   The emerging freedom of the press exposed the Soviet people, used to one politically correct opinion supplied by the official media, to a variety of conflicting viewpoints. To many, this lack of clarity and the need to make individual choices between contrasting arguments are new and troubling. Societal implications of the changing role of the media are discussed in an article by a prominent Soviet journalist.

   1) ... сейчáс нáша печáть – свобóдней не бывáет – today our press is as free as they come.

   2) 1 августа – отмéна цензýры – August 1 marks the end of censorship. On August 1, 1990, the Press Law went into effect, abolishing censorship in Soviet publications. It should be noted here that censorship existed throughout the entire history of Russian publishing, except for an interval of several months between the February Revolution of 1917 and the Bolshevik takeover in October.

3)   Закóн о печáти – the Press Law.

4)   Главлѝт – Глáвное литератýрное управлéние. A government body
            directly under the KGB, which conducted and supervised
            censorship of the Soviet press.
     номерóк уполномóченного Главлѝта – an ID number of the Glavlit
                                representative.

5)   виновáтить (neol.) – винѝть.

6)   ангажирóванность – зáнятость.

7)   самиздáтский листóк – a leaflet of 2 to 4 pages, published in
            amateur print shops. Сáмиздат first appeared in
            the 1960s in the form of individually typed copies,
            often with several carbons, which circulated from
            hand to hand. Later this underground publication
            was photocopied to reach a larger audience.

8)   зашóренный (neol.) – with blinders on. Шóры – blinders worn
            by horses.

9)   выдáвливать из себя́ по кáпле и рабá, и крепостнóго, и пролетáрия,
     котóрому нéчего теря́ть, и вéрного подрýчного – какóй, кстáти,
     угóдно пáртии – drop by drop, to squeeze a slave, a serf or a
            proletarian out of one's system, someone who has
            nothing to lose and who is an obedient devotee to
            any party at all. The phrase "to squeeze, drop by
            drop, a slave out of one's system" belongs to the
            Russian writer A.P. Chekhov.

10) ... вы́сшей инстáнцией для миллиóнов оставáлась «дорогáя редáкция»
            – "Dear Editor" remained the highest court of appeal
            for millions of people. This refers to the fact that
            in the pre-perestroika Soviet Union, where the entire
            legal system was influenced and controlled by the
            totalitarian state, a newspaper often played the role
            of an advocate whom readers viewed as their most
            accessible defender.

11) вéси – дерéвни

12) А всё нáше семидесятилéтнее воспитáние приучáет с бóльшим подозрéним
     относѝться ѝменно к тем, кто занимáется свойм дéлом – For seventy
            years we have been trained to be particularly
            suspicious of anyone who is really doing his/her
            job. By using the phrase "to do one's job" the
            author differentiates between those who really "do

their job" and those whosimply   pretend,   indicating
that   the   state   was   more   comfortable   with   the
pretence than with the reality.

13) ... раздрай и раздрыг, поразившие страну, ... (neol.) ... - развал и
         беспорядок, поразившие страну, ...

14) закон обратной связи - feedback (here).

15) ... хоть в очередь его поставили - по московской прописке ... -
         ... at least his Moscow residence permit   entitled   him   to
         stand in line ... - The system of residence allows   people
         to   live   only   in   places   indicated   in   their   internal
         passports. Thus, only those who   can   prove   their   Moscow
         residency by showing their passport have the right   to   buy
         certain goods distributed in the city's stores.

D. Look through the following words and expressions from the text.

1) иметь такое правительство, какое заслужили - to have the kind
                                        of government one deserves
2) знаменательное событие - important event
3) толкать/толкнуть под локоть - to push off balance; to trip up
4) затыкать/заткнуть рот - to silence someone
5) загонять/загнать в более жёсткие рамки - to force into even more
                                        restrictive limits
6) верный подручный какой угодно партии - obedient devotee to any party
7) листать/полистать подшивки двух-трёхлетней давности - to leaf
                            through two-to three-year-old newspaper files
8) становиться/стать придирчивее к журналистам - to demand higher
                                        journalistic standards
9) любимец миллионов - a darling of millions
10) молиться на газеты - to bow down to the press; to idolize the press
11) наполненный до краёв лицемерной трескотнёй - filled to the brim
                                        with hypocritical babble
12) ходатай по делам - champion (of someone's interests)
13) заниматься своим делом - to do one's work
14) раздражать - to irritate
15) желание поразить смелостью - desire to impress with courage
16) умерять/умерить восторг по поводу чего-то - to restrain one's
                                        enthusiasm about something
17) жить своим трудом и получать по труду - to support oneself and to be
                                        paid according to the effort
18) подписываться/подписаться на газету - to subscribe to a newspaper
19) надежды сильно преувеличены - hopes are greately exaggerated
20) неустроенная, непутёвая жизнь - disorderly, aimless life

PART II – READING TASKS

A. Read the questions below. Then, read the article and answer the
    questions in written form.

Questions:

1) What is the general idea of this article?

PARAGRAPH 1, 2

2) Freedom of the press cannot be larger than the freedom of ...
    (mark the correct answer):
    a) television.
    b) the entire society.

3) Pavel Gutionov believes that the Soviet society of today deserves
    certain things. Name them.

4) Under the circumstances, Soviet freedom of the press at present ...
    (mark the correct answer):
    a) is relative.
    b) could not be more free.
    c) should enjoy more freedom.

PARAGRAPH 3, 4

5) Why was August 1 one of the most meaningful events in the history of
    Russian society?

6) The author considers the abandonment of censorship to be
    perestroika's greatest victory. However, he has some reservations
    about it. What are they?

7) Before the Press Law was adopted, Pavel Gutionov ...
    (mark the correct answer):
    a) could not write all that he wanted to write.
    b) could write anything he wished.

8) Blame for the poor quality of his writing may be placed on ...
    (mark the correct answer):
    a) censorship.
    b) his supervisors.
    c) a censor inside him.
    d) different people.

9) What will determine true freedom of the press?

PARAGRAPH 5

10) How does the degree of this freedom depend on the type of newspaper a journalist writes for?

PARAGRAPH 6, 7

11) What is the correlation between increasing freedom of the press on the one hand, and the expectations of the reading public on the other?

12) Why was it so easy for a journalist to become a national hero during the years of stagnation?

13) Newspapers in the 1970s played multiple roles. List some of their functions.

14) Compare the role of newspapers during stagnation with their role under perestroika.

PARAGRAPH 8

15) The author comments that many readers today are annoyed with the current Soviet press. Explain why.

16) People who are out of practice become easily tired by the effort to ... (mark the correct answer):
   a) listen attentively.
   b) comprehend.
   c) compare.
   d) make judgements.

PARAGRAPH 9, 10, 11

17) Pavel Gutionov recommends restraint in celebrating the end of censorship. How does he argue this point?

18) What will it take, according to the author, to liberate the reader?

PARAGRAPH 12

19) Pavel Gutionov concludes that the Press Law is, after all, a good law because ... (mark the correct answer):
   a) even the Soviet ideologists couldn't stop it.
   b) the Soviet ideologists put up a big fight to stop it.
   c) it will eventually bring a "readers' law."
   d) it will improve the quality of the press.

B. Stylistic analysis.

1. Make a list of transition markers and explain the function of each.

2. Single out different parts of the article and name them.

3. Find uses of stylistic redundancy and explain the reason for its use.

4. Find uses of opposites in the text.

5. Find uses of metaphors in the text and explain them.

C. Write an outline of the story in Russian using a) quotations from the text and b) your own questions.

D. Did you like the article? What position does the author take? Did you agree with this position?

E. Did you learn anything new for yourself in this article? Name the points which surprised you.

Требуется закон о свободе читателя

В СТРАНЕ

Павел ГУТИОНТОВ,
публицист

Какие бы законы ни принимал парламент, свобода печати не может быть большей, нежели свобода общества в целом. Мы имеем, другими словами, не только такое правительство, какое заслужили, но и такие же газеты, такое же телевидение, такие же информационные агентства.

И если свобода печати — это степень ее соответствия условиям, в которых она функционирует, то уже сейчас наша печать — свободней не бывает.

И я, пожалуй, даже не замечу 1 августа одного из самых знаменательных событий во всей истории гражданского общества в России — отмены цензуры. Уходящий со страниц изданий скромный номерок уполномоченного Главлита — колоссальная победа перестройки, но, думаю, все же победа чисто символическая. И до Закона о печати я писал то, что хотел и как хотел. Плохо писал? Трусливо писал? Могу, конечно, виноватить своих начальников (а за двадцать-то лет среди них перебывали ой какие разные люди), но главный мой цензор все равно сидит внутри меня, это он толкает меня под локоть и затыкает рот на честном полуслове.

Конечно, печать будет свободна настолько, насколько буду свободен я, журналист.

Но наивно думать, что степень этой свободы зависит исключительно от степени моей ангажированности — даже автор самиздатского листка вполне может оказаться куда более зашоренным, загнанным в куда более жесткие рамки, нежели, скажем, сотрудник респектабельных, связанных обязательствами перед истеблишментом «Известий». Всей нашей журналистике еще долго предстоит выдавливать из себя по капле и раба, и крепостного, и пролетария, которому нечего терять, и верного подручного — какой, кстати, угодно партии...

И вот ведь какой парадокс. Чем честнее, свободнее, прямоязычнее ·становится наша печать (а что дело происходит именно так, достаточно полистать любые· подшивки двух-трехлетней давности), тем требовательнее, даже придирчивее становится к нам. читающее общество. В годы «застоя» так легко было .тать любимцем миллионов — единственное слово правды, протащенное на страницу газеты, делало журналиста национальным героем. На газеты (наполненные до краев отвратительной и лицемерной трескотней) чуть ли не молились, и высшей инстанцией для миллионов людей оставалась «дорогая редакция». Газета была ходатаем по делам, адвокатом, судебным исполнителем, исповедником... В семидесятые я изъездил всю страну и свидетельствую: к журналистам в городах и весях относились значительно лучше, чем теперь, когда значительно меньше оснований говорить о журналистике как о «второй древнейшей профессии»...

Дело в том, что газета перестает быть адвокатом и исповедником, она учится заниматься **своим делом.** А все наше семидесятилетнее воспитание приучает с самым большим подозрением относиться именно к тем, кто занимается своим делом.

И уже сейчас очень многих раздражает, что в «Известиях» пишут одно, а в «Советской России» — другое. Что «Огонек» позволяет себе то, что активно не приемлет еженедельник «Ветеран». Растренированное общество быстро устает от необходимости не внимать, а вникать, сравнивать и оценивать. И оказалось, что раздрай и раздрызг, поразившие страну, спокойнее всего считать результатом деятельности тех, кто этот раздрай описывает. И странно было бы, если б по закону обратной связи эти настроения никак не влияли на пишущих, в той же мере как и желание поразить смелостью.

Так что я бы умерил восторг по поводу отмены цензуры: печать все равно будет свободна ровно настолько, насколько будет свободен читатель.

А свободен он будет только тогда, когда будет свободен от очередей к пустым прилавкам, от чувства глубокой благодарности к тем, кто его в эти очереди поставил, от чувства глубокого удовлетворения в связи с тем, что хоть в очередь его поставили — по московской прописке...

Повторяю, пока читатель не свободен от всего этого, пока он не свободен жить своим трудом и получать по труду — в том числе газеты «Труд» и «Московские новости», журнал «Юность» или на что там еще он захочет подписаться? — до тех пор все будет так, как было, и на страницах газет, разумеется, тоже.

Закон о печати, наверное, хороший закон, недаром же так сопротивлялась наша идеологическая бюрократия его приему. Но все надежды на него будут сильно преувеличены, если не будет принят наконец, скажем так, «закон о свободе читателя», принят и проведен в нашу злую, неустроенную и непутевую жизнь, о которой мы, журналисты, хотим писать только свободно и честно.

PART III - POST-READING TASKS

Vocabulary exercises

A. Explain the meaning of the following words using synonyms, antonyms and/or equivalent phrases.

занима́ться свои́м де́лом; уме́рить восто́рг; наде́жды преувели́чены; непутёвая жизнь; ве́рный подру́чный; загна́ть в бо́лее жёсткие ра́мки.

B. Paraphrase words and expressions in bold using appropriate words from the text. Make the necessary changes.

1) Каки́е **значи́тельные явле́ния** произошли́ в Соединённых Шта́тах в нача́ле 80-ых годо́в?
2) Газе́ты в доперестро́ечный пери́од нере́дко выступа́ли в ро́ли **засту́пника** просты́х сове́тских гра́ждан.
3) Свобо́да пре́ссы приво́дит к тому́, что чита́тель **начина́ет быть бо́лее тре́бовательным к ка́честву** журнали́стики.
4) **Стремле́ние удиви́ть реши́мостью** и незави́симостью характе́рны для дете́й подростко́вого во́зраста.
5) Цензу́ра **не дава́ла рабо́тать** писа́телям и журнали́стам, **не позволя́я** им **сказа́ть то, что они́ счита́ли ва́жным**.
6) Мно́гим **де́йствовала на не́рвы шу́мная болтовня́**, переполня́вшая страни́цы журна́ла «Огонёк» в го́ды, предше́ствовавшие гла́сности.
7) К сожале́нию, в пери́од перехо́да к ры́ночной эконо́мике не́которые катего́рии гра́ждан не смо́гут **существова́ть на** те **сре́дства, кото́рые** они́ **получа́ют за свою́ рабо́ту**.
8) Большинство́ населе́ния о́круга Колу́мбии **выпи́сывает газе́ту** «Вашингто́н пост».
9) В 50-ые го́ды америка́нцы **боготвори́ли** Элвиса Пре́сли.
10) **Просма́тривая** подши́вки ста́рых газе́т, мо́жно заключи́ть, что истори́ческая па́мять люде́й, наро́дов и прави́тельств удиви́тельно коротка́.

C. Find the following phrases in the text:

1) **Каки́е бы зако́ны ни принима́л парла́мент**, свобо́да печа́ти не мо́жет быть бо́льшей, не́жели свобо́да о́бщества в це́лом.
No matter what laws the Parliament adopts, press freedom cannot exceed that of the society as a whole.

Write five to ten sentences following the pattern below on the basis of the article:

Каки́е бы зако́ны ни принима́л парла́мент, + *clause in the Indicative Mood.*

_____

_____

Try to use some of the following expressions:

    затыка́ть рот; загоня́ть в жёсткие ра́мки; раздража́ть; занима́ться свои́м
    де́лом; станови́ться приди́рчивее к ...; раздра́й и раздры́г; по зако́ну
    обра́тной свя́зи ...

2) Так что **я бы уме́рил восто́рг по по́воду** отме́ны цензу́ры ...
    So, **I would restrain any enthusiasm about** the end of
    censorship.

Write five to ten sentences following the pattern below on the basis of the article:

Я бы уме́рил(а) восто́рг по по́воду   (чего́)

    _____

    _____

Try to use some of the following expressions:

    знамена́тельное собы́тие; люби́мец миллио́нов; зако́н о печа́ти; подши́вки
    ста́рых газе́т; сло́во пра́вды; хода́тай по дела́м; но́вая систе́ма
    воспита́ния; жела́ние порази́ть сме́лостью; по́лные това́рами прила́вки;
    отсу́тствие очереде́й; отме́на пропи́ски.

D. Make a list of words from the text which can be used to describe the
    role of free pree in society.

Communicative exercises - for discourse management

A. Identify the source of the following statements using the words below:

    а́втор утвержда́ет, что ...
    по слова́м ...

Model:

Слóво «шестидеся́тники» имéет оттéнок лóзунга.

Áвтор утвержда́ет, что слóво «шестидеся́тники» имéет оттéнок лóзунга.

1) В гóды «застóя» бы́ло легкó ста́ть люби́мцем миллиóнов.
2) И до закóна о печáти я писáл то, что хотéл и как хотéл.

B. Make an opening statement with respect to the following phrases using:

   для нача́ла дава́йте определи́м, что такóе ...

Model:

«Шестидеся́тники» сегóдня явля́ются дви́гателем перестрóйки.

Для нача́ла дава́йте определи́м, что такóе «шестидеся́тники», и когó áвтор называ́ет э́тим и́менем.

1) Свобóда печáти не мóжет быть бóльшей, чем свобóда óбщества к цéлом.
2) Со страни́ц исчéз номерóк уполномóченного Главли́та.
3) В гóды «застóя» еди́нственное слóво пра́вды дéлало журнали́ста национа́льным герóем.
4) Тóлько, ска́жем, «Закóн о свобóде читáтеля» мóжет сдéлать совéтскую печáть свобóдной.

C. Express your agreement/disagreement with the following statements by arguing your point of view using the words below:

   э́то пра́вда, что ...
   я не могу́ согласи́ться, с тем что ...
   ведь

Model:

Хрущёв восста́л прóтив кра́йностей вождя́.

Я не могу́ согласи́ться с тем, что Хрущёв восста́л прóтив кра́йностей вождя́. **Ведь** он не был революционéром. Он сам был аппара́тчиком и, понима́я, как рабóтает систéма, боя́лся, что егó физи́ческое уничтожéние бу́дет очередны́м.

1) Ка́ждый нарóд имéет такóе прави́тельство, какóе он заслу́живает.
2) Стéпень свобóды журнали́ста не зави́сит от тогó, где э́то журнали́ст печáтается.

3) Не́которые америка́нцы чуть не мо́лятся на *Нью-Йорк Таймс*, счита́я э́ту газе́ту хода́таем по дела́м.
4) Ну́жно уме́рить восто́рг по по́воду отме́ны цензу́ры.

D. Express your opinion concerning the following statements using the words below:

> **мне ка́жется очеви́дным, что ...**
> **де́ло в том, что ...**

Model:

Интеллиге́нция сыгра́ла веду́щую роль в духо́вной жи́зни наро́да.

Мне ка́жется очеви́дным, что и́менно интеллиге́нция сыгра́ла веду́щую роль в духо́вной жи́зни наро́да. **Де́ло в том, что** и́менно она́ игра́ла роль учи́теля и просвети́теля в Росси́и, поско́лько традицио́нно была́ носи́телем духо́вного нача́ла.

1) Свобо́да печа́ти – э́то сте́пень её соотве́тствия усло́виям, в кото́рых она́ существу́ет.
2) Сове́тской журнали́стике ещё до́лго придётся избавля́ться от ра́бского мышле́ния.
3) В семидеся́тые го́ды газе́та была́ вы́сшей инста́нцией для миллио́нов люде́й.
4) Челове́к до́лжен жить свои́м трудо́м и получа́ть по труду́.
5) Идеологи́ческая бюрокра́тия сопротивля́лась приня́тию зако́на о печа́ти.

E. Continue and develop the following statements using some of the words below:

> **я счита́ю необходи́мым доба́вить сле́дующее;**
> **... не то́лько ... , но и ...**

Model:

Хрущёв не тро́нул аппара́т.

Я счита́ю необходи́мым доба́вить сле́дующее. Хрущёв **не то́лько не** тро́нул аппара́т, **но** он **и** не разру́шил миф о «мора́льно-полити́ческом еди́нстве Наро́да».

1) Отме́на цензу́ры – э́то колосса́льная побе́да перестро́йки.
2) Сове́тская печа́ть стано́вится честне́е и прямоязы́чнее.
3) Мно́гих раздража́ет то, что в одни́х газе́тах пи́шут одно́, а в други́х друго́е.

4) Печа́ть бу́дет свобо́дна ро́вно насто́лько, наско́лько бу́дет свобо́ден чита́тель.

5) В Сове́тском Сою́зе с са́мым бо́льшим подозре́нием отно́сятся и́менно к тем, кто занима́ется свои́м де́лом.

F. Make a concluding statement using some of the following phrases:

> сле́довательно,
> таки́м о́бразом мо́жно заключи́ть, что ...

Model:

Получи́в власть, Хрущёв не до́лго смог удержа́ться на высоте́ своего́ положе́ния. Интеллиге́нция была́ для него́ иноро́дным элеме́нтом. **Сле́довательно**, его́ гру́бые вы́пады про́тив неё и после́дующее зави́нчивание га́ек не должны́ рассма́триваться как не́что иррациона́льное и несво́йственное полити́ческому де́ятелю его́ форма́ции.

1) Гла́вный це́нзор сиди́т внутри́ самого́ а́втора.

2) Сего́дня значи́тельно ме́ньше основа́ний говори́ть о журнали́стике как о «второ́й древне́йшей профе́ссии».

3) О́бщество, не привы́кшее к свобо́дной пре́ссе, бы́стро устаёт от необходи́мости понима́ть и оце́нивать то, что пи́шется в газе́тах.

4) Пре́сса бу́дет свобо́дна то́лько тогда́, когда́ чита́тель бу́дет освобождён от тру́дностей сове́тского бы́та.

G. Suggest to a friend or a colleague to read or not to read this article by using the following words:

> обяза́тельно прочита́йте э́ту статью́
> де́ло в том, что ...
> э́ту статью́ чита́ть не сто́ит из-за того́, что ...

Communicative exercises - for supported opinion

A. Answer the following questions:

1. Почему́ а́втор статьи́ утвержда́ет, что сове́тское о́бщество заслужи́ло ту власть и те сре́дства ма́ссовой информа́ции, кото́рые сего́дня существу́ют?

2. Как могло́ оказа́ться, что отме́на цензу́ры создала́ но́вые пробле́мы для сове́тского журнали́ста?

3. Почему́ сего́дня сове́тская почти́ что незави́симая журнали́стика подверга́ется бо́льшей кри́тике, чем в свои́ поднево́льные го́ды?

4. В чём была́ роль печа́ти во времена́ засто́я и как она сего́дня
    измени́лась?
5. Наско́лько фундамента́льны после́дствия отме́ны цензу́ры?

B. Edit the following summary of the article:

Пе́рвого а́вгуста 1990 го́да был при́нят Зако́н о печа́ти.   Это одно́ из
са́мых знамена́тельных собы́тий в послереволюцио́нный пери́од, но никако́й
зако́н не мо́жет сде́лать свобо́ду печа́ти бо́льше, чем ....   П. Гутио́нов
утвержда́ет, что и до отме́ны цензу́ры он писа́л то, что хоте́л и как хоте́л.
По его́ мне́нию, гла́вный це́нзор сиди́т в ....   Де́ло в том, что всей
сове́тской журнали́стике ещё ну́жно бы́стро научи́ться писа́ть для бо́лее
респекта́бельных газе́т.   Но вот како́й парадо́кс.   Чем ..... , тем бо́лее
приди́рчивы стано́вятся чита́тели.   В го́ды «засто́я» бы́ло тру́дно стать
люби́мцем миллио́нов.   Для э́того тре́бовалось писа́ть то́лько пра́вду.   В
семидеся́тые го́ды сове́тские газе́ты исполня́ли роль ..., а сего́дня они́
должны́ занима́ться свои́м де́лом.

П. Гутио́нов призыва́ет уме́рить восто́рг по по́воду отме́ны цензу́ры,
поско́льку э́тот факт не означа́ет ....   То́лько когда́ сове́тский чита́тель
ста́нет подпи́сываться на хоро́шие газе́ты, сове́тская печа́ть ста́нет
свобо́дной.   А для э́того в пе́рвую о́чередь ну́жно реши́ть вопро́с пропи́ски.

C. Make up your own summary.

D. What title would you use for the story?

E. Make a short list of issues which appear most important to you.

F. Restate the main points of the article in the way in which you would
have approached this subject matter. Make use of words suggested in the
exercises above to a) quote sources; b) express your agreement or
disagreement with the author; c) state your opinion and support it.

G. Conduct a discussion of glasnost and freedom of the press in the Soviet
Union.   The discussion is held in the Central Club of Journalists.
The participants include both well-known, seasoned writers and young
journalists who are just starting their careers.   There are, roughly
speaking, three approaches to the theme.
First: In the pre-glasnost period Soviet journalists had a
wonderful time. They merely had to write something between the lines
to look like heroes. It was courage on the cheap.
Second: McCarthyism has demonstrated that intellectuals in the US

also have an instinct to conform. So, judging their Soviet counterparts today is a sign of narrow-mindedness.

Third: Nobody is perfect but in the pre-Gorbachev period, Soviet journalism was essentially about propaganda.   To pretend otherwise and invent excuses is an exercise in moral blindness.

Distribute the roles beforehand, think through your line of argument, and present it in a logical manner supporting your opinion.

H. Be prepared to discuss one of the following themes:

1. Означа́ет ли автомати́чески свобо́да сло́ва расцве́т тво́рчества?
2. Сопоста́вьте вчера́шние фу́нкции журнали́стики в СССР и в США.
3. Гото́во ли сове́тское о́бщество к по́длинной свобо́де печа́ти?
4. Свобо́да печа́ти и национа́льная безопа́сность.

I. Write a one-page composition on one of the above themes.

ГЛАВА ТРЕТЬЯ

ГЛАВА ТРЕТЬЯ: ВЫСШЕЕ ОБРАЗОВАНИЕ

Урок один - ВУЗ меняет курс

PART I - PRE-READING TASKS

A. This is an interview conducted by Anna Malishev, a correspondent for the Soviet weekly "Poisk," with Valery Afanasiev, head of the Chief Department of Methodology and Instruction of Higher Education of the USSR State Committee on Education. Read the title of the interview. In the context of changes that the Soviet Union is undergoing, what change of direction in the field of higher learning might be discussed? What do you know about the system of higher education in a socialist country in general and in a communist one in particular? How do newly graduated Soviets get their first job? Is it different from the way young American specialists do it? Discuss your thoughts with other students and write them down.

B. Skim through paragraph 2 and question/answer 3 and compare what you find with your predictions.

C. Culturally specific words and terms. Pay special attention to the list below.

   The decline of the Soviet system affected universities and colleges. The quality of education went down, further undermining Soviet efforts to be competitive in international markets. The following interview with a top government official sheds light on some aspects of Soviet educational reform.

   1) Поиск - "Poisk", a weekly publication of the USSR Academy of Sciences, of the USSR State Education Committee and of the Trade Union of Educators and Scholars.

   2) ВУЗ - высшее учебное заведение - any school of higher learning that is an institute or university. Upon graduation from a secondary school, any Soviet resident has the right to apply to a VUZ. In order to be admitted to one an applicant has to pass several entrance examinations.

3) Гла́вное уче́бно-методи́ческое управле́ние вы́сшего образова́ния комите́та Гособрозова́ния СССР – the Chief Department of Methodology of Higher Education of the USSR State Committee on Education. The USSR State Committee on Education supervises and coordinates the work of all Soviet educational institutions including elementary and secondary schools, special training facilities and institutions of higher learning such as institutes and universities. The committee consists of several departments, each one engaged in a specific area of education.   The Methodology Department is charged with preparing materials and curricula for the institutions of higher learning.   The committee was abolished in the fall of 1991.

    Госуда́рственный комите́т по наро́дному образова́нию СССР – Комите́т Гособрозова́ния. (see above)

4) лекцио́нно-практи́ческое обуче́ние – the method of instruction based on lectures followed by internships and apprenticeships.

5) ре́ктор – Rector *(Latin),* an equivalent of a university president in the US.

6) распределе́ние – involuntary job assignment. This is a form of "social protection" practiced in the Soviet Union. It means that before graduation, a student knows what his or her place of employment is gong to be. Both the employer and the employee have a three-year obligation to honor the contract.

7) ...«отрабо́тать» свой три го́да – to "pay back" one's three years. (see item 6)

8) вы́сшая шко́ла никогда́ не име́ла реклама́ций со стороны́ потреби́теля – institutions of higher learning never received any complaints from the customer. By "customer" the author means an enterprise to which a newly graduated student is assigned.

9) ... «на карто́шку» – a shortened way of saying "to send to collect the potato crop." Students are taken out of the classroom, once or maybe several times a year, to harvest or package various crops. This practice is common due to the severe shortage of manpower in the villages.

D. Look through the following words and expressions from the text.

1) хлеб насу́щный – daily bread
2) ло́мка ста́рых укла́дов – breaking old structures and habits
3) (не) дать о́бществу откати́ться наза́д – (not) allow society to regress
4) отстава́ть/отста́ть от жи́зни на год – to lag behind real life by one
      year
5) вы́вести челове́чество из тупика́ – to bring mankind out of a dead end
6) при́зрак экологи́ческой катастро́фы – the specter of ecological
      catastrophy
7) о́бщество потреби́телей – consumer society
8) станови́ться/стать о́бщим ме́стом – to become commonplace
9) ны́нешнее положе́ние веще́й – current state of affairs
10) сложи́лась парадокса́льная ситуа́ция – a paradoxical situation has been
      created
11) поставля́ть/поста́вить выпускнико́в нау́чным учрежде́ниям – to supply
      research institutions with new graduates
12) у́ровень далёк от идеа́ла – the level is far from ideal
13) отноше́ния ву́за с предприя́тием сма́хивают на рабовладе́льческие –
      the relationship between school and enterprise resembles that of
      slave and master
14) социа́льная защищённость – "social protection," social safety net
15) брать/взять на себя́ трудово́е обеспече́ние – to accept the obligation
      to provide work
16) устра́ивать/устро́ить мно́гих – to suit many people
17) у э́той па́лки два конца́ – it cuts both ways
18) испо́льзовать как уго́дно, то́лько не по назначе́нию – to use something
      in any fashion except the way it should be

PART II – READING TASKS

A. Read the questions below. Then, read the text and answer the questions in
written form.

Questions:

1) What is the interview about?

PARAGRAPH 1
2) "Poisk" opens a discussion on a new concept of higher education. Anna
Maltsev relates this concept to some other important concepts. List
them.

PARAGRAPH 2, 3
3) According to the author, the function of basic education and that of higher education is different. Describe each one.

PARAGRAPH 4
4) What happened to higher education in the mid–1960s?

QUESTION/ANSWER 1
5) Give two reasons why V. Afanasiev felt compelled to begin a review of the Soviet system of higher education.

6) Afanasiev believes that the root of the problem is in the quality of education. Describe the conditions which led to the deterioration in quality.

QUESTION/ANSWER 2
7) Criticizing higher education became commonplace. However, it did not seem to precipitate any reforms in education because ... (true or false for each item):
   a) the decree of 1987 was based on ill-researched data.
   b) preparing a good decree is different from successfully implementing it.
   c) the system of higher education was not ready for change.
   d) faculty and university administrators could not agree among themselves.
   f) the majority of faculty lost their ability to think as individuals.

8) Why does V. Afanasiev call the situation with higher education paradoxical?

9) Along which lines was the Soviet higher education system criticized?

QUESTION/ANSWER 3
10) Talking about involuntary job assignments, the author calls them a mutual irresponsibility agreement. Explain why.

11) According to the author, how does this form of "social protection" work vis-a-vis a young specialist today and how should it work.

QUESTION/ANSWER 4
12) Which of the following statements are true?
   a) Higher education should meet the demands of the economy.
   b) Higher education must satisfy the educational desires of an individual.

c) The quality of society corresponds directly to the quality of education.

d) One must be confident that the education one gets will not let one down.

B. Stylistic analysis.

1. Make a list of transition markers and explain the function of each.

2. Single out different parts of the article and name them.

3. Find uses of stylistic redundancy and explain the reason for its use.

4. Find uses of opposites in the text.

5. Find uses of metaphors in the text and explain them.

C. Write an outline of the story in Russian using a) quotations from the text and b) your own questions.

D. Did you like the article? What position does the author take? Did you agree with this position?

E. Did you learn anything new for yourself in this article? Name the points which surprised you.

ВУЗ МЕНЯЕТ КУРС

О новой концепции высшего образования беседует с начальником Главного учебно-методического управления высшего образования Госнобразования ССС₽ Валерием Афанасьевым корреспондент „Поиска" Анна Малышева.

„Поиск" начинает дискуссию о новой концепции высшего образования, а значит, и о будущем страны, о ее благосостоянии, о хлебе насущном, о гуманности и справедливости того общества, в котором через несколько лет мы будем жить. В июне проект концепции обсуждался на заседании коллегии Государственного комитета по народному образованию, где вызвал много споров. Это естественно: любая ломка старых укладов, традиций встречает сопротивление. Но то, что такая ломка необходима, признают сегодня все. Слишком очевидна зависимость нашей завтрашней жизни от сегодняшних студентов.

В целом любая педагогическая система выполняет „консервирующую" функцию — она не дает обществу откатиться назад, за рубежи тех знаний, которые люди уже получили. Это задача — важнейшая — для базового образования. Но у высшего специального образования задачи совсем другие — оно должно двигать общество вперед, должно быть опережающей системой.

Наши вузы долгое время готовили людей для жизни, которая давным-давно прошла. Начиная с середины 60-х годов высшее образование стало отставать от жизни на год, на пять, на семь...

Догоним ли мы эпоху? Как этот рывок совершить? Мы приглашаем к этому разговору всех читателей „Поиска".

— Валерий Николаевич, каковы главные причины, которые побудили лично вас начать работу по пересмотру системы нашего высшего образования?

— Если говорить об „общепланетарных" причинах, то их две. Первая: только образование может вывести человечество из тупика, в который оно постоянно себя загоняет. Раньше над человечеством витал мрачный дух войны, сейчас в большей степени — призрак экологической катастрофы. И только образованное человечество сможет в полной мере оценить серьезность положения и исправить его. Пока же мы создали общество потребителей, общество людей, не думающих о будущем.

И вторая причина – „очеловечивание" нашей жизни. Мы привыкли к таким понятиям, как „век машин", „век электричества", „век кибернетики". Должен же наступить когда-нибудь и век человека!

Человек хочет жить лучше, и без научно-технического прогресса ему этого не достичь. А научно-технический прогресс невозможен без качественного образования.

Качество образования – вот наша главная боль.

Подумайте, сейчас у нас в стране высшее образование получает в шесть раз больше людей, чем в 1940 году. В условиях же ограниченных инвестиций в сферу образования это неизбежно привело к тому, что основной формой получения знаний в вузе стало лекционно-практическое обучение. Нагрузки преподавателей росли не по дням, а по часам. Зависимость тут убийственная: чем сильнее загружен преподаватель, тем меньше его ответственность за студента, за его интеллектуальный и профессиональный уровень. Надо возвращаться к здравому смыслу...

– Но согласитесь, критика нашей высшей школы давно стала общим местом, мы к ней привыкли и даже, кажется, смирились. Во всяком случае, перестройка в этой сфере идет очень неспешно. Чем вы это объясняете?

– Оказалось, что одно дело – принять правильное по сути, прогрессивное постановление, и совсем другое – воплотить его в жизнь. В данном случае документы ЦК и Совмина СССР 1987 года легли на слишком неподготовленную почву, потому и всходов было немного, и прорастали они с видимым трудом. Высшая школа не была готова к такой серьезной перестройке. Лишь небольшое количество ректоров понимали, что нужно делать, а значительная масса преподавателей давным-давно разучилась самостоятельно думать, смирилась с нынешним положением вещей.

Сложилась парадоксальная ситуация, возможная, наверное, только у нас в стране: высшая школа никогда не имела рекламаций со стороны потребителя. Недовольство качеством высшего образования исходит из самой системы высшего образования, но ни в коем случае не от научных учреждений или предприятий, которым мы поставляем наших выпускников. Прогрессивные силы вузов первыми заговорили о том, что уровень наших выпускников далек от идеала, что отношения вуза с предприятием, куда идут работать выпускники, никуда не годятся, что они смахивают на рабовладельческие: хочет студент или не хочет, он обязан „отработать" свои три года.

– Обязательное распределение долгие годы считалось синонимом социальной защищенности: студент был избавлен от обязанности искать себе работу, „пристраиваться" – обеспечение его трудового будущего брал на себя вуз. И многих, я уверена, это устраивало и устроило бы впредь.

– Многих, но не лучших. У этой палки два конца. Это некий договор о взаимной необязательности. Студент не обязан учиться лучше, больше знать, больше уметь – „все равно возьмут". Предприятие не обязано о нем заботиться, что-то в него вкладывать – „все равно три года никуда не денется".

Социальная защита студента – распределение – стала работать против самого студента. И против вуза. Предприятия не отвечают перед вузом за то, КАК они будут использовать выпускников. И зачастую затыкают выпускниками вузов те бреши, которые имеются в хозяйстве: и „на картошку", и на уборку улиц – то есть используют как угодно, только не по назначению.

Не распределение должно быть социальной защитой молодого специалиста, а его знания. Образование – это лучший из всех возможных способов социальной защиты. За рубежом в числе безработных меньше всего людей, имеющих высшее образование.

– Какими вам видятся новые обязанности высшего учебного заведения?

– Прежде всего мы должны изменить цели образования. И это уже происходит. В положении о вузе уже нет пункта (прежде первого): „Высшее учебное заведение обязано удовлетворить потребности народного хозяйства".

Высшее учебное заведение должно удовлетворить образовательные потребности личности. Наш объект – это общество. Не на ведомство мы должны работать, не на то или иное предприятие, а на общество. И чем больше общество будет получать из высшей школы хорошо образованных людей, тем плодоноснее будет тот культурный слой, который был разрушен в нашей стране.

Чем лучше и глубже будет воспитанная нами личность, тем лучше будет общество. И человек должен быть уверен, что он получил такое образование, которое не даст ему пропасть. Именно из этого надо исходить, перестраивая систему высшего образования.

PART III - POST-READING TASKS

Vocabulary exercises

A. Explain the meaning of the following words using synonyms, antonyms and/or equivalent phrases.

социа́льная защищённость; рабовладе́льческие отноше́ния; о́бщество потреби́телей; трудово́е обеспе́чение; ло́мка ста́рых укла́дов; вы́вести челове́чество из тупика́, отстава́ть от жи́зни; при́зрак катастро́фы.

B. Paraphrase words and expressions in bold using appropriate words from the text. Make the necessary changes.

1) Хоро́шая систе́ма образова́ния **соверше́нно необходи́ма для существова́ния** совреме́нного госуда́рства.
2) Получе́ние рабо́ты путём обяза́тельного распределе́ния мо́жет **име́ть соверше́нно непредска́зуемые результа́ты**.
3) Отноше́ния ву́за с предприя́тием **си́льно напомина́ют** отноше́ния ме́жду рабо́м и его́ хозя́ином.
4) Заче́м же по́сле мно́гих лет подгото́вки испо́льзовать специали́стов **не в свое́й сфе́ре**, а в о́бласти, о кото́рой они́ не име́ют представла́ния?
5) Вы́сшая шко́ла **снабжа́ет** произво́дство и нау́чные учрежде́ния свои́ми выпускника́ми.
6) Нагру́зки преподава́телей расту́т **с невероя́тной ско́ростью**.
7) Для мно́гих обяза́тельное распределе́ние **вполне́ удо́бно**, потому́ что э́то избавля́ет студе́нта от обя́занности иска́ть рабо́ту.
8) Сего́дня не́которые обвиня́ют Горбачёва в том, что он **верну́лся на ста́рые** доперестро́ечные **пози́ции**.
9) Сложи́лось **невероя́тное положе́ние**, когда́ все ненави́дят коммуни́стов, но позволя́ют им пра́вить страно́й.
10) У́ровень сего́дняшних выпускнико́в ву́зов **далеко́ не идеа́лен** при существу́ющих высо́ких станда́ртах совреме́нного произво́дства.
11) Большинство́ преподава́телей **при́няло существу́ющую ситуа́цию** и не **проявля́ет при́знаков недово́льства**.
12) Тот факт, что госуда́рство в двадца́том ве́ке должно́ гаранти́ровать свои́м гра́жданам минима́льную защищённость, **широко́ изве́стен и при́нят**.

C. Find the following phrases in the text:

1) Нагру́зки **расту́т не по дня́м, а по часа́м**.
   Workloads **are growing not by the day, but by the hour.**

Write five to ten sentences following the pattern below on the basis of
the article:

(что) **растёт не по дням, а по часа́м.**

_____

_____

Try to use the following expressions:

сопротивле́ние партаппара́та; зави́симость от ка́чественного образова́ния;
отстава́ние в киберне́тике; инвести́ции в сфе́ру образова́ния; при́знаки
экологи́ческой катастро́фы; а́рмия низкоквалифици́рованных
специали́стов.

2) ... мы **к ней** (к кри́тике) привы́кли и да́же **смири́лись с** ней.
    ... we **got used to** it (criticism) and even **reconciled to** it.

Write five to ten sentences following the pattern below on the basis of
the article:

Мы **привы́кли** (к чему)   и да́же **смири́лись**   (с чем).

_____   _____

_____   _____

Try to use the following expressions:

парадокса́льная ситуа́ция в ...; ло́мка ста́рых укла́дов; отстава́ние от
жи́зни; ны́нешнее положе́ние веще́й; при́зрак экологи́ческой катастро́фы;
обяза́тельное распределе́ние.

3) ... **отноше́ния** вуза с предприя́тием **никуда́ не годя́тся**
    ... **relations** between school and enterprise **are no good.**

Write five to ten sentences following the pattern below on the basis of
the article:

Отноше́ния (кого́ с кем)   **никуда́ не годя́тся.**

_____

_____

Try to use the following expressions:

> научные учрежде́ния; сотру́дники; сего́дняшние студе́нты; ма́сса преподава́телей; педагоги́ческая систе́ма; о́бщество; выпускники́; потреби́тель; рабовладе́лец; раб.

4) ...он получи́л тако́е образова́ние, кото́рое **не даст ему́ пропасть**.
    ...he received the kind of education that **will not let him down**.

Write five to ten sentences following the pattern below on the basis of the article:

> (что, кто)   **не даст вам пропа́сть**.
> _____
> _____

Try to use the following expressions:

> социа́льная защи́та; нау́чно-техни́ческий прогре́сс; здра́вый смысл; интеллектуа́льный у́ровень; посо́бие по безрабо́тице.

D. Make a list of words from the text which can be used to talk about higher education.

Communicative exercises – for discourse management

A. Make an opening statement with respect to the following phrases using:

> возника́ет вопро́с, что ...
> дава́йте начнём с того́, что определи́м ...

Model:

Уезжа́ют конверти́руемые специали́сты.

Сра́зу **возника́ет вопро́с, что** тако́е «конверти́руемые» специали́сты.   Дава́йте **начнём с того́, что определи́м,** что э́то зна́чит.

1) Начина́ется всесою́зная диску́ссия о но́вой конце́пции вы́сшего образова́ния.
2) Вы́сшее образова́ние должно́ быть опережа́ющей систе́мой.

3) Должен ли когда-нибудь наступить век человека?!
4) Распределение считается синонимом социальной защищённости.
5) Нужно получать такое образование, которое не даст вам пропасть.

B. Express your agreement/disagreement with the following statements by arguing your point of view using the words below:

> я согласна (согласен) с тем, что ...
> я не могу согласиться с тем, что ...
> дело в том, что ...

Model:

Вложения иностранного капитала в советскую экономику могут рывком двинуть страну вперёд.

Я не могу согласиться с тем, что на данном этапе иностранные инвестиции могут хоть как-нибудь помочь советской экономике. **Дело в том, что** советская экономика находится на распутье. Сначала необходимо решить, пойдёт ли она по пути свободного рынка или останется командно-административной.

1) Высшее образование - это хлеб насущный общества.
2) Советские вузы долгое время готовили людей для жизни, которая давно прошла.
3) Человечество постоянно загоняет себя в тупик.
4) Научно-технический прогресс невозможен без качественного образования.
5) Обязательное распределение устраивало и устроило бы многих.
6) На Западе в числе безработных меньше всего людей с высшим образованием.

C. Identify the source of the following statements using the words below:

> по мнению многих, ...
> в ... говорится ...

Model:

В СССР нет «неженских» профессий.

По мнению многих на Западе, в СССР нет «неженских» профессий.

1) Ло́мка ста́рых укла́дов необходи́ма.
2) То́лько образова́ние мо́жет вы́вести о́бщество из тупика́, в кото́рый оно́ себя́ постоя́нно загоня́ет.
3) У э́той па́лки два конца́.
4) Вуз до́лжен удовлетворя́ть потре́бности наро́дного хозя́йства.

D. Express your opinion concerning the following statements using the words below:

мне ка́жется, что ...
де́ло в том, что ...

Model:

Пробле́ма эмигра́ции из СССР явля́ется стратеги́чески ва́жной.

Мне ка́жется, что надвига́ющаяся эмигра́ция из СССР должна́ осознава́ться как глоба́льная пробле́ма. **Де́ло в том, что** и ци́фры, и профессионали́зм отъезжа́ющих означа́ют, что така́я «уте́чка мозго́в» чрева́та далеко́ иду́щими после́дствиями для бу́дущего страны́.

1) Люба́я ло́мка ста́рых укла́дов всегда́ встреча́ет сопротивле́ние.
2) То́лько образо́ванное челове́чество смо́жет в по́лной ме́ре оцени́ть серьёзность своего́ положе́ния.
3) Чем сильне́е загру́жен преподава́тель, тем ме́ньше его́ отве́тственность за студе́нта.
4) Отноше́ния выпускнико́в с предприя́тиями, на кото́рые они́ распределены́, сма́хивают на рабовладе́льческие.
5) Обяза́тельное распределе́ние устра́ивает мно́гих, но не лу́чших.
6) Зна́ния должны́ быть социа́льной защи́той молодо́го специали́ста, а не обяза́тельное распределе́ние.

E. Continue and develop the following statements using the words below:

по э́тому вопро́су мне бы хоте́лось доба́вить сле́дующее
де́ло не то́лько в ..., де́ло скоре́е в ...

Model:

Лю́ди уезжа́ют потому́, что в СССР ни́зкий у́ровень жи́зни.

По э́тому вопро́су мне бы хоте́лось доба́вить сле́дующее. Де́ло не то́лько в у́ровне жи́зни, **де́ло скоре́е в** отсу́тствии уве́ренности в за́втрашнем дне.

1) Люба́я педагоги́ческая систе́ма выполня́ет «консерви́рующую» фу́нкцию.
2) О́бщество потреби́телей не ду́мает о бу́дущем.

3) Кри́тика образова́ния ста́ла о́бщим ме́стом.
4) Значи́тельная ма́сса преподава́телей разучи́лась самостоя́тельно ду́мать.
5) Обяза́тельное распределе́ние – э́то догово́р о взаи́мной необяза́тельности.
6) Вуз до́лжен удовлетворя́ть образова́тельные потре́бности ли́чности.

F. Make an attempt to avoid the discussion of the problem by shifting to another subject. Use the following expressions:

> **э́то всё, коне́чно, так, но ра́зве ....**
> **ва́жно не забыва́ть и о ...**

Model:

Что́бы повы́сить у́ровень жи́зни высококвалифици́рованных специали́стов, нужны́ сре́дства.

Всё э́то, коне́чно, так, но ра́зве у́ровень жи́зни – э́то еди́нственная причи́на, по кото́рой лю́ди уезжа́ют. **Ва́жно не забыва́ть и о** стра́хе наси́лия, кото́рый вита́ет сего́дня в во́здухе.

1) Без хоро́шего ба́зового образова́ния о́бщество отка́тывается наза́д.
2) Мы живём в «век маши́н», в «век киберне́тики».
3) Вы́сшая шко́ла не гото́ва к серьёзной перестро́йке.
4) Социа́льная защи́та нере́дко рабо́тает про́тив самого́ студе́нта.
5) Выпускнико́в ву́зов испо́льзуют как уго́дно, то́лько не по назначе́нию.

G. Suggest to a friend or a colleague to read or not to read this article using the following phrases:

> **обяза́тельно прочита́йте э́ту статью́, потому́ что ...**
> **э́ту статью́ мо́жно легко́ пропусти́ть, так как ...**

Communicative exercises - for supported opinion

A. Answer the following questions:

1. В чём суть кри́зиса образова́ния в СССР?
2. В чём отли́чие ориента́ции образова́ния на ну́жды наро́дного хозя́йства от фо́куса на ли́чность?
3. Что означа́ет распределе́ние для госуда́рства и для сами́х студе́нтов?
4. Как ограниче́ние инвести́ций повлия́ло на ка́чество вы́сшего образова́ния в СССР?

5. Объясните концепцию образования как форму социальной защиты.

B.   Edit the following summary of the article:

В этой статье говорится о дискуссии в советской прессе на тему высшего образования, от качества которого зависит ...... К сожалению, начиная с конца 80-х годов советская система образования начала отставать от американской.

Почему же так важно пересмотреть систему высшего образования в СССР? Во-первых, только образованное человечество может вывести человечество из тупика, ... Во-вторых, ..., в то время как научно-технологический прогресс невозможен без ....

Несмотря на постоянную критику высшей школы, она не подвергается перестройке в то время, как перемены в этой сфере необходимы. Прекрасным примером этой необходимости является обязательное распределение, по которому ...... Эта форма социальной защиты, которую автор остроумно называет договором о взаимной необязательности: студент ...., а предприятие ......

Перестраивая систему высшего образования, нужно исходить из того, что в первую очередь, оно должно удовлетворять потребности экономики страны, а затем уже образовательные потребности личности. Ведь, чем глубже ...., тем лучше .....

C.   Write your own summary.

D.   What title would you use for the story?

E.   Make a short list of issues that appear most important to you.

F.   Restate the main points in the way in which you would have approached this subject matter. Make use of words suggested above to a) quote sources; b) express agreement/disagreement with the author; c) state your own opinion and support it.

G.   Conduct a round-table discussion on the subject of education. The participants represent different points of view on what the purpose of education should be.
    First: The purpose of education is to help people advance their careers.
    Second: Education is an end in itself. It has to do with values and with enabling people to live more interesting and fulfilling lives.
    Third: Education should combine the two purposes; it should

address both career and personal development requirements. Many
participants are especially keen on the role the state should play in
the Soviet system of education. There are three schools of thought on
the nature of the state's role.

A: It is a good idea to give students mandatory job assignments
on their graduation, provided their education was paid for by the state.
This enables students both to repay their debt to society and to be
guaranteed employment.

B: Giving students involuntary job assignments is a form of
slave ownership. It is incompatible with civil liberties and
discourages individual initiative and the pursuit of excellence.

C: Involuntary job assignments are okay, but only as long as they
are based on a clear-cut contract where the students accept them as
repayment for scholarships.

Distribute the roles beforehand, think through each line of argument,
and present it in a logical manner supporting your position.

H. Be prepared to discuss one of the following themes:

1. Как объяснить низкий уровень экономического развития, по которому
    СССР во многих отношениях принадлежит к третьему миру, при таком
    большом количестве дипломированных специалистов?

2. Сравните цели высшего образования в СССР и в США под углом конфликта
    между задачами подготовки специалистов и создания многосторонней
    личности.

I. Write a one-page composition on one of the above themes.

ГЛАВА ТРЕТЬЯ: СОЦИАЛЬНЫЕ ПРОБЛЕМЫ

Урок два - Интеллигентен тот, кто интеллигентен

Татьяна Толстая

PART I - PRE-READING TASKS

A. Read the title of the story. What is your understanding of it? Are you familiar with the word *intelligentsia*? Do you know what it means? To your knowledge, does the concept of *intelligentsia* exist in the West? Is it possible that the story concerns I.Q. testing in Russia or rather does it deal with the role of intellectuals in today's turbulent world of perestroika? Discuss your ideas with other students and write them down.

B. Skim through paragraphs 4, 5 and 6. Compare what you find in them with your suppositions.

C. Culturally specific words. Pay attention to the list below.

When we read history books about Russia, we often come across the word *intelligentsia*. In her article, Tatiana Tolstaya illustrates how this concept still exists and is deeply ingrained in the Russian mentality.

1) исполко́м - исполни́тельный комите́т - executive branch of local government.

2) интеллиге́нция *(noun)* - there are many definitions of the word *intelligentsia.* The Dictionary of the Russian Language by S. Ozhegov defines *intelligentsia* as individuals engaged in intellectual activity and posessing education and special skills in various areas of culture, science and technology. According to the Soviet Encyclopedia's definition, the *intelligentsia* is a group, a stratum situated between the working class and the peasantry which encompasses people of all professions not engaged in menial industrial or agrarian production. The word *intelligentsia* was first applied to persons who were not born to families of the aristocracy but were, nevertheless, university educated and served in various intellectual professions. It also implied being anti-establishment, pro-people and pro-revolution, since

members of the new educated class came from humble
backgrounds and sympathized with the common people,
understanding them well. Belonging to the *intelligentsia*
supposedly went with the ability to question everything
under the sun and to put the world of ideas above material
well-being.

интеллигéнт *(noun)* – a man who is a member of the *intelligentsia*.
интеллигéнтность *(noun)* – the state of mind that is pertinent to
                            the *intelligentsia*.
интеллигéнтный – *adj.*
интеллигéнтен – *short adj.*

3) мещáнство – a) the official definition of an urban, lower middle-class
          stratum in pre-revolutionary Russia. There also existed
          such groups as peasants, merchants and the aristocracy.
          b) a contemptuous term for the lower middle classes'
          preoccupation with consumerism and its bad taste.

4) борóдка клúнышком – a goatee; for the man in the street, the
          stereotype of an *intelligent* may include such
          characteristics as wearing a goatee or
          spectacles, avoiding the use of bad language, or
          wiping one's feet before entering a house.

5) Д.С. Лихачёв, Глáвный Интеллигéнт странú – prominent historian and
          writer on Russian culture and tradition. The
          author calls D. Likhachev *Chief Intelligent* and
          even capitalizes both words emphasizing the fact
          that she considers him to be the golden standard
          of the concept.

6) Андрéй Сáхаров – Nobel Peace Prize-winning champion of human rights
          and prominent physicist who contributed to the
          development of the Soviet hydrogen bomb.

7) бонтóнный взя́точник – a briber who has good taste. The adjective is
          derived from the French *bon ton* (good taste).

8) серп и мóлот – sickle and hammer. These are the symbols of the union
          between the two classes which won in the Communist
          Revolution of 1917 – the working class and the
          peasantry. (see explanation 2)

9) «прослóйка» – layer, stratum, referring to the *intelligentsia*.
          (see explanation 2)

10) ленты, кружева, ботинки - что угодно для души - ribbons, laces, shoes - whatever you desire. These words are taken from a popular Russian song about a peddler offering his goods to a young girl. The writer is quoting these lines to emphasize the absurdity of the concept that any profession located between *the hammer and the sickle* falls into the category of the *intelligentsia*.

11) ... конь и трепетная лань ... - ... a horse and a trembling doe ... a line from a verse by A. Pushkin. Tolstaya tries to enhance the image of the dissimilarity of those grouped together.

12) залп «Авроры» - an artillery barrage by the pro-Bolshevik cruiser *Aurora*, which provided moral support to the Bolshevik assault on the Provisional Government headquarters in the Winter Palace. The expression is used as a symbol of the Bolshevik takeover.

13) Жданов - one of Stalin's leading henchmen; he was the Leningrad party leader during the German blockade and later the chief party ideologue directing the campaign against intellectuals and artists.

14) Доктор Гааз - a prison doctor in the second half of the 19th century who became famous throughout Russia for his acts of charity and benevolence toward prisoners.

15) мать Тереза - Nobel Peace Prize-winning Catholic nun who devoted her life to helping the poor all over the world.

16) мать Мария - a Russian aristocrat who, while in a German concentration camp, was executed after deliberately assuming the identity of another prisoner. She has been canonized by the Russian Orthodox Church.

17) Альберт Швейцер - Famous European scientist and musician who abandoned his comfortable life and went to Africa where he opened a hospital and a school for the local poor.

18) Евдокия Гаер - the People's Deputy who is known for her support of the ethnic minorities of the Soviet North.

D. Look through the following words and expressions from the text.

1) мещáнство – kitsch; tacky
2) матери́ться/вы́материться – to curse, to use filthy language
   мат – indecent cursing
3) срывáть/сорвáть аплодисмéнты – to receive spontaneous applause
4) притворя́ться/притвори́ться интеллигéнтом – to fake being
   an *intelligent*
5) в чём рáзница? – what is the difference?
6) формули́ровать/сформули́ровать определéние – to formulate a definition
7) спосóбность подвергáть всё сомнéнию – ability to question everything
   under the sun
8) терпи́мость к чужóму мнéнию – tolerance of others' opinions
9) снéжный человéк – Big Foot
10) чóхом (*coll.*) – all together; without differentiating
11) быть семи́ пя́дей во лбу – to be extremely bright
12) дворяни́н (*masc.*), дворя́нка (*fem*) – nobleman; aristocrat
13) со всéми вытекáющими послéдствиями – with all due consequences
14) чернь (*fem.*) – rabble
15) завещáть (*here*) – to pass things or ideas on to like-minded
    associates
16) боя́знь причини́ть зло – fear of doing harm to others
17) плевáть/наплевáть в дýшу – to insult, to humiliate
18) подавáть/подáть ни́щему – to give money to beggars
19) укрывáть/укры́ть от погрóма – to harbor, to give refuge from a pogrom
20) калéка – a cripple
21) Госпóдь, пошли́ мне си́лы! – God, give me strength!

PART II – READING TASKS

A. Read the questions below. Then, read the text and answer the
questions in written form.

Questions:

1) What is the main idea of the article?

PARAGRAPH 1
2) A local committee executive, who happened to be T. Tolstaya's
schoolmate's mother, received a bribe from a petitioner. What was it?

3) What made T. Tolstaya's schoolmate classify the bribe as "kitsch" and the
petitioner as not being a member of the intelligentsia?

PARAGRAPH 2
4) The word "intelligentsia" is commonly misused. Cite some typical examples of its misuse as given by the author to illustrate the absurdity of its misinterpretation.

5) D. Likhachev defined the word as a quality which ...
(mark the correct answer):
a) cannot be faked.
b) is easy to imitate.

PARAGRAPH 3
6) What was the subject of the TV discussion that made T. Tolstaya recall the episode with the bribe, described in the first paragraph?

PARAGRAPH 4, 5
7) In these two paragraphs there are four definitions of the word "intelligentsia." List them.

PARAGRAPH 6
8) In the West they ... (true or false for each item):
a) apply the word "intellectuals" to express the same concept.
b) do not have this concept.
c) call people who are engaged in intellectual activity "intellectuals."
d) consider the President to be an intellectual.

9) How did one salvo of the battleship *Aurora* change Marina Tsvetaeva's social status?

PARAGRAPH 7
10) According to T. Tolstaya, ... (true or false for each item):
a) the intelligentsia has a strong sense of social responsibility.
b) it is a must for the intelligenstia to be erudite.
c) the intelligentsia abhors violence.
d) an urge to help goes with the concept of the intelligentsia.

PARAGRAPH 8
11) The author believes that invisible, selfless "toil of the heart" is ... (mark the correct answer):
a) appreciated by the common people.
b) not liked by the rank-and-file.

Prove your point with a quote from the text.

PARAGRAPH 9
12) According to T. Tolstaya, what unites the small multi-national group of names in paragraph 9?

PARAGRAPH 10

13) The author writes of a magical harbor he calls intelligentnost.
(true or false for each item):
   a) It is open to anyone who wishes to dock in it.
   b) It is difficult to reach this harbor because one has to
      steer his/her own boat.
   c) Anyone, regardless of age or financial status, can get to this
      harbor by merely wishing.

B. Stylistic analysis.

1. Make a list of transition markers and explain the function of each.

2. Single out different parts of the article and name them.

3. Find uses of stylistic redundancy and explain the reasons for its use.

4. Find uses of metaphors and explain them.

5. Find uses of opposites.

C. Write an outline in Russian of the story using a) quotations from the
text and b) your own questions.

D. Did you like the article? What position does the author take?
Do you agree with this position?

E. Did you learn anything new for yourself in this article? List the points
which surprised you.

Интеллигентен тот, кто интеллигентен

Татьяна ТОЛСТАЯ,
писатель

ВО МНЕ

У моей школьной приятельницы мама работала в исполкоме. Как-то раз одна просительница принесла взятку: две роскошные коробки шоколадных конфет. «Вот сразу чувствуются жлобы — говорила моя подруга, поедая конфеты.— Интеллигентный человек принес бы одну коробку. А эта — две. Типичное мещанство. Скажу маме, чтобы ничего для нее не делала». Деликатное было семейство, утонченное.

«Приходила дама, интеллигентная: в шубе, в брильянтах» — кто не слышал таких фраз? Интеллигентными называют тех, кто носит очки или бородку клинышком, или тех, кто не матерится, или тех, кто вытирает ноги при входе в дом. «Дайте определение интеллигента»,— попросили Дмитрия Сергеевича Лихачева на встрече. И Главный Интеллигент страны, смущаясь и срывая аплодисменты влюбленных в него зрителей, сказал, что интеллигентом невозможно притвориться.

Бонтонные взяточники, капризные исполкомовские разбойники вспомнились мне во время очередной телевизионной встречи с Владимиром Познером. Речь шла об интеллигентности и об интеллигенции. Что это такое? Одно ли и то же? А если нет, то какая связь? И в чем разница?

Апеллируя к Большой Советской Энциклопедии разных годов издания, аудитория пыталась сформулировать какие-то определения. Владимир Познер предложил считать основной чертой интеллигентного человека способность подвергать все сомнению. Рой Медведев — терпимость к чужому мнению. Кто-то предлагал жить дружно; вде мерить творчеством, а что? Даже видела плакат: «Девиз железнодорожников: энтузиазм и творчество». Представьте себе творческий порыв машиниста... А если он авангардист?.. Я, сидя дома, зачем-то тоже волновалась, придумывала формулировки. Да что это за снежный человек такой — интеллигент! Следы видели, а поймать не могут.

БСЭ как источник всей мудрости. Слева—молот, справа—серп. Посреди — интеллигенция. «Прослойка». Пралине. Кулинары, испекшие этот прокисший классовый торт, напихали в середину все, чего не жаль: тут и офицеры, и писатели, и профессора, и чиновники, и артисты, и инженеры, и врачи... ленты, кружева, ботинки — что угодно для души. То есть и армия, и богема, и все прочие чохом попадают в одну категорию; так что бюрократ и балерина, как конь и трепетная лань, волокут свою прослоечную телегу по узенькой дорожке между серпом и молотом.

А на Западе вообще нет понятия «интеллигенция». Работники умственного труда называются «интеллектуалами». А балерина, будь она хоть семи пядей во лбу, не интеллектуал. И футболист не интеллектуал. И сам президент. Разве что случайно. А в старой России ни жандарм, ни купец, ни аристократ не считались интеллигенцией. И Марина Цветаева кричала свое знаменитое: «Это я-то — интеллигент?! Я дворянка!» Залп «Авроры» немедленно превратил ее в интеллигента со всеми вытекающими последствиями. И Сталин, и Жданов, и прочая державная чернь сами интеллигентов не любили и грядущей черни то же завещали.

Интеллигентность — это просвещенность души, это нравственный императив — и совестливость, и грызущее чувство ответственности за свой народ и не свой народ, и боязнь причинить зло, и мысль: «Это, наверно, я виноват», и порыв: «Чем помочь?», и благие намерения, те самые, которыми вымощена дорога в ад.

Интеллигентна ли интеллигенция? Ни да, ни нет. А рабочие? А крестьяне? Ни да, ни нет. Интеллигент тот, кто интеллигентен. Интеллигентность — мучение, невидимый, добровольный, бескорыстный душевный труд. «Вот за это мы вас и не любим»,— кричит чернь. «А что ты сделал, чтобы мне было лучше?» «Я тебе помогу, ты только привстань»,— просит интеллигент. «Ему за это платят!»— догадывается чернь. «Бей его!» Бьют. Лихачеву ломают руку. Гноят в лагере. Сахарову плюют в душу. Гноят в ссылке.

Интеллигенты... Доктор Гааз. Мать Тереза. Мать Мария. Альберт Швейцер. Евдокия Гаер. И миллионы других — вы их знаете. Ужаснувшийся насилию. Подавший нищему. Укрывший от погрома. Приголубивший прокаженного.

Интеллигентность — волшебная гавань, открытая любым кораблям. Тот, кто хочет быть интеллигентным, будет им: ни возраст, ни богатство, ни нищета не помеха: король и бомж, калека и силач равны и свободны на своем пути к пристани. Только вот дуть в паруса придется тебе самому. Мне самой. Ах, Господь, пошли же мне силы!

PART III- POST-READING TASKS

Vocabulary exercises

A. Explain the following words and phrases using synonyms, antonyms and/or equivalent phrases.

снёжный человёк; погрóм; чернь; нйщий; вытекáющие послéдствия; срывáть аплодисмéнты; мат; разбóйник; приятельница; шýба; взяточник; утончённое семéйство; энциклопéдия; твóрческий порыв; прокйсший продукт; жандáрм; прослóечный; ад; бескорыстный; гнойть в ссылке; приголýбить прокажённого.

B. Paraphrase words and expressions in bold using appropriate words from the text. Make the necessary changes.

1) **Чем отличáется** интеллигéнтный человéк от неинтеллигéнтного? Неужéли тем, что он не **ругáется мáтом**?
2) Семья писáтеля происходйла из **сослóвия мéлких торгóвцев и ремéсленников, составлявших большинствó населéния городóв** цáрской России.
3) Трýдно **дéлать вид**, что ты **óчень умён**, éсли прирóда не наделйла тебя осóбыми талáнтами.
4) На сбóрочном пýнкте ребят **всех вмéсте** записáли в десáнтные войскá.
5) Мне бы хотéлось **крáтко и тóчно определйть** понятие «интеллигéнтности», существýющее в рýсской культýре со вторóй половйны 19-ого вéка.
6) Егó все любйли за необычáйно рéдкую **спосóбность без враждéбности и терпелйво относйться к чужóму мнéнию**.
7) Во врéмя антисемйтской кампáнии 50-ых годóв еврéи чáсто подвергáлись рáзного рóда дискриминáции и **всячески оскорблялись**.
8) Пóльские катóлики нерéдко **прятали** еврéйские сéмьи от эсэсовцев во врéмя немéцкой окупáции Пóльши.
9) Христóс **поручйл** нам любйть блйжнего как самогó себя.
10) Трýдно было не **давáть мйлостыню** бéженцам, заполнявшим железнодорóжные стáнции гóрода.

C. Find the following phrases in the text:

1) **Речь шла об** интеллигéнтности и **об** интеллигéниции.
    The subject of the conversation was the state of mind attributed to the *intelligentsia* and the *intelligentsia* itself.

Write five to ten sentences following the pattern below based on
the article.

Речь шла   (о ком, о чём)
_____
_____

Try to use some of the following expressions:

взятки; мещанство; возраст и богатство; бескорыстность; терпимость
к чужому мнению; способность подвергать всё сомнению.

2) **Ни** богатство, **ни** нищета **не помеха.**
    Neither wealth **nor** poverty **are obstacles.**

Write five to ten sentences following the pattern below on the basis of
the article.

Ни   (кто, что),   **ни**   (кто, что)   **не помеха.**
_____   _____
_____   _____

Try to use the following expressions:

офицер; бюрократ; силач; сам президент; чернь; отсутствие
энтузиазма; жалобы; разница между социальными группами; классовые
привилегии.

D. Make a list of words from the text which can be used to talk about
the *intelligentsia*.

Communicative exercises - for discourse management

A. Make an opening statement with respect to the following phrases using:

чтобы разобраться в этом вопросе, давайте попытаемся понять ...
чтобы понять значение этих слов, сначала нужно разобраться в ...

Model:

Студе́нтам пятьдеся́т шесто́го бы́ло ле́гче шко́льников во́семьдесят пя́того.

Что́бы поня́ть значе́ние э́тих сло́в, снача́ла ну́жно разобра́ться в том, что означа́ют э́ти да́ты.

1) Интеллиге́нтен тот, кто интеллиге́нтен.
2) Сле́ва – мо́лот, спра́ва – серп. Посреди́ – интеллиге́нция.
3) Мари́на Цвета́ева не счита́ла себя́ интеллиге́нтом.

B. Identify the source of the following statements using the words below:

по определе́нию ...,
по мне́нию ...,

Model:

Ну́жен механи́зм денационализа́ции.

По ме́нию президе́нта Сою́за аренда́торов и предпринима́телей СССР, для расшире́ния институ́та ча́стной со́бственности ну́жен механи́зм денационализа́ции.

1) Интеллиге́нтом невозмо́жно притвори́ться.
2) Интеллиге́нция – это просло́йка населе́ния, не занима́ющегося физи́ческим произво́дственным трудо́м.

C. Express your agreement/disagreement with the following statements by arguing your point of view. Use the following:

тру́дно не согласи́ться с ...
мне тру́дно согласи́ться с ...
де́ло в том, что ...

Model:

Произво́л бу́дет ху́же вся́кой «ры́ночной стихи́и».

Тру́дно не согласи́ться с тем, что произво́л бу́дет ху́же вся́кой «ры́ночной стихи́и». **Де́ло в том, что** вообще́ тру́дно найти́ что-ли́бо бо́лее устраша́ющее, чем ру́сская беззако́ница.

1) Интеллиге́нт – тот тот, кто но́сит очки́ и не матери́тся.
2) На За́паде вообще́ нет поня́тия «интеллиге́нция».
3) Армия и боге́ма попада́ют в одну́ катего́рию сове́тского о́бщества.
4) В ста́рой Росси́и ни купе́ц, ни аристора́т не счита́лись интеллиге́нцией.

D. Express your opinion concerning the following statements using as many of the words below as possible:

> мне ду́мается, что ...
> ведь ...

Model:

Госуда́рство впра́ве претендова́ть на контро́льные паке́ты а́кций.

Мне ду́мается, что госуда́рство должно́ име́ть пра́во на контро́льные паке́ты а́кций.   **Ведь** неуправля́емая ры́ночная стихи́я мо́жет уничто́жить молоду́ю эконо́мику.

1) Основно́й черто́й интеллиге́нтного челове́ка явля́ется спосо́бность подверга́ть всё сомне́нию.
2) Ста́лин не люби́л интеллиге́нтов.
3) Интеллиге́нтный челове́к принёс бы то́лько одну́ коро́бку шокола́дных конфе́т в ка́честве взя́тки, а не две!
4) «Интеллектуа́л» и «интеллиге́нт» - не одно́ и то же.

E. Continue and develop the following statements using as many of the words below as possible:

> здесь мне ка́жется ну́жным доба́вить сле́дующее ...
> де́ло не то́лько в ..., де́ло скоре́е в ...

Model:

Реа́льно с мёртвой то́чки сдви́нулись то́лько аре́ндные дела́.

Здесь мне ка́жется ну́жным доба́вить сле́дующее.   Де́ло не то́лько в прогре́ссе в аре́ндных дела́х.   **Де́ло скоре́е в** о́бщей напра́вленности на денационализа́цию.

1) Терпи́мость к чужо́му мне́нию отлича́ет интеллиге́нтного челове́ка.
2) Залп «Авро́ры» преврати́л дворя́нку Цвета́еву в интеллиге́нта.
3) Интеллиге́нт - это како́й-то «сне́жный челове́к».
4) На За́паде да́же президе́нт не счита́ется «интеллектуа́лом», но мо́жет им случа́йно оказа́ться.
5) Поня́тие интеллиге́нтности ну́жно отлича́ть от поня́тия образо́ванности.
6) Благи́ми наме́рениями вы́мощена доро́га в ад.

F. Make a conclusion with respect to the following phrases using:

> в заключе́ние я хочу́ отме́тить, что ...

Model:

Растёт числó сторóнников чáстной сóбственности.

В заключéние я хочý отмéтить, что странá мéдленно, но вéрно перехóдит на рéльсы капиталистúческой эконóмики.

1) Интеллигéнтность - это волшéбная гáвань, откры́тая всем кораблáм.
2) Совéтское óбщество, по определéнию БСЭ, представля́ет собóй прокúсший кля́ссовый торт.

G. Suggest to a friend or a colleague to read or not to read this article using the following words:

     Непремéнно прочитáйте э́ту статью́. Её áвтору удалóсь ...
     Эту статью́ мóжно не читáть. Её áвтору не удалóсь ...

Communicative exercises - for supported opinion

A. Answer the following questions:

1. Почемý просúтельница принеслá рабóтнику исполкóма шоколáдные конфéты?
2. Как охарактеризовáла шкóльная прия́тельница Т. Толстóй э́ту взя́тку? Как вы понимáете слóво «мещáнство»?
3. Когó называ́ют в бытý «интеллигéнтами»?
4. Назовúте рáзные определéния э́того поня́тия, котóрые привóдятся в э́той статьé.
5. О чём шла речь во врéмя телевизиóнной встрéчи с В. Пóзнером?
6. Почемý Т. Толстáя называ́ет интеллигéнта «снéжным человéком»?
7. Что знáчат словá: слéва - мóлот, спрáва - серп, посредú - интеллигéнция.
8. Какúе профéссии попадáют в категóрию мéжду серпóм и мóлотом?
9. Чемý соотвéтствует поня́тие «интеллигéнции» на Зáпаде?
10. Как относúлись к интеллигéнции Стáлин и егó прúхвостни?
11. Почемý чернь, по словáм Т. Толстóй, не лю́бит интеллигéнцию? Приведúте примéры э́того плохóго отношéния.
12. Что объединя́ет людéй, нáзванных áвтором в концé статьú?
13. Что знáчит метáфора «волшéбная гáвань, откры́тая всем кораблáм» в контéксте дáнной статьú?

B. Edit the following summary of the story:

Слово «интеллигéнт» чáсто непрáвильно трактýется в совéтском óбществе. Мóжно услы́шать, напримéр, что «интеллигéнтами» называют тех, кто .... В недáвней телевизиóнной дискýссии обсуждáлся вопрóс: мóжно ли притворúться интеллигéнтом? Учáстники дискýссии пытáлись сформулúровать рáзные определéния. Однú утверждáли, что интеллигéнт обладáет спосóбностью не сомневáться ни в чём. Другúе настáивали, что ....

Большáя Совéтская Энциклопéдия называет интеллигéнцию прослóйкой, располóженной мéжду двумя́ дрýжественными клáссами, победúвшими в революции. Это знáчит, что в категóрию «интеллигéнции» вхóдят и ....., и ......

До революции э́то слóво имéло инóе значéние. Ни ...., ни .... не входúли в э́ту категóрию. Вы́стрел «Аврóры» превратúл .... в интеллигéнтов.

На Зáпаде тóже существýет такóе поня́тие, тóлько онó дополнúтельно включáет в себя́ рабóтников ýмственного трудá, т.е. интеллектуáлов. Такúм óбразом, президéнт страны́ явля́ется интеллектуáлом, и, соотвéтственно, интеллигéнтом.

В Россúи со времён Стáлина интеллигéнция не любúма и гонúма. Как ни стрáнно, коммунистúческое руковóдство и простóй нарóд не вéрят в бескоры́стность интеллигéнции и не доверя́ют ей. Примéры Лихачёва, котóрому ...., и Сáхарова, котóрого ...., явля́ются подтверждéнием ....

По мнéнию áвтора, интеллигéнтность – это не образóванность и не социáльное положéние. Это опредлённое душéвное состоя́ние, котóрое трéбует мýжества и благорóдства. Не любóй мóжет стать интеллигéнтом.

C. Make up your own summary.

D. What title would you use for the story?

E. Make a short list of issues which appear most important to you.

F. Restate the main points of the article in the way in which you would have
approached this subject matter. Make use of words suggested above to
a) quote sources;   b) express agreement/disagreement with the author;
c) state your own opinion and support it.

G. Conduct a round-table TV discussion "What is the *Intelligentsia* After
All?." The group is representative. Among the participants are
intellectuals and blue-collar workers, government officials and actors,
as well as others. Roughly speaking, there are four schools of thought.
       First: The *intelligentsia* as understood in the 19th century does
not exist anymore. Today's *intelligentsia* does not understand the common
people and, therefore, does not sympathize with their needs.
       Second: The *intelligentsia* is a group of individuals who are
engaged in intellectual activity and, therefore, the word is synonymous
with *intellectuals.* This fact signifies that the term is not exclusive
to Russia alone.
       Third: The concept of *intelligentnost* does not stand for breadth of
knowledge. It has nothing to do with one's social or financial status.
It rather implies a certain frame of mind which does not take anything
for granted and puts the world of ideas above material well-being.
       Fourth: *Intelligentnost* is a purely moral concept. It encompasses
such values as respect for the opinions of others and intolerance of
violence. Like any virtue, it requires constant effort to live up to its
standard.
       Distribute the roles beforehand, think through your line of argument,
and present it in a logical manner supporting your opinion.

H. Be prepared to discuss one of the following themes:

   1. Роль русской интеллигенции в революции.
   2. Интеллигенция и перестройка.
   3. Понятие «интеллигенции» в разных культурах.
   4. Интеллигенция и террор.

I. Write a one-page composition on one of the above themes.

ГЛАВА ТРЕТЬЯ: СОЦИАЛЬНЫЕ ПРОБЛЕМЫ

Урок три – Демон национализма

Леонид Ионин

PART I – PRE-READING TASKS

A.   Read the title of the story and look at the professional credentials of its author. Is it a story about the outburst of nationalism inside the USSR, the last of the great colonial empires? Could it be an analysis of nationalism elsewhere?   After all, this phenomenon seems to be on the rise in many parts of the world. Is Leonid Ionin arguing passionately about the nature of nationalism or is he warning of its dangers with the   coolness   of   an   academic?   Discuss your thoughts with others in the group and write them down.

B.   Skim through paragraphs 1, 2, 10 and 11. What do you find there? Were you right in your prior suppositions?

C.   Culturally specific words. Pay attention to the words below.

The disintegration of the Soviet Communist empire led to the rise of strong nationalist sentiments in many areas of the Soviet Union. In some cases nationalist feelings became a justification for violence or even for establishing new authoritarian structures. In the following article a noted Soviet philosopher discusses the delicate interrelationship between legitimate national aspirations and nationalist intolerance.

1)   Фергана́ – a city in Uzbekistan.

2)   ту́рки – "Turks," a derogatory name applied to the Meskhetiens, an ethnic group living in the territory of Uzbekistan.

3)   Вели́кая страна́ размина́ет «затёкшие» чле́ны – the great country is stretching its limbs, stiff from sleep. This metaphor is used in reference to perestroika which has woken the entire country from the sleep of stagnation preceeded by Stalinist hypnosis.

4) ...челове́к «припи́сан» фа́ктом своего́ рожде́ния – a person is registered as a member of a certain ethnic group not on the basis of his choice but according to the registered "nationality" of his parents.

5) «сла́вная» исто́рия и «вели́кие» геро́и – "glorious" history and "great" heroes, in reference to the cliches used during the anti-Semitic campaign of the 1940s in order to glorify the Russian people in contrast to "lesser" ethnic groups.

6) «инакобы́тие» – being different, living differently. A play on the word «инакомы́слие», dissidence, thinking differently.

7) по-абха́зски – in Abkhazian (language).

D. Look through the following words and expressions from the text.

1) загрязне́ние приро́ды – pollution of the environment
2) жа́ловаться/пожа́ловаться на беспра́вное положе́ние – to complain of one's lack of rights
3) руча́ться/поручи́ться за то́чность те́кста – to guarantee the validity of the text
4) выраба́тывать/вы́работать представле́ние о ... – to develop an understanding of ...
5) относи́тельные це́нности – relative values
6) рожда́ться/роди́ться евре́ем – to be born a Jew
7) реа́льный или мни́мый – real or imaginary
8) возлага́ть/возложи́ть вину́ за все бе́ды на не́которую гру́ппу – to blame a certain group for all misfortunes
9) в быту́ – in every day life
10) козёл отпуще́ния – scapegoat
11) припи́сывать/приписа́ть вели́чие своему́ наро́ду – to attribute greatness to one's own ethnic group
12) скло́нности и посту́пки – modes of behavior
13) соверша́ть/соверши́ть подло́г – to commit fraud
14) теорети́ческие вы́кладки – theoretical stipulations
15) хор возмущённых голосо́в – chorus of indignant voices
16) национа́льное своеобра́зие – national distinctiveness, variety
17) родно́й язы́к – native tongue
18) пра́во жить по-сво́ему – the right to live as one wishes
19) по́длинный путь к возрожде́нию национа́льного самосозна́ния – a real way to revive national consciousness
20) культу́рное многообра́зие – cultural diversity

21) обретáть/обрестú сóбственное достóинство, обездóлив другóго –
    to obtain one's own dignity by depriving another person
22) утверждáть/утвердúть себя́ за счёт ... – to assert oneself
                                        at the expense of ...

PART II - READING TASKS

A. Read the questions below. Then, read the text and answer the questions in written form.

Questions:

1) What is the main idea of the story?

   PARAGRAPH 1
2) Some pedestrians in the Central Asian city of Fergana were interviewed on TV. The question was: "What is not right in your ..."
   (mark the correct answer and prove your point):
   a) home.
   b) city.

3) One of the interviewees said: "This is what the Turks did to us."
   Explain "This is what ..." in reference to the entire paragraph.

   PARAGRAPH 2
4) Outbursts of nationalism were ... (mark the correct answer):
   a) a surprise in the post-Brezhnev era.
   b) expected after Brezhnev's death.

   PARAGRAPH 3, 4
5) What unites a group of people?

6) Name the groups where membership ...

   depends on the individual: does not depend on the individual:

   _____   _____
   _____   _____
   _____   _____

PARAGRAPH 5
7) According to the author, a national group shares the same concept of positive and negative values. What usually forms each of these values?

PARAGRAPH 6
8) What is the rationale for calling an entire group of people, or one of its representatives, good or bad?

PARAGRAPH 7
9) How did the Nazis build their propaganda?

PARAGRAPH 8
10) Name three apparent objections to the critics of nationalism.

PARAGRAPH 9, 10
11) Find Ionin's responses to each of these objections.

PARAGRAPH 11
12) An inalienable aspect of human rights is ...
(true or false for each item):
a) the right of any nationality to autonomy and self-determination.
b) happiness at someone else's expense.
c) an individual's right to personal independence.

13) The right of each nation to its own national destiny ...
(mark the correct answer):
a) presupposes a nationalistic foundation.
b) does not require a nationalistic philosophy.

B. Stylistic analysis.

1. Make a list of transition markers and explain the function of each.

2. Single out different parts of the article and name them.

3. Find uses of stylistic redundancy and explain the reason for its use.

4. Find uses of opposites in the text.

5. Find uses of metaphors and explain them.

C. Write an outline of the story in Russian using a) quotations from the text and b) your own questions.

D. Did you like the article?   What position does the author take?   Do you agree with this position?

E. Did you learn anything new for yourself in this article?   Name the points which surprised you.

ДЕМОН НАЦИОНАЛИЗМА

В одной из недавних телевизионных передач показали серию интервью на улицах Ферганы. Граждан спрашивали, что у них дома не в порядке. Одни указывали на загрязнение природы, другие говорили, что плохо с продуктами. Третьи жаловались на бесправное положение и т. д. А один из опрошенных, будто бы обобщил все сказанное раньше: «Вот до чего нас довели турки...».

Не ручаюсь за точность текста. Но по смыслу — нечто, ставшее до боли знакомым за последние годы. Будто бы демон обуял души многих сограждан — демон национализма. Великая страна просыпается, разминает «затекшие» члены. И вдруг — вспышки национализма, как судороги, пробегающие по народным мышцам.

Немножко социологии. Когда люди объединяются в группу, сознающую свое единство, они вырабатывают представление о ценностях, на основе которых объединяются. Объединяются филателисты на основе любви к почтовым маркам, рокеры, обожающие быструю езду. Большая часть этих ценностей относительна. Влияние их преходяще. Человек входит в группу и может выйти из нее, когда захочет.

Но есть группы, членство в которых от нас не зависит,— группы, к которым человек «приписан» фактом своего рождения. Каждый рождается мужчиной или женщиной, каждый рождается литовцем, русским, евреем или татарином.

Когда национальная группа вырабатывает самосознание, в ней формируется представление о позитивных и негативных ценностях. «Поставщиком» позитивных ценностей оказывается обычно история — реальная или мнимая. История, как о ней рассказывает сам народ, не может быть «славной», а герои —

ПРОШУ СЛОВА

«великими». Ну а что касается негативных ценностей, то они обычно оказываются сконцентрированными в образе некоторой группы, часто национальной, на которую возлагается вина за все беды народа — прошлые и нынешние. В быту, да и не только в быту, а и в науке тоже — такая подстановка называется феноменом козла отпущения.

Крайние формы национализма не возникают сразу, они формируются путем «поляризации» добра и зла: чем отвратительнее (грязнее, подлее, зловреднее) выглядит другой народ, тем более чистоты и величия приписывается собственному народу — в целом и каждому его представителю — в отдельности. Очень удобный способ оправдать заранее все собственные склонности и поступки. Удобный и дешевый, не требующий труда самосовершенствования.

Здесь совершается грубый и опасный подлог: факт (рождения, национальной принадлежности) объявляется критерием морали. Именно так строили свою пропаганду нацисты. Их аргументация — достаточно стандартная — легко узнается в тенденциях к моральному террору, уничтожению инакомыслия, «инакобытия».

Теоретические выкладки в данном случае убеждают слабо. Я предвижу хор возмущенных голосов: а разве неправда, что такие-то (русские, евреи, грузины и т. д.) хотят уничтожить наше национальное своеобразие, лишить нас родного языка, обычаев, вообще права жить по-своему, как нам хочется (по-эстонски, по-грузински, по-русски, по-абхазски и т. п.)? Разве каждый народ не имеет права на собственную историю, собственную культуру, собственные ценности? И разве национализм не есть подлинный путь к возрождению национального самосознания?

Отвечаю. На первый вопрос: неправда. Пренебрежение к специфике национального бытия, столь тяжко проявлявшееся в нашей стране, подавление культурного и национального многообразия — это не столько результат экспансии той или иной нации, сколько продукт политики, базирующейся на вненациональной тоталитарной идеологии, даже если она ищет подпорок в национальных чувствах.

На второй вопрос: конечно, каждый народ имеет право на собственный язык, собственную культуру, собственные ценности. Но (и здесь мы уже переходим к ответу на последний, третий вопрос) нельзя обрести собственного достоинства, не уважая достоинства других. Нельзя стать свободным, закабалив другого. Нельзя обрести счастье, обездолив другого. Национализм же — это стремление утвердить себя, свой народ за счет другого народа.

Право любого народа на автономию и самоопределение — неотъемлемая часть человеческих прав и свобод. Так же как и права личности на автономию и независимость. И нынешняя наша борьба за демократию — это и борьба за право каждого народа на выбор собственной судьбы. Как таковая она не требует и не предполагает националистического обоснования. Наоборот, она отрицает национализм.

**Леонид ИОНИН,
доктор философских наук,
главный научный сотрудник
Института социологии АН СССР.**

PART III - POST-READING TASKS

Vocabulary exercises

A. Explain the meaning of the following words using synonyms, antonyms and/or equivalent phrases.

обобща́ть всё, ска́занное ра́ньше; размина́ть «затёкшие» чле́ны; предви́деть; то́чность те́кста; относи́тельные це́нности; обуя́ть ду́шу; входи́ть в гру́ппу; «поляриза́ция»; поставщи́к це́нностей; возрожде́ние; подстано́вка; подпо́рки; самосозна́ние; пренебреже́ние к други́м.

B. Paraphrase words and expressions in bold using appropriate words from the text. Make the necessary changes.

1) Загрязне́ние **окружа́ющей среды́** стои́т пе́рвым но́мером на пове́стке дня ра́звитых стран.
2) Жи́тели при́городов жа́ловались, что у них **не в поря́дке со** снабже́нием проду́ктами пита́ния.
3) Како́й ру́сский не лю́бит **бы́стро е́здить**?
4) Мексика́нские рабо́чие жа́ловались на **отсу́тствие элемента́рных прав**.
5) Вы мо́жете **гаранти́ровать** то́чность ва́шего сообще́ния?
6) Что́бы стать гру́ппой, лю́ди должны́ **разрабо́тать** представле́ния о це́нностях, кото́рые объединя́ли бы э́тих люде́й.
7) Влия́ние относи́тельных це́нностей **меня́ется со вре́менем**.
8) Исто́рия ВКП(б), кото́рую расска́зывает «Кра́ткий курс», не **реа́льная**, а **фальсифици́рованная** исто́рия па́ртии большевико́в.
9) **В повседне́вной жи́зни** доно́счиков зову́т «стукача́ми».
10) У социо́логов «козло́м отпуще́ния» обы́чно называ́ется гру́ппа, кото́рая **обвиня́ется во всех несча́стьях одного́ наро́да**.
11) Объявле́ние фа́кта национа́льной принадле́жности крите́рием мора́ли явля́ется гру́бой и опа́сной **фальсифика́цией**.
12) В пропага́нде наци́стов проявля́лись тенде́нции к **распра́ве с** любы́м инакомы́слием.
13) Национали́сты испо́льзуют иде́ю превосхо́дства свое́й национа́льной гру́ппы в ка́честве теорети́ческого **обоснова́ния** мора́льного и физи́ческого терро́ра про́тив друго́й национа́льной гру́ппы.
14) Ны́нешнюю борьбу́ за демокра́тию мо́жно назва́ть борьбо́й за пра́во на́ции жить, **как сво́йственно** э́той на́ции.
15) Существу́ет большо́е коли́чество наро́дностей на террито́рии СССР, кото́рые счита́ют, что ру́сские **отня́ли** у них родно́й язы́к.
16) **Невозмо́жно стать счастли́вым за счёт несча́стья** друго́го.

C. Find the following phrases in the text:

1) Гра́ждан спра́шивали, что у них до́ма **не в поря́дке**.
   Citizens were asked what **was not right** in their city.

Write five to ten sentences following the pattern below on the basis of the article:

(кого́)   спра́шивают, что   (где)   **не в поря́дке**.
_____   _____
_____   _____

Try to use the following expressions:

опро́шенные; ту́рки; социо́логи; филатели́сты; ро́керы; национа́льная гру́ппа; мужчи́ны; же́нщины; клу́б; организа́ция; евре́и; тата́ры; лито́вцы; быт; нау́ка; бы́вшие наци́сты; со́бственные це́нности; страна́; го́род; респу́блика; тоталита́рная идеоло́гия; борьба́ за ....;

2) Филатели́сты **объединя́ются на осно́ве** любви́ к почто́вым ма́ркам.
   Stamp-collectors **are united on the basis** of their love for stamps.

Write five to ten sentences following the pattern below on the basis of the article:

(кто)   **объединя́ются на осно́ве**   (чего́)
_____   _____
_____   _____

Try to use the following expressions:

национали́сты; наци́сты; любо́й наро́д; борцы́ за ...; ру́сские; люби́тели ...; идео́логи тоталитари́зма; учёные; инакомы́слящие; исто́рики; мужчи́ны; же́нщины; охра́на окружа́ющей среды́; бы́страя езда́; борьба́ за ...; любо́вь к ...; уваже́ние к ..., национа́льное своеобра́зие; родно́й язы́к; своя́ со́бственная исто́рия; тради́ции; обы́чаи.

3) Они́ обы́чно ока́зываются сконцентри́рованными в образе́ гру́ппы, **на** кото́рую **возлага́ется вина́ за** все бе́ды наро́да.
   As far as the negative values are concerned, they eventually tend to be associated with a certain group, **which is blamed for** all the misfortunes of the people.

Write five to ten sentences following the pattern below on the basis of the story.

    (на кого)   **возлага́ется вина́**   (за что)

_____   _____

_____   _____

Try to use the following expressions:

скры́тая безрабо́тица; тоталита́рная идеоло́гия; вспы́шки национали́зма; телевизио́нные переда́чи; козёл отпуще́ния; нехва́тка проду́ктов пита́ния; перестро́йка; беспра́вное положе́ние; загрязне́ние приро́ды; Гостелера́дио; пла́новая эконо́мика; ры́ночная эконо́мика; социо́логи; подавле́ние культу́ры; уничтоже́ние инакомы́слия.

D.   Make a list of words from the text which can be used to describe the theme "nationalism."

Communicative exercises – for discourse management

A.   Identify the source of the statement using the words below:

     ... обобщи́л(а), сказа́в: « ... »
     по мне́нию ...,

Model:

Восточноевропе́йцы не лю́бят не ру́сских, а ту систе́му, кото́рая подавля́ла их страну́ десятиле́тиями.

Автор статьи́ **обобщи́л свою́ мысль, сказа́в:** «Ведь восточноевропе́йцы не лю́бят не нас, ру́сских, а ту систе́му, кото́рая их порабо́тила.»

1) Вот до чего нас довели́ ту́рки ...
2) Именно так стро́или свою́ пропага́нду наци́сты.
3) Лю́ди объединя́ются в гру́ппы на осно́ве како́го-то о́бщего интере́са.

B.   Express your agreement/disagreement with the following statements by arguing your point of view. Use some of the following:

     я по́лностью согла́сен (согла́сна) с тем, что ... , поско́льку ...
     мне тру́дно согласи́ться с тем, что ..., потому́ что ...

Model: В Восто́чной Евро́пе ра́зные стра́ны отно́сятся к СССР по-ра́зному.

Я по́лностью согла́сна с тем, что нельзя́ ду́мать, что все восточноевропе́йские стра́ны в одина́ковой ме́ре испы́тывают неприя́знь к СССР, **поско́льку** у ра́зных стра́н по-ра́зному скла́довались отноше́ния с Росси́ей в досове́тский перио́д.

1) Пра́во любо́го наро́да на автоно́мию и самоопределе́ние – неотъе́млемая часть челове́ческих прав и свобо́д.
2) Де́мон национали́зма цари́т в совреме́нном ми́ре.
3) Сам наро́д не мо́жет назва́ть себя́ «сла́вным», а свои́х геро́ев «вели́кими».
4) Национали́зм позволя́ет наро́ду не занима́ться самоусоверше́нствованием.
5) Нельзя́ обрести́ со́бственного досто́инства, не уважа́я досто́инства други́х.
6) Борьба́ за демокра́тию отрица́ет национали́зм.

C. Express your opinion concerning the following statements using the words below:

      мне ка́жется, что ...
      ведь

Model:

И Горбачёв, и Вале́са возни́кли в ло́не одно́й и той же систе́мы.

Мне ка́жется, что и Горбачёв, и Вале́са – проду́кт одно́й и той же систе́мы. **Ведь** то́лько осозна́в её поро́чность, они́ попыта́лись её измени́ть.

1) Факт национа́льной принадле́жности объявля́ется крите́рием мора́ли.
2) Есть гру́ппы, чле́нство в кото́рых от нас не зави́сит.
3) Козёл отпуще́ния – э́то гру́ппа люде́й, на кото́рую возлага́ется вина́ за все бе́ды да́нного наро́да.
4) Национали́зм есть по́длинный путь к возрожде́нию национа́льного самосозна́ния.
5) Нельзя́ обрести́ сча́стья, обездо́лив друго́го.

D. Continue and develop the following statements using as many of the words below as possible:

      Мне хоте́лось бы доба́вить сле́дующее
      Де́ло не то́лько в ..., но и в ... (Де́ло ещё в ...)

Model:

В да́нной ситуа́ции Евро́па стои́т пе́ред нелёгким вы́бором.

Мне хоте́лось бы доба́вить сле́дующее.   Паде́ние Берли́нской стены́ поста́вило мно́го вопро́сов не то́лько пе́ред сове́тским руково́дством, но и пе́ред Восто́чной Евро́пой.   **Де́ло не то́лько в том, что** перехо́д к ры́ночной эконо́мике и систе́ме демократи́ческих институ́тов – проце́сс дли́тельный.   **Де́ло ещё в том, что** он мо́жет оказа́ться невыноси́мо боле́зненным для большинства́ населе́ния э́тих стра́н.

1)   Когда́ лю́ди объединя́ются в гру́ппу, они выраба́тывают о́бщие
      для э́той гру́ппы представле́ния о це́нностях.
2)   Челове́к «припи́сан» к определённым гру́ппам фа́ктом своего́ рожде́ния.
3)   Кра́йние фо́рмы национали́зма не возника́ют сра́зу.
4)   Пренебреже́ние к специ́фике национа́льного бытия́ – э́то проду́кт
      поли́тики, бази́рующейся на вненациона́льной тоталита́рной идеоло́гии.
5)   Нельзя́ стать свобо́дным, закабали́в друго́го.

E.   Make an attempt to avoid the discussion of the problem and shift to
     another subject by using some of the following:

          с э́тим тру́дно не согласи́ться, но есть и други́е причи́ны,
                                        по кото́рым ...
          ва́жно по́мнить и о ...

Model:

Тота́льный контро́ль пресека́л любы́е попы́тки инакомы́слия.

С э́тим тру́дно не согласи́ться, но есть и други́е причи́ны, по кото́рым тоталита́рная систе́ма была́ па́губной для Восто́чной Евро́пы.   **Ва́жно по́мнить, что** в результа́те постоя́нного надзо́ра парти́йного руково́дства бы́ли практи́чески разру́шены экономи́ческие структу́ры не́когда ра́звитых стра́н.

1)   Бо́льшая часть це́нностей, объединя́ющих люде́й в гру́ппы, относи́тельна.
2)   Исто́рия явля́ется «поста́вщиком» позити́вных це́нностей наро́да.
3)   Национали́зм явля́ется кра́йне удо́бным спо́собом оправда́ть свои́
      со́бственные скло́нности и привы́чки.
4)   Ка́ждый наро́д име́ет пра́во на со́бственный язы́к.
5)   Борьба́ за демокра́тию в СССР – э́то борьба́ за пра́во ли́чности на
      автоно́мию и незави́симость.

F. Suggest to a friend or a colleague to read or not to read this
    article using the following words:

    Непреме́нно прочита́йте э́ту статью́! Её а́втор смог ...
    Не чита́йте э́ту статью́! Её а́втор не смог ...

Communicative exercises – for supported opinion

A. Answer the following questions:

    1. На что жа́ловались лю́ди на у́лицах Ферганы́?
    2. Приведи́те приме́ры того́, как лю́ди объединя́ются в гру́ппы.
    3. Каковы́ ко́рни национали́зма?
    4. Что тако́е козёл отпуще́ния?
    5. Как опра́вдывают национали́сты неприя́знь к це́лым наро́дам?
    6. Каки́е возраже́ния предви́дит а́втор в отве́т на свои́ теорети́ческие
        вы́кладки и как он отвеча́ет на них?
    7. Какова́ связь ме́жду демокра́тией и национали́змом?

B. Edit the following summary of the story:

    Де́мон национали́зма охвати́л Сове́тский Сою́з, просыпа́ющийся по́сле
    у́жасов ста́линского гипно́за и бре́жневской спя́чки. Что же произойдёт с
    огро́мной страно́й, в соста́в кото́рой вхо́дит ......?
    Дава́йте снача́ла проанализи́руем, что тако́е национали́зм. Отве́т на
    э́тот вопро́с ну́жно иска́ть в эконо́мике. Лю́ди объединя́ются в гру́ппы на
    осно́ве ... Соотве́тственно, челове́к припи́сывается к определённой
    национа́льности на осно́ве того́, когда́ он роди́лся. Национа́льная гру́ппа
    формиру́ет представле́ние о позити́вных и негати́вных це́нностях, о́бщих
    для её чле́нов. Негати́вные це́нности обы́чно фокуси́руются на ...... Это
    о́чень удо́бный спо́соб оправда́ть все со́бственные недоста́тки, потому́ что
    своему́ наро́ду припи́сываются .....
    Но э́то то́лько тео́рия. На пра́ктике поли́тика, бази́рующаяся на
    вненациона́льной тоталита́рной идеоло́гии, привела́ к успе́шному реше́нию
    национа́льного вопро́са в СССР. Коне́чно, ка́ждый наро́д име́ет пра́во на
    со́бственную культу́ру, но нельзя́ обрести́ со́бственные це́нности, не
    уважа́я чужи́е, в то вре́мя, как национали́зм ...... за счёт друго́го
    наро́да. По мне́нию а́втора, борьба́ за демокра́тию, происходя́щая сего́дня
    в СССР, - э́то борьба́ за пра́во ка́ждого наро́да утвержда́ть себя́ любы́м
    спо́собом, что само́ по себе́ отрица́ет национали́зм.

C. Write your own summary.

D. What title would you use for the story?

E. Mark the issues which seem most important to you.

F. Restate the main points of the article in the way in which you would have
    approached this subject matter. Make use of words suggested in
    exercises above to a) quote sources; b) express your agreement/
    disagreement with the author(s); c) state your opinion and
    support it.

G. Conduct a discussion at a working session of the Nationalities
    Committee. Some of the participants believe that the Soviet unitary
    state should cease to exist and, as a result, the Republic of Russia
    will do much better in every way. Another group of participants feels
    strongly that it would be a terrible mistake to let go of the
    territories and resources which have constituted the political and
    economic might of the Russian empire for centuries. A third group is of
    the opinion that it would be only natural for the Slavic republics to
    stay together since their communality of values makes them a good
    working team. The final group supports the idea that all the republics
    which wish to secede should certainly be allowed to do so because all of
    them would soon realize that they would be better off developing new
    economic and security ties with each other, rather than being on their own
    in a big hostile world.

    Distribute the roles beforehand, think through each line of
    argument, and present it in a logical way supporting your position.

H. Be prepared to discuss one of the following themes:

    1. Объясните истоки обострения национа́льных противоре́чий в совреме́нном
        Сове́тском Сою́зе.
    2. Расскажи́те, мо́жет ли национали́зм игра́ть положи́тельную роль и́ли же
        он разруши́телен по свое́й приро́де.

I. Write a one-page composition on one of the above themes.

ГЛАВА ТРЕТЬЯ: ПРОПИСКА И ДЕМОКРАТИЯ

Урок четыре – Прописка и демократия

Виктор Переведенцев

PART I – PRE-READING TASKS

A. This article is written by the famous Soviet demographer Victor Perevedentsev. Did you know that freedom of migration can be an issue not only when one wants to change one's country of residence? Look at the title of the article. What kind of registration is the author writing about? What does democracy have to do with it? Discuss your thoughts with other students and write them down.

B. Skim through paragraphs 4 and 8. Compare what you find in them with your suppositions.

C. Culturally specific words. Pay attention to the list below.

One of the greatest obstacles to democratization and demilitarization of the Soviet Union is the practice of allowing people to live only in specially designated places where they are officially registered. This practice restricts democratic freedoms, creates obstacles to relocating troops and, as argues a prominent demographer Victor Perevedentsev, is generally at odds with the requirements of Soviet development.

1)   фиктивный брак – a legal marriage not involving family life, in particular sexual relations. In the USSR, the purpose of a fictional or fake marriage is usually to acquire a registration of residence and the right to public housing.

брак – *(also)* defect, flaw.

2)   блат – obtaining services through clout or connections with the person who provides those services. This is a widespread phenomenon without which daily needs cannot be met.

3)   про́пи́ска *(no plur)* – a permit issued by local militia to an
                    individual allowing him/her to reside in a
                    particular locality without which one cannot
                    be registered at the given apartment or house of
                    his/her choice;   registration (of residence).

4)   «закры́тый» го́род – a) a city in which the acquisition of a residence
                    permit is connected with special requirements,
                    usually an official invitation by the employer
                    or by parents, children, or spouses legally
                    residing in the city;   b) a city which
                    requires a residence permit from the Ministry
                    of Internal Affairs.

5)   Сре́дняя Азия – Central Asia is a Muslim area of the Soviet Union
                    known for its strong tradition of extended families
                    and its very high birth rate. Central Asia has a
                    very low industrial level coupled with an unusually
                    high level of unemployment. The population there
                    tends not to travel outside the area in search of
                    work because of their inadequate Russian and
                    because of poor housing prospects. The tradition
                    of "clannishness" plays a considerable role in
                    their staying "at home" instead of looking for jobs
                    elsewhere.

6)   «закрепи́ть» в селе́ – the desire of authorities to prevent the
                    population moving from rural to urban areas.
      закрепи́ть/закрепля́ть – to fasten, to pin down.

7)   журна́л «Коммуни́ст» – a bimonthly magazine of the CPSU.

8)   «пережи́ток капитали́зма» – the notion that people tend to preserve
                    a variety of stereotypes from the
                    pre–revolutionary period. Soviet
                    ideology emphasizes that Soviet people
                    should strive to rid themselves of these
                    stereotypes.
      пережи́ток – remnant, vestige, holdover.

9)   крепостно́е пра́во – serfdom; *(here)* the condition where individuals
                    are bound to a certain place.

D. Look through the following words and expressions from the text.

1) меня́ть/поменя́ть ме́сто прожива́ния – to change domicile
2) подви́жность населе́ния – population mobility

3) продолжи́тельность жи́зни – life span
4) подавля́ющее большинство́ – overwhelming majority
5) пе́репись населе́ния – census
6) осво́енный райо́н – cultivated area, developed area
7) переселе́ние – migration
8) горожа́не – urban population, townspeople
9) приро́ст населе́ния – population growth
10) возводи́ть/возвести́ иску́сственнные прегра́ды – to build artificial barriers
11) тще́тные попы́тки – futile attempts
12) обходны́е пути́ – alternative, roundabout ways
13) приглаше́ние на осо́бых усло́виях – an invitation carrying favored status
14) ока́зывать/оказа́ть неблагоприя́тное возде́йствие на + acc. – to exert negative influence on ...
15) обора́чиваться/оберну́ться парадо́ксом – to become a paradox
16) соотноше́ние ме́жду + твор. – correlation between
17) держа́ться рука́ми и нога́ми за + вин. – to cling doggedly to something
18) служе́бная карье́ра – white-collar career, success
19) це́нные профессиона́льные зна́ния и на́выки – valuable professional expertise and skills
20) реша́ться/реши́ться на + вин. – to resolve to do something
21) нести́/понести́ поте́ри – to suffer losses
22) сокраще́ние аппара́та – layoff, reduction in force (RIF)
23) рабо́та по специа́льности – work in one's profession
24) стесне́ние мигра́ции – restriction of movement
25) неве́рные и непо́лные представле́ния о приро́де + род. – false and incomplete notions about the nature of ...
26) заде́ржка с + твор. – delay in
27) снима́ть/снять ограниче́ния на + вин. – to lift restrictions on
28) затрудня́ть/затрудни́ть иссле́дования – to complicate research
29) обнаро́довать (*perf. only*) – to make public, to promulgate
30) ста́лкиваться/столкну́ться с оши́бочными взгля́дами – to encounter erroneous views
31) агра́рное перенаселе́ние – rural overpopulation
32) скры́тая безрабо́тица – hidden unemployment
33) трудоспосо́бное населе́ние – able-bodied population
34) за́нят (а,о,ы) в сфе́ре обще́ственного произво́дства – occupied in the productive sphere, to be producing
35) несовмести́мый со свобо́дой перемеще́ния – incompatible with freedom of movement

PART II - READING TASKS

A. Read the questions below. Then, read the text and answer the questions in written form.

Questions:

1) What is the main idea of the article?

PARAGRAPH 1
2) Two factors determine that the average person moves from his/her place of residence six times. Name them.

3) Which population groups are mentioned in this paragraph?

PARAGRAPH 2
4) The three most common directions of migration are stated in this paragraph. What are they?

5) The natural growth of population is higher in ...
    (mark the correct answer):
    a) cities.
    b) the country.

PARAGRAPH 3, 4 and 5
6) Find an example of artificially regulated migration. What is the purpose of this restriction?

7) There are, however, ways to beat the system. Name four.

PARAGRAPH 6
8) How does the author account for a record number of divorces in big cities?

PARAGRAPH 7
9) Perevedentsev describes the situation created due to residency registration as paradoxical. Why?

10) Once a Soviet citizen gets into a *closed* city he ...
    (true or false for each item):
    a) goes to school to acquire a new profession.
    b) loses the opportunity for self-realization.
    c) never travels outside the city limits.
    d) fights tooth and nail to remain there.

11) Why does the economy suffer great damages as a result of this policy today more than ever?

PARAGRAPH 8

12) The author calls freedom of migration a fundamental democratic
    right. If this is the issue, why does he discuss at length the
    socio-economic aspects of the harm done by restricted migration?

PARAGRAPH 9

13) Erroneous or incomplete notions concerning migration ...
    (mark the correct answer):
    a) are the result of a delay in ceasing such practices.
    b) are inherent in the very nature of the system.
    c) result from the scarcity of publications on migration research.
    d) are the consequence of insufficient research on migration.

PARAGRAPH 10

14) The fact that migration statistics are still classified has two
    negative effects. Name them.

15) Explain the case of Central Asia as an illustration of one erroneous
    notion.

PARAGRAPH 11

16) Administrative regulation of human migration is a vestige of ...
    (mark the correct answer):
    a) capitalism.
    b) feudalism.

17) Free migration is part and parcel of ...
    (true or false for each item):
    a) economic growth.
    b) administration of a totalitarian state.
    c) social growth.
    d) democracy.

B. Stylistic analysis.

    1. Make a list of transition markers and explain the function of each.

    2. Single out different parts of the article and name them.

    3. Find uses of stylistic redundancy and explain the reasons for its
        use.

    4. Find uses of opposites in the text.

    5. Find uses of metaphors and explain them.

C. Write an outline of the story using a) quotations from the text
    and   b) your own questions.

D. Did you like the article? What position does the author take?
    Do you agree with this position?

E. Did you learn anything new for yourself in this article? Name the
    points which surprised you.

ПОЧЕМУ!

Прописка и демократия

Виктор ПЕРЕВЕДЕНЦЕВ

ЕЖЕГОДНО В СССР около двадцати миллионов человек меняют места проживания. При такой подвижности и нынешней продолжительности жизни средний человек переселяется за свою жизнь шесть раз. И если сто лет назад подавляющее большинство людей умирали там, где рождались, то теперь большинство рано или поздно покидают свою «малую родину». По последней переписи жило не там, где родилось, 47 процентов населения страны в целом и 57 процентов горожан в частности. Однако дети переселяются редко, поэтому среди взрослых эти цифры много выше.

Преимущественные направления переселений таковы: из деревни в город, из меньших городов — в большие, из освоенных районов в районы нового хозяйственного освоения. Современный облик страны не мог быть создан без многомиллионных переселений. Достаточно сказать, что всего шестьдесят лет назад горожане составляли 18 процентов населения СССР, а теперь — 67, хотя относительный естественный прирост населения в деревне много выше, чем в городе.

Свободная миграция населения в большинстве случаев глубоко позитивный социальный процесс, тесно связанный со всеми сторонами развития страны.

К сожалению, на пути миграции постоянно возводились и до сих пор возводятся искусственные преграды. Ею пытались и пытаются «управлять» административными методами, в частности, не пускать желающих в крупнейшие города. Делается это для того, чтобы сдержать их рост. Тщетные попытки!

Чтобы оказаться в желаемом городе, находится много обходных путей: фиктивные браки, взятки, блат, так называемый «лимит» (приглашение работников предприятиями, стройками и учреждениями на особых условиях) и т. д.

Обходные пути вселения в крупнейшие города оказывают на наше общество чрезвычайно неблагоприятное воздействие. Скажу только о фиктивных браках. В том, что во многих крупнейших городах число разводов за год превышает половину числа браков, заключенных в том же году, есть немалый вклад и фиктивных браков, заключенных ради прописки.

Более того, ситуация с пропиской вообще обернулась парадоксом: запреты прописки в крупнейших городах стали, по существу, запретами выписки — препятствием для выезда жителей этих городов в другие места. Исследователям миграции хорошо известно, что в тех городах, где запрещена прописка, совсем иные соотношения между числом прибывающих в города и числом выбывающих из них, чем в городах, где этих запретов нет. Это и понятно. Попав в «закрытый» город, человек всеми силами, как говорится, «руками и ногами» за него держится. А к чему это ведет? Человек теряет возможности самореализации в труде, служебной карьере, семейной жизни и т. д. В частности, в крупнейших городах проживают сотни тысяч агрономов, ветеринаров, зоотехников, мелиораторов и других специалистов, которые не могут здесь использовать свои профессиональные знания и навыки, чрезвычайно ценные в других местах. Уехать из большого города с невозможностью в него возвратиться — на это могут решиться немногие. Народное хозяйство несет громадные потери. Сейчас этот вопрос обостряется еще и тем, что происходит большое сокращение аппарата и многие квалифицированные люди не могут получить работу по своей специальности и уровню подготовки в родном городе.

Впрочем, полагаю, что свобода перемещения человека по территории страны, возможность переезда из любого в любое другое место должна быть независима даже от экономических и других последствий — **это элементарное демократическое право**. Приведенные же доводы о большом социально-экономическом вреде стеснения миграции — лишь дополнительные аргументы, показывающие бессмысленность и прямой вред административного регулирования миграции.

Думаю, что задержка с отменой экономически и социально неоправданных ограничений переселений связана и с неверными и неполными представлениями о природе миграции населения. А это следствие ограниченности в публикации результатов специальных исследований.

С 1975 года была прекращена публикация статистики миграций. Недавно многие ранее существовавшие ограничения на публикацию демографической статистики были сняты. Однако миграционная статистика по-прежнему остается закрытой. Дело не только в том, что это затрудняет исследования. Не менее важно и то, что добытые знания невозможно обнародовать. Поэтому в обществе, включая и те круги, в которых принимаются решения, существуют ошибочные взгляды по вопросам миграции. Так, к примеру, я много раз сталкивался в Средней Азии с мнением, что сельскую молодежь надо «закрепить» в селе, в сельском хозяйстве. И это там, где налицо громадное аграрное перенаселение, то есть скрытая безработица. Да и открытая — тоже. Только в Узбекистане, как сообщается в журнале «Коммунист», «из трудоспособного населения республики около миллиона человек не заняты в сфере общественного производства (без женщин, имеющих детей, и инвалидов)».

Административные стеснения свободы переселений — это чрезвычайно вредный пережиток. Причем не «пережиток капитализма», а пережиток более ранней, предшествовавшей капитализму эпохи — феодализма с его крепостным правом. С ним надо возможно быстрее и решительнее кончать. Свобода перемещений — фактор экономического роста и социального развития страны. Демократия и административные стеснения миграций несовместимы.

PART III – POST-READING TASKS

Vocabulary exercises

A. Explain the meaning of the following words using synonyms, antonyms and/or equivalent phrases.

крепостно́е пра́во; за́нят в сфе́ре обще́ственного произво́дства; агра́рное перенаселе́ние; скры́тая безрабо́тица; осво́енный райо́н; продолжи́тельность жи́зни; подви́жность населе́ния; пе́репись; приро́ст населе́ния, фикти́вный брак; пропи́ска; рабо́та по специа́льности.

B. Paraphrase the words and expressions in bold using appropriate words from the text. Make the necessary changes.

1) В сове́тском па́спорте регистри́руются таки́е переме́ны в состоя́нии сове́тского граждани́на, как брак, рожде́ние ребёнка, переме́на **ме́ста жи́тельства** и так да́лее.
2) В сре́дние века́ **городско́е населе́ние** занима́лось ремёслами внутри́ крепостны́х стен, окружа́ющих го́род.
3) **Ограниче́ние** мигра́ции в совреме́нном о́бществе явля́ется наруше́нием элемента́рного демократи́ческого пра́ва.
4) Результа́ты пе́реписи показа́ли, что попы́тки приравня́ть национа́льность к ра́се оказа́лись **напра́сными** и про́сто вре́дными.
5) **Неесте́ственные препя́тствия** в вы́боре национа́льности как бы формализу́ют национа́льные чу́вства и тем са́мым пита́ют ме́стный национали́зм.
6) Недоста́ток **высококвалифици́рованных** рабо́тников нано́сит огро́мный **уще́рб** наро́дному хозя́йству.
7) Пока́ фа́кты о наруше́ниях зако́на **не де́лаются достоя́нием обще́ственности**, не мо́жет быть и ре́чи о созда́нии у нас правово́го госуда́рства.
8) **Применя́я хи́трости и уло́вки**, лю́дям ра́но и́ли по́здно удаётся прописа́ться в жела́емом го́роде.
9) Пропи́ска в «закры́том» го́роде мо́жет оказа́ться **вре́дной** для самореализа́ции челове́ка в труде́, в семе́йной жи́зни и т.д.
10) Мне́ние, что я́дерное ору́жие явля́ется гара́нтией ми́ра, по кра́йней ме́ре на пе́рвый взгляд **противоре́чит здра́вому смы́слу**.
11) Отме́тка в сове́тском па́спорте о национа́льности **оказа́лась** пародо́ксом, когда́ сын эмигра́нта из Англии был запи́сан англича́нином.
12) **Встреча́лись** ли вы **с мне́нием**, что графа́ в па́спорте о национа́льности отража́ет национа́льные чу́вства граждани́на?
13) **Стара́ясь изо всех сил сохрани́ть** своё положе́ние в о́бществе, он был гото́в пойти́ на любы́е компроми́ссы со свое́й со́вестью.

14) Конфли́кт в Наго́рном Карабáхе произошёл из-за отсу́тствия у парти́йного руково́дства **понима́ния корне́й** стáрой национáльной ро́зни ме́жду армя́нами и азербайджáнцами.

15) В про́шлом ме́сяце в Москве́ **отмени́ли лими́т на** продáжу спиртны́х напи́тков.

16) **Отсро́чка** перехо́да к конверти́руемой валю́те то́лько ещё бо́лее осложни́т учáстие нáшей страны́ в междунаро́дном разделе́нии трудá.

17) В рáмках соверше́нно абсу́рдной сове́тской эконо́мики потреби́тель мо́жет хоть как-то жить то́лько при налѝчии **свя́зей**.

18) Объясне́ние присý́тствия мáфии в нáшей странé как **остáтка** капиталисти́ческого **про́шлого** явля́ется неле́пым и смешны́м.

19) Такáя разветвлённая и глуби́нная корру́пция **не мо́жет существовáть при** диктáторской систе́ме управле́ния.

C. Find the following phrases in the text:

1) **Рáно или по́здно** подавля́ющее большинство́ люде́й покидáют свою́ «мáлую ро́дину».
    Sooner or later the majority of people leave their "little homeland."

Write five to ten sentences following the pattern below on the basis of the article:

Рáно или по́здно	(что происхо́дит?)
	_____.
	_____.
	(что произойдёт?)
	_____.
	_____.

Try to use the following expressions:

осво́енный райо́н; скры́тая безрабо́тица; горожáне; соотноше́ние ме́жду ...; пережи́тки; Сре́дняя Азия; приро́ст населе́ния; задержка с ...; фикти́вные брáки; знáния и нáвыки; затрудня́ть; окáзывать возде́йствие; меня́ть; закрепля́ть.

2) 47% населе́ния страны́ **в це́лом** и 57% горожáн **в чáстности** переселя́ются.
    47% of the **entire** population and 57% of the urban population **in particular** change place of residence.

Write five to ten sentences following the pattern below on the basis of the article:

(кто, что)   **в це́лом и** (кто, что)   **в ча́стности** (что де́лает)

_____   _____   _____

_____   _____   _____

Try to use the following expressions:

> сре́дний челове́к; де́ти; заде́ржки с ...; трудоспосо́бное населе́ние; запре́т пропи́ски; число́ прибыва́ющих (выбыва́ющих); агроно́м; ветерина́р; стати́стика по ...; круги́, кото́рые принима́ют реше́ния; се́льская молодёжь; перенаселе́ние; же́нщины, име́ющие дете́й, и инвали́ды.

3) Э́тот вопро́с **обостря́ется тем, что** ...
    This problem **is aggravated by the fact that** ...

Write five to ten sentences following the pattern below on the basis of the article:

(что)   **обостря́ется**   (чем)
             обостри́тся

_____   _____

_____   _____

             обостря́ется тем, что (что происхо́дит?)
             обостри́тся тем, что (что произойдёт)

_____   _____

_____   _____

Try to use the following words:

> агра́рное перенаселе́ние; тще́тность попы́ток; неблагоприя́тное возде́йствие; грома́дные поте́ри; тру́дности иссле́дований; нали́чие прегра́д; заде́ржки с ...; пережи́тки; запре́т вы́писки; невозмо́жность самореализа́ции; наруше́ние элемента́рного демократи́ческого пра́ва; социа́льно-экономи́ческий вред; непо́лное представле́ние о ...; невозмо́жность обнаро́дования.

4) **То́лько в** Узбекиста́не, **как сообща́ется** в журна́ле «Коммуни́ст», о́коло миллио́на челове́к не за́няты в сфе́ре обще́ственного произво́дства.
    In Uzbekistan **alone, according to** the magazine "The Communist," about one million men are not employed in the productive sphere.

Write five to ten sentences following the pattern below on the basis of the article:

То́лько в   (где),   **как сообща́ется в**   (где),   (что происхо́дит?)

———————   ———————   ————————————
———————   ———————   ————————————

Try to use the following expressions:

> агра́рная ме́стность; осво́енные райо́ны; крупне́йшие города́; «закры́тый» го́род; наро́дное хозя́йство; круги́, в кото́рых принима́ют реше́ния; иссле́довательские институ́ты; Сре́дняя А́зия; сфе́ра обще́ственного произво́дства; се́льское хозя́йство.

D. Make a list of words from the text which can be used to discuss demographic issues.

Communicative exercises - for discourse management

A. Identify the source of the following statements, using the words below:

> **как пи́шет ...,**
> **по мне́нию ...,**
> **существу́ет мне́ние, что ...**

Model:

XX съезд был вои́стину потрясе́нием.
Как пи́шет ста́рший шестидеся́тник В. Ка́рдин, XX съезд был вои́стину потрясе́нием.

1) 47 проце́нтов населе́ния СССР в це́лом не живёт там, где родило́сь.
2) Сде́рживание ро́ста крупне́йших городо́в при использовании административных ме́тодов явля́ется тще́тной попы́ткой.
3) Публика́ция стати́стики мигра́ций была́ прекращена́ с 1975 го́да.
4) Се́льскую молодёжь на́до закрепля́ть в селе́.
5) Из трудоспосо́бного населе́ния респу́блики о́коло миллио́на неза́нято в сфе́ре обще́ственного произво́дства.

B. Express your agreement/disagreement with the following statements by arguing your point of view. Use some of the following:

> тру́дно не согласи́ться с ..., ведь ...
> я до́лжен не согласи́ться с ...
> де́ло в том, что ...

Model:

Хрущёв не восста́л про́тив кра́йностей вождя́.

Тру́дно не согласи́ться с тем, что Ники́та Хрущёв не восста́л про́тив кра́йностей Ста́лина. **Де́ло в том, что** моде́ль «вождь – наро́д» его́ устра́ивала тем, что исключа́ла ли́чное созна́ние.

1) При ны́нешней подви́жности населе́ния неизбе́жно, чтобы сре́дний челове́к переселя́лся не́сколько раз за свою́ жизнь.
2) Среди́ взро́слых ци́фры мигра́ции, есте́ственно, вы́ше, чем среди́ дете́й.
3) Свобо́дная мигра́ция населе́ния явля́ется глубоко́ позити́вным социа́льным проце́ссом.
4) Администрати́вное регули́рование бессмы́сленно и вре́дно в вопро́се переселе́ния.
5) Стесне́ние свобо́ды переселе́ний явля́ется вре́дным «пережи́тком капитали́зма».

C. Express your opinion concerning the following statements using the words below:

> мне ка́жется, что ...
> и́менно по э́той причи́не ...

Model:

Челове́ческая ли́чность не впи́сывалась в хрущёвскую схе́му.

Мне ка́жется, что челове́ческая ли́чность совсе́м не впи́сывалась в хрущёвскую схе́му. **И́менно по э́той причи́не** он то́пал на худо́жников и выкорчёвывал абстракциони́зм.

1) О́блик совреме́нной страны́ не мо́жет существова́ть без многомиллио́нных переселе́ний.
2) Говоря́т, что «ма́лая ро́дина» нам доро́же, чем «больша́я».
3) Ситуа́ция с пропи́ской оберну́лась парадо́ксом.
4) Наро́дное хозя́йство несёт огро́мные поте́ри в результа́те «управле́ния» мигра́цией.
5) Оши́бочные взгля́ды по вопро́сам мигра́ции явля́ются прямы́м результа́том закры́той демографи́ческой стати́стики.
6) Высо́кая моби́льность населе́ния -- при́знак здоро́вой эконо́мики.

D. Continue and develop the following statements using as many of the words below as possible:

> я хоте́л(а) бы доба́вить сле́дующее
> не то́лько ..., но и ...

Model:

1956 был го́дом XX съе́зда.

Я хоте́л(а) бы доба́вить сле́дующее. 1956 был го́дом **не то́лько** XX съе́зда, **но и** го́дом венге́рских собы́тий.

1) Не пуска́я жела́ющих в крупне́йшие города́, вла́сти пыта́ются сдержа́ть их рост.
2) Что́бы оказа́ться в жела́емом го́роде, заключа́ются фикти́вные бра́ки.
3) В «закры́тых» города́х существу́ют совсе́м ины́е соотноше́ния ме́жду число́м прибыва́ющих и число́м выбыва́ющих, чем в города́х, где запре́та на въезд нет.
4) Возмо́жность переселе́ния в любо́е друго́е ме́сто име́ет серьёзные экономи́ческие после́дствия.
5) В Сре́дней Азии налицо́ грома́дное агра́рное перенаселе́ние.
6) Демокра́тия и администрати́вное стесне́ние мигра́ции несовмести́мы.

E. Make an attempt to avoid discussion of the problem and shift to another subject by using some of the words below:

> мне ка́жется, что э́то не гла́вное
> есть и други́е ...
> наприме́р, ...

Model:

Все шестидеся́тники ви́дели мир глаза́ми отде́льного челове́ка.

Мне ка́жется, что то, как они ви́дели мир, не гла́вное. Есть и други́е, бо́лее ва́жные пробле́мы. Наприме́р, како́й мир они пе́ред собо́й ви́дели и хоте́ли переде́лать.

1) Обходны́е пути́ вселе́ния в крупне́йшие города́ ока́зывают на о́бщество чрезвыча́йно неблагоприя́тное возде́йствие.
2) Попа́в в «закры́тый» го́род, челове́к теря́ет возмо́жность самореализа́ции в труде́.
3) Заде́ржка с отме́ной ограниче́ний на свобо́дное переселе́ние свя́зана с неве́рными представле́ниями о приро́де мигра́ции населе́ния.
4) Администрати́вное стесне́ние свобо́ды переселе́ний -- э́то чрезвыча́йно вре́дный пережи́ток.

5)   Свобо́да перемеще́ний -- фа́ктор экономи́ческого ро́ста.

F. Suggest to a friend or a colleague to read or not to read this
article using the following words:

**я вам и́скренне сове́тую прочита́ть э́ту статью́, потому́ что ...
эту статью́ чита́ть не сто́ит, потому́ что ...**

Communicative exercises - for supported opinion

A. Answer the following questions:

1. Как велика́ моби́льность населе́ния в Сове́тском Сою́зе?
2. В како́м направле́нии развива́ется мигра́ция населе́ния в Сове́тском
     Сою́зе?
3. Почему́ вла́сти пыта́ются ограни́чивать пра́во свобо́дного перемеще́ния
     люде́й?
4. Наско́лько эффекти́вны официа́льные ограниче́ния на пра́во определе́ния
     ме́ста жи́тельства и каки́е спо́собы применя́ют сове́тские гра́ждане,
     что́бы обойти́ их?
5. Почему́ ограниче́ния на пропи́ску побужда́ют мно́гих люде́й избега́ть
     перее́зда в райо́ны, где их труд бо́лее ну́жен?
6. Пережи́тки како́го стро́я ста́вят ограниче́ния на пропи́ску?

B. Edit the following summary of the story:

    В совреме́нном о́бществе наблюда́ется ме́ньше............населе́ния,
чем сто лет наза́д. Подавля́ющее число́ люде́й умира́ет там, где роди́лось.
Преиму́щественные направле́ния переселе́ний из .... в .... и из осво́енных
райо́нов в ..... Этот проце́сс глубоко́ негати́вный. Он свя́зан с .....
    Свобо́да перемеще́ния челове́ка по террито́рии страны́ - это
элемента́рное .... , и стесне́ние её нано́сит огро́мные .... и ......
вред.
    В СССР на пути́ мигра́ции возводи́лись и возво́дятся иску́сственные
прегра́ды, одни́м из приме́ров чего́ явля́ется .... Чтобы ...., есть
ограни́ченное коли́чество обходны́х путе́й. ....., ..., ... и ...... -
прекра́сная иллюстра́ция того́, как лю́ди не в состоя́нии преодолева́ть э́ти
препя́тствия.
    Сейча́с э́тот вопро́с обостря́ется ещё и тем, что .... , и мно́гие
квалифици́рованные рабо́тники рабо́тают по специа́льности в родно́м го́роде.
    .... явля́ется сле́дствием ограни́ченности в публика́ции
результа́тов специа́льных иссле́дований. Но гла́вный ко́рень зла

заключа́ется в .... администрати́вными ме́тодами, что бо́льше
напомина́ет перио́д ра́ннего капитали́зма, чем ....

C.   Write your own summary.

D.   What title would you use for the story?

E.   Mark the issues which seem most important to you.

F.   Restate the main points of the article in the way in which you would
     have approached the subject matter. Try to use the words suggested in
     exercises above to a) quote sources;   b) express your agreement or
     disagreement with the author(s);   c) state your opinion and support
     it.

G.   Participate in a working session of a constitution oversight committee
     discussing whether or not the registration of residence is constitutional.
          Some members of the committee strongly support the position that
     such registration is incompatible with the very notion of democracy.
          Others agree with such a position but argue that the country can
     not afford to abolish it considering the economic situation. At least
     Moscow residents will be able to enjoy a somewhat better life. Another
     group warns of the dangerous consequences of overcrowding, citing the
     situation in Mexico City.

          Distribute the roles beforehand, think through each one's line of
     argument, and present it in a logical way to support your position.

H.   Be prepared to discuss the following themes:

     1.   Чем отлича́ется ситуа́ция с мигра́цией населе́ния в СССР от стран
          За́пада?
     2.   Как впи́сывается пропи́ска в о́бщую стру́ктуру администрати́вно-
          кома́ндной систе́мы в СССР?
     3.   Како́е влия́ние ока́зывает высо́кая моби́льность населе́ния на о́бщество?
     4.   Самореализа́ция и спосо́бность выбира́ть ме́сто прожива́ния.
     5.   Пра́во челове́ка на свобо́дное передвиже́ние: мигра́ция и эмигра́ция.

I.   Write a one-page composition on one of the above themes.

ГЛАВА ТРЕТЬЯ: СОЦИАЛЬНЫЕ ПРОБЛЕМЫ

Урок пять – Корни и дерево

Геннадий Хохряков

PART I – PRE-READING TASKS

A. Read the title of the story. Look at the picture after the story.
Which tree roots is the author talking about? What does it all have to
do with a pyramid? Does the text deal with agriculture, ancient Egypt
or money laundering in the US? Discuss your thoughts with other
students and write them down.

B. Skim through paragraphs 1, 2 and 3. Compare what you read with your
thoughts before reading these paragraphs.

C. Culturally specific words. Pay attention to the list below.

   A disintegration of the Soviet state brought about a near total
collapse of law and order structures. Organized crime became a
major threat to society. As the following article argues, this
phenomenon cannot be addressed without the elimination of those
vestiges of the authoritatian system which created a favorable context
for the virtual explosion of corrupt practicies.

   1) Сóчинско-краснодáрское дéло – a big corruption case with the
participation of top party and
government officials in the city
of Sochi.

   2) расслéдования в Узбекистáне и Казахстáне – cases of corruption in
the first echelon of power in the
Uzbek and Kazakh republics involving
sales of non-existent cotton.

   3) Министéрство внýтренних дел – Soviet Ministry of Internal
Affairs which handles law and order
matters not involving the secret
police.

4) научно-исследовательский институт - an institution which conducts research projects as opposed to an educational institution.

5) «МН» - the abbreviation for Московские новости.

6) административно-командная система - the system under which party and government apparatus run the country without having to strictly adhere to the law.

7) «теневая» экономика - underground economy which exists parallel to the state economy.

8) внеэкономическое принуждение - using non-economic pressure to force people to work.

9) складские запасы - goods stored in warehouses.

10) Госкомсельхозтехника СССР - The All-Union State Committee for Agricultural Technology.

11) производственная потребность - raw materials and equipment necessary for centrally planned production.

12) командно-нажимное администрирование = командно-административная система.

13) «хлопковые» дела - corruption cases involving the officials connected with the Uzbek cotton industry who reported the production of fictitious cotton.

15) «робингуды» - vigilantes who, like Robin Hood of English folklore, take the law into their own hands to help the down-trodden.

16) индивидуально-трудовая деятельность - engaging in private enterprise (professional and skilled labor, individual garden plots).

D. Look through the following words and expressions from the text.

1) применительно к нашей жизни - as applied to our life
2) организованная преступность - organized crime
3) неполно и однобоко - incomplete and one sided

4) прису́щий + дат. – inherent in
5) расточи́тельство *(neut.)* – extravagance
6) волоки́та – red tape
7) в обхо́д зако́на – to evade the law
8) плю́нуть на всё (и) ... – to say "to hell with it" and ...
9) рабо́тать на при́быль – to work for profit
10) поро́чный хара́ктер – faulty, defective character
11) ориенти́роваться в ха́осе – to find one's way through chaos
12) в подпо́лье – underground
13) порожда́ть/породи́ть двойну́ю мора́ль – to create a double moral
standard
14) клеймя́тся взя́точники и расхити́тели – bribe takers and embezzlers
are denounced
15) прибега́ть/прибе́гнуть к услу́гам дельцо́в – to resort to dealers
16) втри́дорога – (to pay or to charge) an arm and a leg
17) новоя́вленный – newly-fledged *(negative)*
18) сбыва́ть/сбыть драгоце́нности – to fence jewelry
19) признава́ться/призна́ться в соверше́нии кра́жи – to plead guilty
to theft
20) досажда́ть/досади́ть + дат. – to vex, to harass
21) потерпе́вший – victim
22) не заинтересо́ван(а,о,ы) в огла́ске – to be disinterested in going
public; to stay out of sight
23) находи́ть/найти́ о́бщий язы́к с + твор. – to find a common
language with
24) посре́днические опера́ции – go-between's dealings
25) дви́нуть де́ло – to move ahead, to make progress
26) своди́ть/свести́ к ми́нимуму – to reduce to the minimum
27) подстрахо́вка – safeguard, fallback, backup
28) «свой челове́к» в правоохрани́тельных о́рганах – "our guy"
inside the police
29) гру́ппа по обеспе́чению безопа́сности – security group, guards
30) быть на виду́ – to be in the public eye
31) стоя́ть «на стрёме» – to be on the lookout
32) неподсу́дная опера́ция – not a criminal act
33) забо́титься/позабо́титься о + пред. – to take care of
34) вводи́ть/ввести́ в нау́чный оборо́т но́вое поня́тие – to introduce a
new scientific concept
35) ко́декс че́сти – code of honor
36) уклоня́ться/уклони́ться от + род. – to avoid doing something;
to escape
37) све́дущие ли́ца – knowledgeable people; people in the know
38) исчисля́ться *(imperf. only)* + твор. – to amount to
39) приобрета́ть/приобрести́ ино́й хара́ктер – to assume a different
character (about things)

PART II – READING TASKS

A. Read the questions below. Then, read the text and answer the questions in written form.

Questions:

1) What is the main idea of the story?

2) Dr. Khokhriakov ... (mark the correct answer):
   a) presents the structure of organized crime as a pyramid.
   b) reviews a research report by a group of Soviet specialists on organized crime.
   c) comments on research by Western specialists on the mafia and racketeering.

Shortage Amidst Abundance

1) The comparison of Soviet organized crime with the mafia in the US ... (true or false for each item):
   a) is incomplete.
   b) is perfect.
   c) strikes at the heart of the matter.
   d) is one sided.

2) Explain your choice(s) for question 1.

3) Where are the roots of *the parallel economy*?

4) Why does the Soviet economy need an administrative system based on command?

5) The author calls the deficit created as a result of such a system peculiar. Explain this definition.

6) Each individual involved in the production process has to decide what to do with the accumulated goods. What are those decisions?

Underground Dealers

1) What is the function of the *tolkach*?

2) The underground market has created a double morality. What does it mean?

3) Compare the underground market of the 1960s with that of the 1970s. What is the difference?

4) The victims of crime became ... (mark the correct answer):
    a) law-abiding citizens.
    b) authorities.
    c) the criminals themselves.
    d) the entire society.

Go-Betweens and Bodyguards

1) Antagonistic redistribution did not last long because ...
    (mark the correct answer):
    a) there was nothing left to redistribute.
    b) criminals needed each other.
    c) it became too dangerous vis-a-vis the state.
    d) law-enforcing agencies interfered energetically.

2) Two distinctly different groups emerged. Make a list of functions for
    each one.

Elite

1) The group or the person who controls a complex network ...
    (mark the correct answer):
    a) should belong to the power elite.
    b) should not belong to the power elite.

2) Explain your answer to the previous question.

3) In their distribution of roles leaders of organized crime
    perform ... (mark the correct answer):
    a) the most risky operations.
    b) operations which are not punishable by law.

4) Explain your choice in question 3.

5) According to the author, the functions of elite groups resemble those
    of trade unions. What are the similarities.

6) This type of criminal community looks like an organization.
    List seven features that go with it.

7) In order to fight organized crime effectively it is necessary to
    eliminate ... (mark the correct answer):
    a) the entire criminal community.
    b) the killers.
    c) an administrative system based on command.
    d) the elites of organized crime.

B. Stylistic analysis.

1. Make a list of transition markers and explain the function of each.

2. Single out different parts of the article and name them.

3. Find uses of stylistic redundancy and explain the reason for its use.

4. Find uses of opposites in the text.

5. Find uses of metaphors and explain them.

C. Write an outline of the story in Russian using a) quotations from the text and b) your own questions.

D. Did you like the article? What position does the author take? Do you agree with this position?

E. Did you learn anything new for yourself in this article? List the points which surprised you.

ЧЕЛОВЕК И ОБЩЕСТВО

«Мафия», «рэкет», «отмытые деньги» — мы все чаще используем эти понятия применительно к нашей жизни. В печати приводились сенсационные факты, писалось о сочинско-краснодарском деле, продолжаются расследования в Узбекистане и Казахстане, идут судебные процессы. Но это то, что вышло на поверхность. Не менее важно попытаться проанализировать истоки и структуру организованной преступности у нас.

Сотрудники Научно-исследовательского института Министерства внутренних дел Евгений Галкин, Анатолий Волобуев, Валерий Пахомов, специализирующиеся на проблемах организованной преступности, представили эту структуру в виде пирамиды. Каков ее фундамент, что собой представляют ее этажи! «МН» попросили прокомментировать схему доктора юридических наук Геннадия ХОХРЯКОВА.

КОРНИ И ДЕРЕВО

— таковы отношения между административно-командной системой и организованной преступностью

ДЕФИЦИТ НА ФОНЕ ИЗБЫТКА

ПРИРОДУ организованной преступности справедливо ищут в «теневой» экономике. Как раз связь с подпольным бизнесом позволяет сравнивать ее с мафией. Но применительно к этому явлению в нашей стране сравнение с мафией неполно и однобоко. Корни отечественной организованной преступности в бюрократизации общества, в командно-административной системе с присущими ей методами управления, неизбежно порождающими «теневую» экономику.

Экономическую почву бюрократической системы создают те отношения в народном хозяйстве, которые требуют постоянного внеэкономического принуждения, а значит, нуждаются в командном администрировании. Логическим следствием такого хозяйствования стал дефицит, но очень своеобразный. Он сожительствует с расточительством, с огромным запасом различного сырья и материалов. По некоторым данным, складские запасы, например, бывшей Госкомсельхозтехники СССР в конце прошлой пятилетки на 20 процентов превышали норма-тивы. Государство ежегодно предоставляет предприятиям ресурсы свыше производственной потребности на сумму более полумиллиарда рублей.

Самостоятельно продать или обменять «залежи» было почти невозможно. Запланированная волокита с этим не замедлила сказаться: избыток начали реализовывать в обход закона. Каждый по-своему решал для себя дилемму: плюнуть на все, работать не на прибыль, а на порядок или... стать нарушителем.

ДЕЛЬЦЫ ПОДПОЛЬНОГО РЫНКА

СОЗДАВ горы ненужных в данное время и данном месте материалов, командно-нажимное администрирование сформировало армию людей, прекрасно ориентировавшихся в этом хаосе, как, например, так называемые «толкачи». Были подготовлены все условия для появления рынка. И он родился в конце 60-х, но в тайне, в подполье. Характер его изначально стал порочным.

Подпольный рынок творил зло, прикрываясь добром. Он породил

и двойную мораль: громогласно клеймились взяточники, спекулянты, расхитители, но к их услугам прибегали многие. Дельцы пусть втридорога, но удовлетворяли реальные потребности. Сотни людей, вовлеченных, скажем, в печально известные «хлопковые» дела, получая и давая взятки, воруя и будучи обворованными, помогали сохранению политики, которая, как отмечается в партийных документах, была уложена в привычные схемы, абсолютизировала сложившиеся на практике формы организации общества.

В 70-е годы подпольные дельцы перестали скрывать свои доходы. А почему бы и нет, если поводов быть довольными собой у них было никак не меньше, чем у тех же бюрократов, демонстрировавших фиктивные «успехи». Тогда же все чаще стали поступать сведения о преступлениях, совершенных по принципу «вор у вора дубинку украл». Где-то были задержаны преступники, пытавшиеся сбыть драгоценности. После задержания они признавались в совершении кражи, факт которой отрицал... потерпевший. Новоявленные «робингуды» не досаждали властям: они грабили тех, кто не заинтересован в огласке. Так к середине 70-х начал формироваться второй этаж пирамиды. Преступники и тут нашли общий язык с бюрократами.

ПОСРЕДНИЧЕСТВО И ОХРАНА

АНТАГОНИСТИЧЕСКОЕ перераспределение доходов длилось недолго. Стороны нуждались друг в друге и относительно быстро договорились. Часть преступников второго этажа превратилась в охранников, телохранителей. Другая участвовала в посреднических операциях, так как сами расхитители были привязаны к своему производству. Естественно, разделение функций в подпольном бизнесе энергичнее двинуло дело. Во втором слое выделилась группа по обеспечению преступлений. Она осуществляла внутренние связи между дельцами, а также связи с преступниками иного профиля: профессиональными ворами, распространителями наркотиков и т. п.

Чтобы свести к минимуму риск провала в том или ином звене, требовалась подстраховка — «свой человек» в органах власти и, конечно же, в правоохранительных органах. Выгоды и безопасности ради подпольным предпринимателям нужно было иметь в своей среде и крупных функционеров из бюрократической иерархии. Формы взаимодействия с ними могли быть различными, от прямого их соучастия в конкретных махинациях до косвенного прикрытия. Так внутреннее развитие организованной преступности логически привело к образованию так называемых групп по обеспечению безопасности.

ЭЛИТА

В ЭТОЙ сложной системе взаимосвязей нужен был человек или группа людей, которые соединяли бы многочисленные нити и постоянно держали их в руках. Вряд ли это мог делать человек, занятый в структурах власти. Он был слишком на виду. Думаю, небезосновательны утверждения наших специалистов по организованной преступности А. Гурова, Е. Галкина, А. Волобуева, что в преступном мире есть элитарные группы или единоличные лидеры, контролирующие деятельность крупных преступных организаций в различных регионах страны. Даже самые высокопоставленные чиновники — министр, мэр города, партийный функционер — не могли бы играть роль первой скрипки. Они стояли «на стреме», оберегая преступников от провала и, если нужно, вытаскивая их из милицейских подвалов.

Организованная преступность отличается тем, что в общем распределении ролей ее лидеры оставили за собой главным образом те операции, которые неподсудны. Они, например, договариваются с ответственным работником министерства, чтобы тот направил дефицитный товар не в город В, а в город Н. А там нужные люди позаботятся о распределении дефицита...

Специалисты предлагают наряду с понятием «организованная преступность» ввести в научный оборот еще одно: «преступное сообщество». Оно не только отделено от общества незримым барьером, но и имеет свою мораль, нормы поведения, кодекс чести. Его лидирующие группы напоминают по своим функциям деятельность профсоюзов: облегчают условия труда, заботятся об отдыхе, своеобразном страховании. Но уклоняются от непосредственного участия в преступных операциях.

Преступное сообщество имеет все признаки организации: иерархию, разделение функций, распределение сфер влияния, переплетенные внутренние связи, свой мозговой центр, общую кассу, которая, по данным сведущих лиц, исчисляется миллионами. И один из основных отличительных признаков организованной преступности — связь с органами официальной власти.

НЕДООЦЕНИВАТЬ возможности и опасность преступных сообществ не следует. Главное условие борьбы с ними — уничтожение фундамента пирамиды, тех специфических условий командно-административной системы и «теневой» экономики, в которых репродуцируется организованная преступность у нас. Но необходимы и специальные средства борьбы. При этом нужно учитывать, что организованная преступность так просто не исчезнет. Она способна переместиться в другие сферы (кооперативы, индивидуально-трудовая деятельность, профессиональная преступность и т. п.), приобрести чисто экономический характер. Но это уже тема другого разговора.

ПИРАМИДА ОРГАНИЗОВАННОЙ ПРЕСТУПНОСТИ

PART III - POST-READING TASKS

Vocabulary exercises

A. Explain the meaning of the following words using synonyms, antonyms and/or equivalent phrases.

работать на прибыль; сбывать драгоценности; исчисляться; приобретать иной характер; потерпевший; втридорога; новоявленный; группа по обеспечению; «свой человек»; подстраховка; стоять «на стрёме»; расточительство; досаждать.

B. Paraphrase words and expressions in bold using appropriate words from the text.   Make the necessary changes.

1) Как действует теневая экономика **по отношению к** правоохранительным органам?

2) Любой хозяйственник, заинтересованный в пользе дела, не может **избежать** взяток.

3) **Знающие люди** утверждают, что на сегодняшний день тысячи людей невольно втянуты в коррупцию.

4) Слово «толкач» **вошло в употребление** в конце 60-х годов.

5) При административно-командной системе управления **моральные оценки** в обществе смещаются.

6) Назвать сегодняшние уголовные дела патологическим всплеском было бы **недостаточным**: они являются синдромом нашей политической и экономической системы.

7) Институт внутренних паспортов **характерен для** системы тотального полицейского надзора над всеми сферами жизни каждого человека.

8) **Сурово осуждая** Сталина и его окружение, не следует забывать, что прогнившая система начала разваливаться в период беспомощного руководства типа Брёжнева.

9) Привыкнув к постоянному **беспорядку**, дельцы научились **хорошо функционировать** в нём.

10) Производя товары **в тайне от властей**, теневая экономика позволяет потребителю отоварить честно заработанный рубль.

11) Количество субъектов, **уклоняющихся от соблюдения** закона, увеличивается в геометрической прогрессии.

12) Преступники второго этажа пирамиды и бюрократы **хорошо понимают друг друга.**

13) Чиновники, **занимающие видное общественное положение**, не могут играть первую скрипку в системе организованной преступности.

14) Назовите пример незаконной деятельности, **не подлежащей судебному наказанию.**

15) Чтобы **сдвинуться с мёртвой точки**, нужно интегрировать многие направления теневой экономики.

16) При нормáльных ры́ночных отношéниях сфéра дéятельности мáфии **доведенá до ми́нимума**.

17) Почемý, éсли товáр нýжен потребúтелю, нáдо **обращáться к пóмощи** подпóльных производúтелей?

18) **Затя́гивание решéния любóго вопрóса, осложнéние выполнéния дéла изли́шними формáльностями** присýще кáждой бюрократúческой систéме.

C. Find the following phrases in the text:

1)   Заплани́рованная волоки́та **не замéдлила сказáться**.
      Pre-planned red tape **did not take long to have an effect**.

Write five to ten sentences following the pattern below on the basis of the article:

    (что)   **не замéдлил(а,о,и) сказáться**.
    _____
    _____

Try to use the following expressions:

    вéдомственная волоки́та; порóчный харáктер систéмы;
    скандáльная оглáска; отсýтствие подстрахóвки; уклонéние от
    обя́занностей; расточи́тельство верхýшки; взя́тки; дефици́т на фóне
    избы́тка; двойнáя морáль.

2)   Всё чáще **стáли поступáть свéдения о** преступлéниях нóвого ти́па.
      Reports about new types of crime **began to appear** more and more
      frequently.

Write five to ten sentences following the pattern below on the basis of the text:

    Всё чáще   **поступáют свéдения**   (о чём)
    К нам   _____
    В редáкцию   _____

Try to use the following expressions:

    престýпные операции; перераспределéние дохóдов; своеобрáзное
    страховáние; учáстие в престýпных операциях; подпóльный ры́нок;
    хáос в экономúке; нóвый харáктер; новоявленная элúта; вторóй этáж
    пирамúды; сенсациóнные фáкты; расслéдование.

3)   Организо́ванная престу́пность **так про́сто не исче́знет.**
      Organized crime **will not disappear by itself.**

Write five to ten sentences following the pattern below on the basis of
the text:

    (что)   **так про́сто не исче́знет.**
_____   _исче́знут_ (*plur*)
_____

Try to use the following expressions:

    престу́пное сообщество; новоя́вленные посре́дники; необходи́мость
    подстрахо́вки; подпо́льный ры́нок; милице́йские подва́лы;
    расточи́тельство госаппара́та; престу́пный хара́ктер; подпо́льные
    дельцы́; ха́ос в эконо́мике; волоки́та.

D. Make a list of words from the text which can be used to talk on the
    subject of organized crime.

Communicative exercises - for discourse management

A. Identify the source of the following statements using the words below:

    в печа́ти приводи́лись фа́кты о ...
    по мне́нию ...
    по не́которым да́нным ...

  Model:

Се́льскую молодёжь на́до закрепля́ть в селе́.

По мне́нию ме́стных власте́й, се́льскую молодёжь ну́жно закрепля́ть в селе́.

1) Продолжа́ются рассле́дования в Краснода́ре.
2) Организо́ванную престу́пность мо́жно предста́вить в ви́де пирами́ды.
3) Складски́е запа́сы Госкомхозте́хники в про́шлой пятиле́тке превыша́ли
    на 20 проце́нтов нормати́вы.
4) «Свой челове́к» в о́рганах вла́сти сво́дит к ми́нимуму риск прова́ла
    в опера́циях престу́пных группиро́вок.
5) В престу́пном ми́ре есть элита́рные гру́ппы, контроли́рующие
    де́ятельность кру́пных престу́пных организа́ций.

B. Express your agreement/disagreement with the following statements by
arguing your point of view. Use some of the following:

> Я до́лжен (должна́) согласи́ться с тем, что ... , потому́ что ...
> мне тру́дно (не) согласи́ться с тем, что ... , из-за того́ что ...
> ведь ... , и́менно поэ́тому ...

Model:

Администрати́вное регули́рование бессмы́сленно и вре́дно в вопро́се
переселе́ния.

Мне тру́дно не согласи́ться с таки́м очеви́дным фа́ктом. **Ведь** в стране́,
в кото́рой отсу́тствует тради́ция зако́нности, обы́чно существу́ет
презре́ние к зако́ну. **И́менно поэ́тому** лю́ди всегда́ нахо́дят спо́собы, что́бы
обойти́ зако́н.

1) Исто́ки и структу́ра организо́ванной престу́пности везде́ одина́ковы.
2) Ра́но или по́здно все преступле́ния выхо́дят на пове́рхность.
3) Хара́ктер чёрного ры́нка стал поро́чным с моме́нта его́ появле́ния.
4) Подпо́льные дельцы́ бы́ли в пра́ве горди́ться собо́й не ме́ньше, чем
    бюрокра́ты, демонстри́рующие фикти́вные «успе́хи».
5) Парти́йные функционе́ры оберега́ли престу́пников от прова́ла.

C. Express your opinion concerning the following statements using some of
the words below:

> мне ка́жется, что ...
> де́ло в том, что ...
> тем са́мым ...

Model:

«Ма́лая» ро́дина нам доро́же, чем «больша́я».
 Мне ка́жется, что сре́днему челове́ку «ма́лая» ро́дина про́сто бли́же
«большо́й». **Де́ло в том, что** «ма́лая» ро́дина поня́тнее, чем кака́я-то
абстра́ктная ро́дина, кото́рая непоня́тно, где начина́ется и где конча́ется.

1) Кома́ндно-администрати́вная систе́ма неизбе́жно порожда́ет «теневу́ю»
    эконо́мику.
2) Преступле́ния тако́го ти́па соверша́ются по при́нципу «вор у во́ра
    дуби́нку укра́л».
3) Перераспределе́ние фу́нкций в подпо́льном би́знесе дви́нуло де́ло.
4) Иногда́ тре́бовалось прямо́е соуча́стие кру́пных функционе́ров
    в махина́циях подпо́льных предпринима́телей.
5) Те́рмин «престу́пное соо́бщество» отлича́ется от поня́тия
    «организо́ванная престу́пность».

D. Continue and develop the following statements using as many of the words below as possible:

> я хоте́л(а) бы доба́вить сле́дующее
> де́ло не то́лько в ... , но и в ...
> точне́е

Model:

Челове́к теря́ет возмо́жность самореализа́ции в труде́.

Я хоте́ла бы доба́вить сле́дующее. **Де́ло не то́лько в том, что** челове́к не занима́ется де́лом, кото́рое его захва́тывает. **Ча́сто** он вы́нужнен жить вдали́ от тех, кого́ он лю́бит.

1) Дефици́т стал логи́ческим сле́дствием хозя́йствования при кома́ндном администри́ровании.
2) Подпо́льный ры́нок твори́л зло, прикрыва́ясь добро́м.
3) Престу́пники гра́били тех, кто не был заинтересо́ван в огла́ске.
4) В о́бщем распределе́нии роле́й ли́деры оставля́ли за собо́й те опера́ции, кото́рые неподсу́дны.
5) «Престу́пное соо́бщество» име́ет все при́знаки организа́ции.
6) Организо́ванная престу́пность так про́сто не исче́знет.

E. Make an attempt to avoid the discussion of the problem and shift to another subject by using the following words:

> э́то, коне́чно, так, но ...
> есть и други́е ...
> а как насчёт ... ?
> де́ло не то́лько в том, что ...

Model:

Наро́дное хозя́йство несёт огро́мные поте́ри в результа́те стесне́ния свобо́ды переселе́ния.

Это, коне́чно, так, но речь не должна́ идти́ то́лько об экономи́ческих поте́рях. **А как насчёт** сло́манных су́деб, разби́тых наде́жд или про́сто поте́рянного жи́зненного вре́мени?

1) Ка́ждый челове́к до́лжен был для себя́ реши́ть: рабо́тать на поря́док и́ли на при́быль?
2) Существова́ние подпо́льного ры́нка породи́ло двойну́ю мора́ль.
3) Престу́пники нашли́ о́бщий язы́к с бюрокра́тами.
4) Высокопоста́вленные чино́вники не могли́ бы игра́ть роль пе́рвой скри́пки в престу́пных опера́циях.

5) «Престу́пное соо́бщество» име́ет свой ко́декс че́сти.
6) Организо́ванная престу́пность перемести́тся в други́е сфе́ры и приобретёт друго́й хара́ктер.

F. Suggest to a friend or a colleague to read or not to read this article by using the following words:

> вам непреме́нно ну́жно прочита́ть э́ту статью́, потому́ что ...
> не сто́ит тра́тить вре́мени на э́ту статью́, потому́ что ...

Communicative exercises - for supported opinion

A. Answer the following questions:

1. В чём ко́рни сове́тской организо́ванной престу́пности?
2. Почему́ сове́тская эконо́мика не могла́ функциони́ровать без наруше́ний зако́на?
3. Охарактеризу́йте ка́ждый эта́ж пирами́ды организо́ванной престу́пности.
4. Когда́ и при каки́х обстоя́тельствах подпо́льные дельцы́ са́ми ста́ли регуля́рными же́ртвами престу́пников?
5. Что тако́е гру́ппы по обеспе́чению престу́пности в соста́ве сове́тской ма́фии?
6. Каку́ю роль игра́ли высокопоста́вленные бюрокра́ты в систе́ме организо́ванной престу́пности?
7. Что име́ют в виду́ сове́тские специали́сты, говоря́ о возникнове́нии це́лого престу́пного соо́бщества?
8. Как отража́ются экономи́ческие рефо́рмы Горбачёва на ма́фии?

B. Edit the following summary of the story:

Организо́ванная престу́пность в СССР свя́зана с подпо́льным би́знесом, и поэ́тому ко́рни её на́до иска́ть в систе́ме, порождённой ..... Именно она́ создала́ ..... и а́рмию дельцо́в, кото́рые на́чали реализо́вывать дефици́тные това́ры, не становя́сь при э́том правонаруши́телями.

В середи́не 80-х годо́в дельцы́ подпо́льного ры́нка раздели́лись на гру́ппу исполни́телей, кото́рая ....., гру́ппу обеспе́чения, занима́вшуюся ..... и гру́ппу безопа́сности, зада́чей кото́рой явля́лось .....

По мне́нию специали́стов, в престу́пном ми́ре пе́рвую скри́пку игра́ют элита́рные гру́ппы, состоя́щие из высокопоста́вленных чино́вников. Они́ оставля́ют за собо́й, гла́вным о́бразом, неподсу́дные опера́ции и напомина́ют по фу́нкциям де́ятельность ..... Эти гру́ппы, наприме́р, ...

Гла́вным усло́вием борьбы́ с организо́ванной престу́пностью в СССР явля́ется созда́ние правово́го госуда́рства. То́лько зако́н и уваже́ние к нему́ со стороны́ населе́ния смо́гут реши́ть э́ту пробле́му.

C. Make up your own summary.

D. What title would you use for the story?

E. Make a short list of issues which appear most important to you.

F. Restate the main points of the article in the way in which you would have approached this subject matter. Make use of words suggested above to a) quote sources; b) express agreement/disagreement with the authors; c) state your opinion and support it.

G. The Supreme Soviet Committee on Crime drafted a five-item bill on how to fight the mafia. You are the first person to write the draft and then to present it in front of the Committee on Crime. Among the participants are a high-ranking official at the Ministry of the Interior, his two assistants directly involved in the preparation of the bill and three deputies of the Supreme Soviet who sit on the Committee on Crime.

   Distribute the roles beforehand, think through your line of argument, and be prepared to defend your position.

H. Be prepared to discuss one of the following themes:

   1.   Сравни́те исто́ки, организа́цию и ме́тоды сове́тской и америка́нской ма́фии.
   2.   Что потре́буется, что́бы уничто́жить ма́фию в СССР, принима́я во внима́ние и америка́нский о́пыт, и сове́тскую специ́фику?

L. Write a one-page composition on one of the above themes.

ГЛАВА ТРЕТЬЯ: МЕДИЦИНСКОЕ ОБСЛУЖИВАНИЕ И ЭКОЛОГИЯ

Урок шесть – Лечить больного или беречь здорового?

PART I – PRE-READING TASKS

A. This article is from "Argumenti i Facti", an extremely popular Soviet
weekly which has won high acclaim throughout the country for its incisive
straightforward reporting.   This article contains a statement followed by
questions from the newspaper's readers and answers to each of these
questions given by T. Ivanova and N. Glovatskaya, two senior research
fellows from the Institute of Economy of the USSR's Academy of Sciences.
Read the title of the story.   What issues are being discussed? here?
Exchange your thoughts with other students and write them down.

B. Skim through paragraphs 2, 3 and 4 and compare what you read with your
predictions.

C. Culturally specific words and terms.   Pay special attention to the list
below.

What is the connection between health care and the environment in which
we live?   This article outlines the relationship between the two.

1) ВЦНИИ (Всесоюзный центра́льный нау́чно-иссле́довательский институ́т) –
    a research institution in any field designated
    by the government to provide leadership in that
    particular field.

2) 1 т уло́вленных и обезвре́женных веще́ств – 1 metric ton of trapped and
    decontaminated substances.

3) 1 м^3 сто́чных вод – 1 cubic meter of sewage.

4) ВНП (валово́й национа́льный проду́кт) – GNP (Gross National Product).

5) Систе́ма здравоохране́ния и социа́льного обеспе́чения – the system of
    health and welfare.   The Soviet system of health and
    welfare institutions includes national highly
    centralized control of hospitals, clinics and all
    social services, as well as medical research.

D. Look through the following words and expressions from the text.

1) частота появления врождённых наследственных дефектов у детей –
the rate of birth defects in children
2) детская смертность – infant mortality
3) заболевание раком – (being ill with) cancer
4) продолжительность жизни – life-expectancy
5) ухудшение здоровья людей – decline in people's health
6) защита от возможных заболеваний – disease prevention
7) состояние здравоохранения и природной среды – the state of health care
and the environment
8) комфортность жилья и рабочего места – comfort of living conditions
and places of work
9) качество продуктов питания – quality of food
10) уровень социального обеспечения – level of social services
11) отходы производства: пыль, газовые выбросы, остаточное тепло,
давление, загрязнённые сточные воды, свалки – industrial waste: dust,
gas emission, residual heat, pressure, contaminated effluent, dumps
12) охрана труда – occupational safety
13) затраты на экологическую защиту – environmental protection
expenditures
14) компенсация ущерба здоровью – workmen's compensation
15) воздушный и водный бассейны – air and water resources
16) уловленные и обезвреженные вещества – trapped and decontaminated
substances
17) диапазон колебания – range of fluctuation
18) оценивать/оценить ликвидацию последствий загрязнения окружающей среды –
to assess environmental damage
19) вредные производства – toxic industries
20) испытывать двойную экологическую нагрузку – to experience a double
ecological burden
21) мизерные ассигнования – low appropriations
22) экологически уязвимый – ecologically vulnerable
23) непропорциональность степени очистки и затрат на неё –
low cost-effectiveness of waste treatment
24) природоохранная техника – environmental protection technology
25) соблюдение норм чистоты среды – observance of environmental standards
26) накопление токсических веществ – accumulation of toxic materials
27) внедрение новшеств – innovation of technologies
28) заботиться/позаботиться о людях – to take care of people
29) сфера быта и досуга – rest and recreation
30) сталкиваться/столкнуться с лечением неизлечимых болезней – to deal
with the treatment of incurable diseases
31) при относительно низких удельных расходах – with disproportionally
low funding
32) нормативы загрязнения воздуха и воды – air and water pollution
standards

33) направле́ния нау́чно-техни́ческого прогре́сса – trends in technological
progress
34) заинтересо́ванность в предупрежде́нии уще́рба – emphasis on damage
prevention
35) возмеща́ть/возмести́ть уще́рб из свое́й при́были – to compensate for
damage out of one's profits

PART II – READING TASKS

A. Read the questions below. Then, read the text and answer the questions in
written form.

Questions:

1) What is the article about?

PARAGRAPH 1, 2
2) These paragraphs contain five statistical items. What does each item
refer to?

3) The questions of the newspaper's readers concern ...
(true or false for each item):
a) the research efforts undertaken by the Soviet medical community to
cure some fatal illnesses.
b) the reasons for general health deterioration.
c) the costs of preventive measures against possible illnesses.
d) a life-span in the USSR compared to that in developed countries.

PARAGRAPH 3, 4
4) According to the article, human productive activity is determined by three
factors. Name them.

5) The state of health of both an individual and the entire society depends
on a number of factors. What are some of them?

6) What should be the guiding principle in all spheres of production?

7) Ecological imbalance brings about an increase in diseases. What
leads to such an imbalance?

8) What percentage of illnesses is caused by the deterioration of the
environment and by poor workplace conditions?

QUESTION/ANSWER 1

9) The statistics show the following correlation between environmental
    protection and workmen's compensation:
    (fill in the blanks)

_____	150–180 руб. в год.
_____	40 коп. в год.
_____	200–400 руб. в год.
_____	5 руб. в год.
_____	1,5–12 руб. в год.

10) What conclusion is made from this?

QUESTION/ANSWER 2

11) There are two reasons for the present Soviet ecological vulnerability.
     List them.

12) When environmental protection norms are observed, a safe environment
     is ... (mark the correct answer):
     a) guaranteed.
     b) not guaranteed.

13) What should be the standard indicator of a clean environment?

QUESTION/ANSWER 3

14) The Soviet government pays annually 30 billion roubles in workmen's
     compensation. Which two services are involved in this process?

15) How does this figure compare to that in the US?

16) According to the article, even much greater expenditures on health care
     will have insignificant results. Explain why.

QUESTION/ANSWER 4

17) Compare the expenses for environmental protection in Japan with that in
     the US from the mid–1970s to the early 1980s. Compare the results.

18) What would allow the Soviet government to reduce current workmen's
     compensation threefold?

19) What should be the guiding principles in the formulation of ecologically
     safe directions in technological progress?

B. Stylistic analysis.

    1. Make a list of transition markers and explain the function of each.

    2. Single out different parts of the article and name them.

    3. Find uses of stylistic redundancy and explain the reason for its use.

    4. Find uses of opposites in the text.

    5. Find uses of metaphors in the text and explain them.

C. Write an outline of the story in Russian using a) quotations from the text and   b) your own questions.

D. Did you like the article?   What position does the author take?   Did you agree with this position?

E. Did you learn anything new for yourself in this article?   List the points which surprised you.

«Аргументы и факты» № 15´90

Лечить больного или беречь здорового?

За четверть века в стране удвоилась частота появления врожденных наследственных дефектов у детей. Детская смертность в 2,5—5 раз превышает показатели развитых стран. Частота заболевания раком за период с 1930 по 1975 г. утроилась, а к 1987 г. возросла еще в 1,5 раза. Продолжительность жизни уменьшилась по сравнению с 1965 г. и составляет 69,5 года.

На вопросы наших читателей о причинах ухудшения здоровья людей и стоимости защиты их от возможных заболеваний отвечают старшие научные сотрудники Института экономики АН СССР, кандидаты экономических наук Т. ИВАНОВА и Н. ГЛОВАЦКАЯ.

ТРУДОВАЯ и творческая активность людей определяется не только общественными свободами и правовой защищенностью, но и качеством жизни. Основной его показатель — здоровье отдельного человека и всего общества, которое зависит от состояния здравоохранения и природной среды, комфортности жилья и рабочего места, организации отдыха, качества продуктов питания и уровня социального обеспечения. Во всех сферах хозяйственной деятельности должен действовать принцип: не может быть экономично то, что наносит ущерб человеку. Поэтому необходимо считать не только традиционный эффект, но и ущерб, причиняемый здоровью человека, природе, памятникам культуры и т. п.

Отходы производства — пыль, газовые выбросы, остаточное тепло, давление, загрязненные сточные воды, свалки нарушают экологическое равновесие и вызывают рост заболеваний. По данным ВЦНИИ охраны труда, сейчас уже около 20% заболеваний обусловлены ухудшающимися условиями окружающей среды и еще 20—38% связаны с условиями труда на рабочем месте.

«Как затраты на экологическую защиту соотносятся с компенсацией ущерба здоровью?
Е. Игнатюк,
Харьковская обл.».

Приведем такие факты:

● Затраты на экологическую защиту воздушного бассейна на 1 т уловленных и обезвреженных веществ составили в 1987 г. по народному хозяйству 5 руб. Диапазон колебания этого показателя в отдельных отраслях от 1,5 до 12 руб. Затраты на очистку 1 м³ сточных вод (до нормативного уровня) составляют 40 коп.

● Расходы на ликвидацию последствий загрязнения окружающей среды в расчете на 1 т вредных выбросов оцениваются в среднем в 150—180 руб. в год.

● Во вредных производствах, где человек испытывает двойную экологическую нагрузку, компенсационные расходы составляют порядка 200—400 руб. на 1 т вредных выбросов.

Компенсационные расходы, таким образом, многократно превышают затраты на охрану воздушного и водного бассейнов — это несмотря на мизерные ассигнования в социальной сфере.

«Почему же мы экологически уязвимы? Ведь очевидно, что выгоднее беречь здорового, чем лечить больного?!
Н. Сыч, Тула»

— Этому причина — отсутствие социальной ориентации и в законодательстве, и в хозяйственной деятельности. И второе — непропорциональность степени очистки и затрат на нее.

Например, сокращение выбросов на электрических станциях США в 1,6 раза потребовало увеличения более чем в 3 раза доли затрат на охрану природы. Качество современной природоохранной техники также не гарантирует необходимую очистку среды. Установлено, что даже при соблюдении норм чистоты среды в воздухе, воде и почве постоянно накапливаются токсические вещества, представляющие опасность для здоровья.

Эталоном чистоты окружающей среды должно стать отсутствие заболеваемости. Следует изменить экономический критерий хозяйственной деятельности: не минимум затрат, а минимум ущерба — вот что должно определять политику внедрения любых новшеств.

«Каковы были бы расходы нашего государства на восстановление здоровья трудящихся, если бы оно по-настоящему заботилось о людях?
Ф. Еремкина, Могилев».

— Сумма компенсаций, связанных с возмещением ущерба здоровью через систему здравоохранения и социального обеспечения, оценивается сейчас в 30 млрд. руб.

Однако здравоохранение в силу глубокой отсталости может только частично компенсировать человеку потерю здоровья. Чрезвычайно низки также выплаты по линии социального обеспечения.

В сложившейся непростой экологической ситуации, при тяжелых условиях труда, при низком качестве продуктов, неудовлетворительном состоянии всей сферы быта и досуга, более полная компенсация ущерба здоровью требует цивилизации здравоохранения и социального обеспечения.

● При ориентации, например, на уровень США необходимые компенсационные расходы оцениваются в 400—450 млрд. руб.

Однако эффективность таких затрат будет незначительна, так как здравоохранение столкнется с лечением зачастую неизлечимых болезней. Словом, любые вложения в социальную сферу приобретают высокую эффективность только при решении экологических проблем.

«Сколько средств необходимо на охрану среды при современной технологии?
О. Ерошова, Смоленская обл.».

● В середине 70-х — начале 80-х годов в Японии доля затрат на экологическую защиту составляла 3,0—5,5% объема ВНП против 0,8% в США. Это позволило при относительно низких удельных расходах здравоохранения (на 1 жителя в Японии расходуется в 3 раза меньше средств на здравоохранение, чем в США) увеличить продолжительность жизни до 78 лет против 75 лет в США, снизить детскую смертность в 2 раза.

Этот путь в наших условиях прогрессивнее, чем компенсационные расходы на восстановление здоровья. Затраты на возмещение ущерба здоровью могут быть снижены по сравнению с первым вариантом (400—450 млрд. руб.) в 3 раза даже при соблюдении ныне действующих нормативов загрязнения воздуха и воды.

Механизм жизнеобеспечения экологически безопасных направлений научно - технического прогресса должен быть построен на принципах:

— ответственности за причиняемый ущерб;

— соответствия, при нанесении ущерба, компенсационных мер и выплат затратам здравоохранения, социального обеспечения, личных расходов граждан;

— заинтересованности в предупреждении ущерба.

Определять меру ответственности всех звеньев хозяйственного механизма должна независимая экологическая экспертиза, а соответствующие предприятия возместят ущерб из своей прибыли. Только в этом случае они скорее перейдут на экологически чистые технологии.

PART III – POST-READING TASKS

Vocabulary exercises

A. Explain the meaning of the following words using synonyms, antonyms and/or equivalent phrases.

причиня́ть уще́рб; га́зовые вы́бросы; приро́дная среда́; затра́ты; боле́знь; токси́ческие вещества́; де́тская сме́ртность; уло́вленные и обезвре́женные вещества́; опа́сное произво́дство; сфе́ра бы́та и досу́га; неизлечи́мые боле́зни; предупрежде́ние уще́рба.

B. Paraphrase words and expressions in bold using appropriate words from the text. Make the necessary changes.

1) **Комфорта́бельное жили́ще и удо́бное рабо́чее помеще́ние** создаю́т у челове́ка тако́е состоя́ние, при кото́ром он свои́ми де́йствиями улучша́ет состоя́ние о́бщества.
2) Бе́дные стра́ны мо́гут **име́ть минима́льные затра́ты на охра́ну окружа́ющей среды́.**
3) Компа́нии, по вине́ кото́рых рабо́чие понесли́ **физи́ческий** уще́рб, должны́ **вы́платить компенса́цию** пострада́вшим **из своего́ карма́на.**
4) **Оста́тки** произво́дства спосо́бны вы́звать рост заболева́ний среди́ рабо́тающих на да́нном предприя́тии.
5) Каку́ю компенса́цию получа́ют ли́ца, **получа́ющие** двойну́ю экологи́ческую нагру́зку?
6) В настоя́щей ситуа́ции населе́ние Сове́тского Сою́за **не защищено́ от после́дствий** жизнедея́тельности в **загрязнённой среде́.**
7) Оте́чественное произво́дство **оборудования, предназна́ченного для поддержа́ния чистоты́ окружа́ющей среды́,** отстаёт от мировы́х станда́ртов.
8) В го́ды засто́я **техни́ческие нововведе́ния** так и остава́лись на бума́ге.

C. Find the following phrases in the text:

1) Трудова́я и тво́рческая **акти́вность определя́ются не то́лько** обще́ственными свобо́дами.
   Labor and creative **activity are determined not only** by social freedoms.

Write five to ten sentences following the pattern below on the basis of the article:
Трудова́я акти́вность определя́ется не то́лько   (чем)

_____

_____

Try to use some of the following expressions:

комфо́ртность жилья́; состоя́ние здоро́вья люде́й; у́ровень социа́льного обеспече́ния; экологи́ческая нагру́зка; ка́чество бы́та и досу́га; уде́льными расхо́дами на ... ; нау́чно-техни́ческий прогре́сс.

2) **Не мо́жет быть** экономи́чно **то, что нано́сит уще́рб** челове́ку.
   That which causes damage to man **cannot be** economical.

Write five to ten sentences following the pattern below:

Не мо́жет быть поле́зно **то, что нано́сит уще́рб**   (кому)
                ва́жно   _____
                ну́жно   _____

Try to use some of the following expressions:

здоро́вье дете́й; мора́льное состоя́ние населе́ния; сфе́ра бы́та и досу́га; нау́чные иссле́дования; усло́вия труда́; окружа́ющая среда́; ка́чество проду́ктов пита́ния; возду́шный и во́дный бассе́йны.

3) ...и ещё 20–38% **заболева́ний свя́зано с** усло́виями труда́ на рабо́чем ме́сте.
   ... and another 20–38% of **diseases depend on** labor conditions at one's work place.

Write five to ten sentences following the patterns below on the basis of the article:

Высо́кий проце́нт заболева́ний свя́зан   (с чем)

                                        _____
                                        _____

Try to use some of the following expressions:

неадеква́тная охра́на труда́; загрязнённые сто́чные во́ды; состоя́ние здравоохране́ния и социа́льного обеспе́чения; врождённые насле́дственные дефе́кты; накопле́ние токси́ческих веще́ств; вре́дные произво́дства.

D. Make a list of words from the text which can be used to describe the themes "environmental protection" and "medical care."

Communicative exercises - for discourse management

A. Make an opening statement with respect to the following phrases using:

для начáла давáйте определи́м, что такóе ...

Model:

Брéмя свобóды – óчень тóчное выражéние.

Для начáла давáйте определи́м, что такóе «свобóда». Это в свою́ óчередь позвóлит нам перейти́ к тому́, почему́ áвтор называет свобóду брéменем.

1) Удвóилась частотá появлéния врождённых наслéдственных дефéктов.
2) Отхóды произвóдства вызывáют рост заболевáний.
3) Населéние Совéтского Сою́за экологи́чески уязви́мо.
4) Нóвый крите́рий хозя́йственной де́ятельности дóлжен определя́ть поли́тику внедрéния любы́х нóвшеств.

B. Express your agreement/disagreement with the following statements by arguing your point of view using the words below:

я дóлжен (должнá) согласи́ться с тем, что ...
я не могу́ согласи́ться с тем, что ...
дéло в том, что ...

Model:

Прóтив чинóвников, тормозя́щих рефóрмы, ну́жно борóться.

Я должнá согласи́ться с тем, что ну́жно борóться прóтив чинóвников, котóрые тормозя́т рефóрмы. **Дéло в том, что** э́ти лю́ди ненави́дят демократи́ческие преобразовáния, происходя́щие в странé, и дéлают всё возмóжное, чтóбы им противостоя́ть.

1) Трудовáя и твóрческая акти́вность грáждан определя́ется обще́ственными свобóдами.
2) Гáзовые вы́бросы, свáлки и загрязнённые стóчные вóды нарушáют экологи́ческое равновéсие.
3) Вы́годнее берéчь здорóвого, чем лечи́ть больнóго.
4) Нáше госудáрство по-настоя́щему забóтится о лю́дях.
5) В совéтских услóвиях ориентáция на бóльшие затрáты на компенсáцию уще́рба прогресси́внее, чем бóльшие ассигновáния на экологи́ческую защи́ту.

C. Identify the source of the following statements using the words below:

по да́нным ... ,
в соотве́тствии с ... ,

Model:

Зако́н о свобо́дном въе́зде и вы́езде из страны́.

В соотве́тствии с но́вым зако́ном, сове́тские гра́ждане смо́гут беспрепя́тственно выезжа́ть из страны́ и при жела́нии возвраща́ться наза́д.

1) Де́тская сме́ртность в 2,5–5 раз превыша́ет показа́тели ра́звитых стран.
2) Продолжи́тельность жи́зни составля́ет 69,5 го́да.
3) Во вре́дных произво́дствах компенсацио́нные расхо́ды составля́ют приблизи́тельно 200–400 руб. на 1 т вре́дных вы́бросов.
4) В середи́не 70-х годо́в в Япо́нии до́ля затра́т на экологи́ческую защи́ту соста́вила 3,0–5,5% объёма ВНП про́тив 0,8% в США.

D. Express your opinion concerning the following statements using some of the words below:

я ли́чно счита́ю, что ...
ведь ...
с одно́й стороны́, ... , с друго́й стороны́, ...

Model:

Раскрепоще́ние ли́чности в СССР бу́дет происходи́ть в принуди́тельном поря́дке.

Я ли́чно счита́ю, что раскрепоще́ние ли́чности в СССР мо́жет происходи́ть то́лько в принуди́тельном поря́дке. **С одно́й стороны́,** э́тот проце́сс бу́дет происходи́ть внутри́ ка́ждой ли́чности. **Ведь** в э́той стране́ отсу́тствует тради́ция индивидуали́зма, и поэ́тому ли́чность ну́жно бу́дет просвеща́ть пре́жде, чем раскрепоща́ть. **С друго́й стороны,** сопротивле́ние ста́рой вла́сти бу́дет таки́м си́льным, что принужде́ние аппара́та ста́нет еди́нственным ору́дием борьбы́ за демокра́тию.

1) Основно́й показа́тель ка́чества жи́зни – здоро́вье отде́льного челове́ка и всего́ о́бщества.
2) Около пяти́десяти проце́нтов заболева́ний свя́заны с ухудша́ющимися усло́виями окружа́ющей среды́ и усло́виями труда́.
3) Ка́чество совреме́нной природоохра́нной те́хники не гаранти́рует необходи́мую очи́стку среды́.
4) Сове́тское здравоохране́ние мо́жет то́лько части́чно компенси́ровать челове́ку поте́рю здоро́вья.

5) Независимая экологическая экспертиза должна определять меру ответственности предприятий за нанесённый ущерб.

E. Make an attempt to avoid the discussion of the problem and shift to another subject by using the following:

в принципе это так, но нельзя забывать, что ...

Model:

Партии имеют право вырабатывать любые политические реформы.

В принципе это так, но нельзя забывать, что в СССР ещё не существует разделения государства и партии.

1) Не может быть экономично то, что наносит ущерб человеку.
2) Затраты на экологическую защиту соотносятся с компенсацией ущерба здоровью.
3) Эталоном чистоты окружающей среды должно стать отсутствие заболеваемости.
4) Значительное повышение расходов на компенсации сможет в какой-то степени улучшить создавшееся положение.
5) Соответствующие предприятия должны возмещать ущерб из своей прибыли.

F. Make a concluding statement using some of the following phrases:

из сказанного выше можно заключить, что ...

Model:

Из сказанного выше можно заключить, что свобода в демократическом государстве означает право делать всё, что не мешает такой же свободе других.

1) Вред, причиняемый здоровью человека, природе и историческим памятникам, наносит ущерб экономике в целом.
2) Компенсационные расходы многократно превышают затраты на охрану воздушного и водного бассейнов.
3) Следует изменить экономический критерий хозяйственной деятельности: не минимум затрат, а минимум ущерба.
4) Высокие затраты на компенсации окажутся неэффективными, так как здравоохранение столкнётся с лечением зачастую неизлечимых болезней.
5) Экологически безопасные направления научно-технического прогресса должны быть построены на принципе ответственности за причинённый ущерб.

G. Suggest to a friend or a colleague to read or not to read this article
using the following:

Обязáтельно прочитáйте э́ту статью́. Автор приво́дит удиви́тельные
фáкты относи́тельно ...
Эту статью́ читáть необязáтельно. Автор не приво́дит ни одного́
но́вого фáкта относи́тельно ...

Communicative exercises – for supported opinion

A. Answer the following questions:

1. Почему́ в Сове́тском Сою́зе увели́чилось число́ заболевáний, врождённых
дефéктов у детéй и сократи́лась продолжи́тельность жи́зни?
2. Как обсто́ит дéло с охрáной окружáющей среды́ в СССР?
3. Почему́ в Сове́тском Сою́зе дéлается упо́р на ликвидáцию послéдствий
загрязнéния окружáющей среды́, а не на экологи́ческую защи́ту?
4. Как измени́лось положéние с эколо́гией в го́ды перестро́йки?
5. Сопостáвьте сове́тскую экологи́ческую поли́тику с япо́нской и
америкáнской.

B. Edit the following summary of the article:

В статьé «лечи́ть больно́го и́ли берéчь здоро́вого» речь идёт о прямо́й
зави́симости состоя́ния здоро́вья людéй и ассигновáний на медици́нское
обслу́живание. Статáстика, приводи́мая в э́той статьé, удручáющая.
Напримéр, ... в 2,5–5 раз превышáет показáтели рáзвитых стрáн, а .....
составля́ет 69,5 го́да.
Трудовáя и тво́рческая дéятельность людéй определя́ется в большо́й
стéпени кáчеством их жи́зни. Здоро́вье отдéльного человéка и всего́
о́бщества зави́сит от .... Отхо́ды произво́дства: .... нарушáют
душéвное равновéсие и вызывáют рост заболевáний.
В Сове́тском Сою́зе расхо́ды на охрáну окружáющей среды́ многокрáтно
превышáют затрáты на компенсацио́нные расхо́ды, в отли́чии от Япо́нии, где
..... , что позво́лило увели́чить продолжи́тельность жи́зни до 78 лет.
Эталóном чистоты́ окружáющей среды́ должно́ стать отсу́тствие
заболевáемости. Это знáчит, что критéрием хозя́йственной дéятельности
до́лжен быть не ми́нимум затрáт, а ми́нимум ущéрба. Из э́того вытекáет, что
направлéния нау́чно-техни́ческого прогрéсса должны́ быть постро́ены на
при́нципах: ....

C. Make up your own summary.

D. What title would you use for the story?

E. Make a short list of issues that appear most important to you.

F. Restate the main points in the way in which you would have approached this subject matter. Make use of words suggested above to a) quote sources; b) express your agreement/disagreement with the author; c) state your own opinion and support it.

G. Conduct a round-table discussion on the subject of environmental protection and its connection with health care. Its participants represent different viewpoints as to what the Soviet policy vis-a-vis problems of environment should be. The following are some positions supported during the discussion.

One: Ecology should get absolute priority in the Soviet Union because it is a matter concerning the health of its people and the quality of life. The situation today is catastrophic, and there is no time to waste. New entreprises should be obligated to live up to stringent ecological standards even if it slows down overall economic growth and creates unemployment.

Two: Ecology is important but there is no money. Printing more banknotes that are unsupported by a supply of goods would further contribute to social tension and perhaps lead to civil war. We should limit ourselves to studies and voluntary compliance with already existing ecological standards.

Three: The real issue is the problem of energy. In order to satisfy our energy needs and to maintain a clean environment, the Soviet Union should continue to expand its use of nuclear power plants while seeking to reduce and bring to a minimum the burning of coal.

Distribute the roles beforehand, think through your line of argument, and present it in a logical manner supporting your opinion.

H. Be prepared to discuss one of the following themes:

1. Как получилось, что Советский Союз, всегда гордившийся своими достижениями в области здравоохранения, стал страной экологической катастрофы?
2. Объясните два различных подхода к экологии: «лечить больного и беречь здорового».

3.   «Экологи́ческий империали́зм» – империали́зм двадца́того ве́ка.
4.   Исто́чники эне́ргии и эколо́гия.

I.   Write a one-page composition on one of the above themes.

ГЛАВА ТРЕТЬЯ: ЦЕРКОВЬ И МИЛОСЕРДИЕ

Урок семь – Святейший Патриарх Московский и Всея Руси Алексий II беседует с корреспондетом «Правды»

PART I – PRE-READING TASKS

A. Read the title of the story. What might be the issues that the Patriarch of Russia would discuss with a *Pravda* correspondent? What role do we expect the church and religion to play in the life of individuals and society? What is your understanding of the status of religion and charity in the Soviet Union as it exists today? In what way has perestroika affected this status? Exchange your thoughts with other students and write them down.

B. Skim through paragraphs 3, 5 and 9 and compare what you read with your predictions.

C. Culturally specific words and terms. Pay special attention to the list below.

   Democratization of the Soviet society has, among other things, brought about the revival of the church and its influence on society. This article takes a close look at the new role of religion in the country.

   1) Святейший Патриарх Московский и Всея Русй – His Holiest Patriarch of
                                                    Moscow and of All Russia.

   2) пророк Михей – Prophet Micah.

      «Не стало милосéрдных на землé, нет правдúвых мéжду нúми; все стрóят кóвы, чтóбы проливáть крóвь, кáждый стáвит брáту своемý сеть» (Мих. 7-2) – The godly have been swept from the land;
                        Not one upright man remains. All men lie in wait to
                        shed blood; each hunts his brother with a net.
                        (Micah 7:2)

   3) Евáнгелие от Матвéя – the Gospel according to Matthew.

   4) упованúе на прóмысел бóжий *(arch)* – hope for Providence.

5) сестра́ милосе́рдия – nurse. This word was replaced by «медици́нская сестра́» after the communist revolution.

6) посла́ние Поме́стного собо́ра – epistle of the Local Church Council, the supreme ecclesiastic authority of a given church, i.e., the Russian Orthodox Church. The life of the Russian Church between councils is governed by the Holy Synod, a church authority which is made up of a number of hierarchs headed by the Patriarch.

7) ... создава́лись при хра́мах богаде́льни, дома́ трудолю́бия, сиро́тские прию́ты – church-run alms houses, job-training centers and orphanages which were sponsored by local churches.

8) вя́щий (arch) – bigger.

D. Look through the following words and expressions from the text.

1) име́ть в виду́ – to have in mind
2) станови́ться/стать нетерпи́мее в отноше́ниях ме́жду собо́й – to become more intolerant toward others
3) нищета́ одни́х и чванли́вая ро́скошь немно́гих – poverty for some and ostentatious luxury for the few
4) ожесточе́ние – bitterness
5) ссо́ры из-за пустяко́в – quarrels over trifles
6) опо́ра на бли́жнего – reliance on one's fellow man
7) преуспева́ть/преуспе́ть в благи́х начина́ниях (lit) – to succeed in good undertakings
8) сопережива́ть забо́там и го́рестям окружа́ющих – to empathize with the troubles and hardships of your fellow men
9) по́мощь сла́бому – aid to the weak
10) утра́чивать/утра́тить спосо́бность к милосе́рдию – to lose one's capacity for compassion and charity
11) мно́гие чу́вства атрофи́ровались – many feelings atrophied
12) прозяба́ть за черто́й бе́дности – to subsist just above the poverty line
13) медици́нская сестра́ – a nurse
14) прийти́ к свое́й профе́ссии по призва́нию – to have a calling for a profession
15) зако́н о свобо́де со́вести – law on freedom of conscience
16) наделя́ть/надели́ть це́рковь права́ми юриди́ческого лица́ – to give the church juridical standing
17) духо́вно-нра́вственное обновле́ние о́бщества – spiritual revival of society
18) де́ти, лишённые роди́тельской ла́ски – children deprived of parental care

19) питáть иллю́зии *(imperf. only)* – to entertain illusions
20) храни́тель(ница) непреходя́щих *(lit)* духо́вных це́нностей – guardian of eternal spiritual values
21) немотиви́рованная жесто́кость – unprovoked cruelty
22) развраща́ть/разврати́ть – to corrupt, to debase
23) до́ступ на телевизио́нный экра́н – access to TV
24) тру́пы уби́тых в пья́ных ссо́рах – corpses of people killed in drunken brawls
25) обезобра́женные тела́ – mutilated bodies
26) искушённый в софи́стике – experienced in sophistry (Jesuitical)
27) отодвига́ть/отодви́нуть на за́дний план – to put on the backburner, to pigeonhole
28) вызыва́ть/вы́звать всео́бщее порица́ние – to incite public scorn

PART II – READING TASKS

A. Read the questions below. Then, read the text and answer the questions in written form.

Questions:

1) Each question of the interview represents a theme. Name them.

    QUESTION/ANSWER 1
2) What is the message underlying the words of the Biblical Prophet Micah?

3) The words of the Prophet are in tune with ...
    (true or false for each item):
    a) Gospel.
    b) our time.
    c) Old Testament.
    d) the past, our time and the future.

4) According to Alexis II, current intolerance among the people is a result of different factors. List five.

5) The Patriarch believes that the success of perestroika starts with the individual. Find his explanation for this in the text.

6) Soviet society has lost its capacity for compassion and charity over the years. Compare the myth with which the Soviet people were brainwashed with reality.

7) What does Alexis II have to say about contemporary hospitals and their nurses?

8) How did the recent Local Church Council characterize the role of charity in a society which has lost its faith?

QUESTION/ANSWER 2

9) In what capacity does the Holiest Patriarch participate in the preparation of the draft of a new law on freedom of conscience?

10) The latest draft has met with serious criticism. What organizations expressed their criticism?

11) What should the new law do for the church, according to Alexis II?

12) The Patriarch believes that certain forms of church activity should be renewed. Which ones?

13) What has been done already to revive traditional church activities?

QUESTION/ANSWER 3

14) How urgent is the problem of bringing up the new generation?

15) According to Alexis II, the new generation falls victim to ...
    (true or false for each item):
    a) occasional cruelty of their parents.
    b) scenes of violence in modern films.
    c) pornography in visual media.
    d) having limited access to a high quality education.

16) The Patriarch feels that favorable conditions for personal degradation have been created. What are these conditions?

17) What does the interviewee expect statesmen to do?

B. Stylistic analysis.

    1. Make a list of transition markers and explain the function of each.

    2. Single out different parts of the article and name them.

    3. Find uses of stylistic redundancy and explain the reason for its use.

    4. Find uses of opposites in the text.

    5. Find uses of metaphors and explain them.

C. Write an outline of the story in Russian using a) quotations from the
    text and b) your own questions.

D. Did you like the article? What position does the author take? Do you
    agree with this position?

E. Did you learn anything new for yourself in this article? Name the
    points which surprised you.

Святейший Патриарх Московский и Всея Руси Алексий II беседует с корреспондентом «Правды»

Не наше ли время имел в виду пророк Михей, говоря: «Не стало милосердых на земле, нет правдивых между ними; все строят ковы, чтобы проливать кровь, каждый ставит брату своему сеть».

Возможно ли еще исцеление от поразившего всех нас недуга?

— Слова пророка созвучны Евангелию, где как о бедствии говорится об оскудении любви в людях. С удрученным сердцем вижу — люди становятся все нетерпимее в отношениях между собой, с обществом. Причин тому много. Экономическая неустроенность государства. Нищета одних и чванливая роскошь немногих, добытая чаще всего неправедными путями. Низкий уровень культуры и нравственности. Межнациональная рознь. Общая неуверенность в завтрашнем дне. К сожалению, не исчезает острота этих и других проблем сегодняшнего бытия. Они становятся острее и тревожнее. Не убывает и ожесточение в душах. Из-за пустяков возникают ссоры, на первого встречного обрушивается брань, изливается раздражение.

Как жить человеку в таком мире? Очень трудно и неуютно без упования на промысел божий, без моральной поддержки и опоры на ближнего. Если мы хотим преуспеть в благих начинаниях по перестройке и истинному обновлению общества в лучшую сторону, нужно прежде всего начинать с себя каждому. Научиться сопереживать заботам и горестям окружающих нас таких же людей. Не по принуждению или обязанности, а по внутреннему побуждению помогать «друг друга тяготы носить», как сказано в Евангелии от Матфея. В доброте, готовности к поддержке и посильной помощи слабому заключен источник самоуважения личности. И не надо бояться, что он может иссякнуть—источник сей вечен!

Как ни прискорбно это признавать, наше общество утратило способность к милосердию. Атрофировались многие присущие цивилизованным людям чувства. Десятилетиями внушался миф, будто нет в стране бедных и несчастных, а если и есть — о них заботится государство. Оказалось не так. Сегодня мы знаем, что миллионы граждан прозябают за чертой бедности. Сотни тысяч оставлены без призрения. Интернаты для престарелых и инвалидов ужасны.

Даже само понятие милосердия у нас оказалось забытым. В больницах давно не услышишь этого слова. Заменено иным по смыслу и сути термином: больным помогают медицинские сестры, а не сестры милосердия. Среди них — множество достойных тружениц, отзывчивых на чужую боль, но, согласитесь, преобладают пришедшие к своей профессии не по призванию.

Нам надо, очень надо возрождать традиции милосердия. В этом вижу задачу церкви, о чем сказано и в послании последнего Поместного собора: «В условиях общества, потерявшего веру, дела христианского милосердия обретают особое благовестническое значение». Мы намерены сами и зовем верующих с усердием трудиться на этом поприще.

— Сейчас многие возлагают надежды на сближение государства и церкви, на их сотрудничество или, по крайней мере на невмешательство государственных институтов в дела веры. Как народный депутат СССР и член Законодательной комиссии Верховного Совета вы участвуете в разработке нового Закона о свободе совести. Скоро ли он будет принят?

— Работа еще не завершена: медлительность здесь, конечно, нежелательна, но и поспешность может оказаться неуместной. Даже по последнему варианту проекта Поместный собор высказал ряд существенных замечаний, которые, надеюсь, будут учтены, как и пожелания других церквей и религиозных объединений. Закон должен наделить церковь не только правами юридического лица, но и открыть ей возможности для социальной деятельности, для участия в духовно-

нравственном обновлении общества к вящей для него пользе. Разве кому-нибудь от этого станет хуже?

Обратимся к российской истории. Традиционно создавались при храмах богадельни, дома трудолюбия и сиротские приюты, где лишенные родительской ласки дети получали воспитание, существовали воскресные школы. Пусть такие формы деятельности снова вернутся к церкви.

Мы не питаем иллюзий, будто все сразу изменится. Проблем возникнет немало: организационных, этических, материальных. Но не следует их бояться — верой, действием, прилежным трудом разрешаются любые сложные проблемы. Нельзя лишь пребывать в праздности и впустую растрачивать время — оно невозвратимо.

При многих храмах мы уже открыли воскресные школы. Не только дети, но и родители с интересом познают в них основы христианского вероучения и нравственности. Взоры людей все больше обращаются к священному писанию, к нашей матери-церкви. Она хранительница непреходящих духовных ценностей, которые пронесла через века.

— Вы затронули проблему воспитания молодого поколения. Насколько она актуальна — не приходится и говорить: растет среди молодежи преступность, все чаще отмечаются факты немотивированной жестокости, пренебрежения общепринятыми нормами поведения. Не окажутся ли тщетными усилия церкви, сможет ли она наставить молодое поколение на стезю добродетели?

— Нельзя никогда отчаиваться и впадать в неуверенность, приступая к богоугодному делу. Путь, естественно, окажется затруднен — не сама молодежь чаще всего виновата, как вижу, а больше те, кто ее развращает. Сцены жестокости и насилия, эротика, которую точнее следовало бы назвать порнографией, стали почти непременны в современных фильмах и видеозаписях, что демонстрируются в многочисленных салонах. Даже на телевизионный экран им, похоже, ничем доступ не ограничен. А телепередачи и малые дети смотрят.

В ленинградской программе «600 секунд» изо дня в день видим трупы убитых в пьяных ссорах людей, обезображенные тела, лужи крови, замученных животных.

С комментариями искушенных в софистике «специалистов» насаждаются в пластичном сознании отроков культ силы и вседозволенности, неуважение к личности и даже дарованной Господом нашим человеческой жизни. Отодвинута на задний план возвышающая душу классическая музыка — ее вытеснили зачастую низкопробные музыкальные поделки. Алкоголизм и наркомания стали распространенным явлением, тогда как еще недавно вызывали всеобщее порицание. Одним словом, для деградации личности условия созданы весьма благоприятные.

Не оставляю надежды, что государственные мужи от общих рассуждений тоже обратятся лицом к действительным нуждам молодежи, рука об руку с церковью придут возделывать ниву воспитания, прилежно оберегая ее от всякой потравы.

PART III – POST-READING TASKS

Vocabulary exercises

A. Explain the meaning of the following words using their synonyms, antonyms and/or equivalent phrases.

медици́нская сестра́; чванли́вая ро́скошь; ожесточе́ние; преуспе́ть в чём-то; милосе́рдие; чу́вства атрофи́ровались; немотиви́рованная жесто́кость; искушённый в софи́стике; свобо́да со́вести; отодви́нуть на за́дний план.

B. Paraphrase words and expressions in bold using appropriate words from the text. Make the necessary changes.

1) Ка́жется, что лю́ди разучи́лись **чу́вствовать как свои́** забо́ты и го́рести **люде́й вокру́г себя́.**
2) Де́ти, **расту́щие без любви́** и забо́ты **роди́телей,** мо́гут ожесточи́ться и потеря́ть спосо́бность к самоуваже́нию.
3) Что **подразумева́л** Проро́к Михе́й, когда писа́л: «Не ста́ло милосе́рдных на земле́»?
4) Культ си́лы и вседозво́ленности **приво́дит к мора́льному разложе́нию** всего́ о́бщества и, осо́бенно, молодёжи.
5) К сожале́нию, о́чень ча́сто мо́жно ви́деть люде́й, занима́ющихся профе́ссиями, **к кото́рым у них нет скло́нности.**
6) Неда́вние де́йствия поли́ции в Лос-Анжелосе вы́звали **порица́ние америка́нской обще́ственности.**
7) Не́которые **заблужда́ются,** ду́мая, что о́бщество, потеря́вшее ве́ру, мо́жет обнови́ться в лу́чшую сто́рону.
8) Це́рковь явля́ется храни́телем **ве́чных** духо́вных це́нностей, кото́рые она́ пронесла́ че́рез **столе́тия.**
9) Сове́тское о́бщество **потеря́ло** спосо́бность помога́ть престаре́лым и инвали́дам.
10) Экономи́ческая неустро́енность и неуве́ренность в за́втрашнем дне нере́дко де́лают челове́ка **непримири́мым к чужи́м мне́ниям.**

C. Find the following phrases in the text:

1) Слова́ проро́ка созву́чны Ева́нгелию, где **как о бе́дствии говори́тся** об оскудне́нии любви́ в лю́дях.
   The words of the Prophet echo the Gospel, which **speaks of** peoples' inability to love **as a disaster.**

Write five to ten sentences following the pattern below:

(где)   **как о бе́дствии говори́тся**   (о чём)

_____   _____

_____   _____

Try to use the following expressions:

Ева́нгелие; посла́ние Поме́стного собо́ра; прое́кт зако́на; кни́ги по исто́рии; свяще́нное писа́ние; телепереда́чи; немотиви́рованная жесто́кость; отсу́тствие роди́тельской ла́ски; нищета́ одни́х и ро́скошь други́х; межнациона́льная ро́знь; ни́зкий у́ровень нра́вственности; ожесточённость.

2) **Из-за** пустяко́в **возника́ют ссо́ры.**
   Quarrels arise for trifles.

Write five to ten sentences following the pattern below:

Из-за   (чего)   **возника́ют ссо́ры.**
                            конфли́кты.
_____   **во́йны.**
_____   **и т.д.**

Try to use the following expressions:

непримири́мость в отноше́ниях; необосно́ванные иллю́зии; пья́ные дра́ки; межнациона́льная ро́знь; перестро́йка; экономи́ческая неустро́енность; неуве́ренность в за́втрашнем дне; поспе́шность в разреше́нии конфли́кта.

3) **Мы не пита́ем иллю́зий, бу́дто** всё сра́зу изме́нится.
   We hold no illusions that everything will change overnight.

Write five to ten sentences following the pattern below:

Мы не пита́ем иллю́зий, бу́дто   + *clause*

                            _____

                            _____

Try to use the following expressions:

преуспе́ть в перестро́йке; жить без опо́ры на бли́жнего; сопережива́ть забо́там; утра́тить спосо́бность к ... ; прозяба́ть за чертой бе́дности; прийти́ к свое́й профе́ссии не по призва́нию; но́вый Зако́н о свобо́де со́вести; неуме́стная поспе́шность; уча́стие в духо́вно-нра́вственном обновле́нии о́бщества.

D.   Make a list of words from the text which can be used to describe the theme "spiritual values in society."

Communicative exercises - for discourse management

A.   Make an opening statement with respect to the following phrases using:

для нача́ла ну́жно определи́ть, что тако́е ...

Model:

Отхо́ды произво́дства вызыва́ют рост заболева́ний.

Для нача́ла ну́жно определи́ть, что включа́ют в себя́ отхо́ды произво́дства и как они́ в свою́ о́чередь мо́гут влия́ть на здоро́вье челове́ка.

1)   Без исцеле́ния всего́ о́бщества от порази́вшего его́ неду́га невозмо́жно разреши́ть пробле́мы, стоя́щие пе́ред сове́тскими людьми́.
2)   В доброте́ и по́мощи сла́бому заключён исто́чник самоуваже́ния ли́чности.
3)   Да́же само́ поня́тие милосе́рдия оказа́лось забы́тым.
4)   Традицио́нно при це́ркви существова́ли богаде́льни, сиро́тские прию́ты и воскре́сные шко́лы.
5)   В созна́нии молодёжи насажда́ются культ си́лы и вседозво́ленности.

B.   Identify the source of the following statements using the words below:

как пи́шется в ... ,
по мне́нию ... ,

Model:

Продолжи́тельность жи́зни составля́ет 69,5 го́да.

По мне́нию специали́стов, продолжи́тельность жи́зни в СССР состовля́ет то́лько 69,5 го́да.

1)   Не ста́ло милосе́рдных на земле́.
2)   Проро́к Михе́й име́л, наве́рно, в виду́ на́ше вре́мя, когда́ писа́л: « ... ка́ждый ста́вит бра́ту своему́ сеть».
3)   Ну́жно помога́ть «друг дру́га тя́готы носи́ть».

4) Искушённые в софистике «специалисты» насаждают в сознании молодёжи неуважение к личности.

C. Express your agreement/disagreement with the following statements by arguing your point of view using the words below:

> я абсолютно согласен (согласна) с тем, что ...
> я категорически несогласен (несогласна) с тем, что ...
> ведь ...

Model:

Выгоднее беречь здорового, чем лечить больного.

Я абсолютно согласна с тем, что государству обходится дороже лечить уже заболевших, нежели охранять здоровье своего населения. **Ведь** поддерживать нередко неизлечимых людей ...

1) Оскуднение любви в людях является бедствием для страны.
2) Трудно и неуютно жить без упования на промысел божий.
3) У советского населения атрофировались многие присущие людям на Западе чувства.
4) Церковь - хранительница непреходящих духовных ценностей.
5) Алкоголизм и наркомания вызывают всеобщее порицание.

D. Express your opinion concerning the following statements using some of the words below:

> по моему мнению, ...
> дело в том, что ...
> с одной стороны, ... , с другой стороны, ...

Model:

Независимая экологическая экспертиза должна определять меру ответственности предприятий за нанесённый ущерб.

По моему мнению, только независимая экологическая экспертиза должна определять степень нанесённого ущерба. **Дело в том, что** предприятия, по вине которых был нанесён вред, не в состоянии объективно подойти к этой проблеме. **С одной стороны,** они нередко не соглашаются с государственными нормативами загрязнения среды, **а с другой стороны,** они просто не хотят нести материальную ответственность перед пострадавшими.

1) Нетерпимость в отношениях между людьми имеет под собой много причин.
2) Советское общество утратило способность к милосердию.

3)   Медли́тельность в де́ле составле́ния зако́на о свобо́де рели́гии
      нежела́тельна, но и поспе́шность мо́жет оказа́ться неуме́стной.
4)   Возраста́юшая роль це́ркви мо́жет помо́чь разреше́нию пробле́мы воспита́ния
      молодо́го поколе́ния.
5)   На сего́дняшний день для деграда́ции ли́чности со́зданы благоприя́тные
      усло́вия.

E.   Continue and develop the following statements using the following words:

в э́той связи́ мне бы хоте́лось доба́вить сле́дующее
де́ло не то́лько в ... , де́ло скоре́е в ...

Model:

Сове́тское населе́ние экологи́чески уязви́мо.

В э́той связи́ мне бы хоте́лось доба́вить сле́дующее. Де́ло не то́лько в
ни́зком ка́честве сове́тской природоохра́нной те́хники, **де́ло скоре́е в**
отсу́тствии социа́льной ориента́ции в законода́тельстве.

1)   Без ве́ры невозмо́жно преуспе́ть в обновле́нии о́бщества в лу́чшую сто́рону.
2)   Десятиле́тиями населе́нию внуша́лся миф, бу́дто в стране́ нет бе́дных и
      несча́стных.
3)   Но́вый зако́н до́лжен надели́ть це́рковь права́ми юриди́ческого лица́.
4)   Не сама́ молодёжь винова́та в том состоя́нии мора́льной деграда́ции, в
      кото́ром она нахо́дится на сего́дняшний день.
5)   Без госуда́рства це́ркви бу́дет тру́дно обрати́ться к действи́тельным
      ну́ждам молодёжи.

F.   Make a concluding statement using some of the following phrases:

из э́того мо́жно сде́лать вы́вод, что ...

Model:

В Сове́тском Сою́зе налицо́ значи́тельное ухудше́ние здоро́вья населе́ния.

Из э́того мо́жно сде́лать вы́вод, что необходи́мо вырабо́тать но́вые механи́змы
экологи́чески безопа́сных направле́ний нау́чно-техни́ческого прогре́сса.

1)   Что́бы преуспе́ть в благи́х начина́ниях перестро́йки, ну́жно пре́жде всего́
      начина́ть с себя́ ка́ждому.
2)   Со́тни ты́сяч бе́дных и больны́х оста́влены без призре́ния.
3)   Но́вый зако́н до́лжен откры́ть для це́ркви возмо́жность для социа́льной
      де́ятельности.

4) Среди молодёжи растёт преступность, всё чаще отмечаются факты немотивированной жестокости.

G.   Suggest to a friend or a colleague to read or not to read this article using the following:

Очень вам советую прочитать эту статью.   Автору удалось ...
Эту статью можно не читать.   Автору совсем не удалось ...

Communicative exercises - for supported opinion

A.   Answer the following questions:

1.   Что напоминают слова пророка Михея человеку, живущему в СССР сегодня?
2.   Каковы причины плачевного духовного состояния советского населения?
3.   Что может помочь человеку выжить в таком страшном мире, по мнению Алексия II?
4.   Почему советское общество утратило способность к милосердию?
5.   В чём Патриарх Всея Руси видит задачу церкви?
6.   Какие надежды возлагаются на новый закон о свободе совести?
7.   Какие формы деятельности церкви, ранее существовавшие в российской истории, должны быть возрождены?
8.   Почему роль воскресных школ столь важна?
9.   Почему проблема воспитания сегодня приобретает особое значение?
10. Кого Патриарх Всея Руси винит за развращение молодёжи?
11. Что подразумевает Алексий II, говоря, что для деградации личности созданы благоприятные условия?

B.   Edit the following summary of the story:

На сегодняшний день Советский Союз представляет собой общество людей ожесточённых, нетерпимых в отношениях между собой.   Причин для этого много.   Так, например, ... Для того, чтобы преуспеть в обновлении страны, нужно прежде всего разрешить проблему экономической неустроенности.

Советское общество утратило способность к милосердию.   Десятилетиями внушался миф, будто в стране нет бедных и несчастных, потому что ..... А традицию милосердия, существовавшую до коммунистической революции, нужно возраждать именно тем, кто её уничтожил.

Сейчас большие надежды возлагаются на новый закон о свободе совести. Этот закон даст церкви не только .... , но и ....   Это позволит церкви нести людям духовные и моральные ценности, которые она накопила и пронесла за века.

Ещё одной ролью, которую церкви предстоит сыграть в преобразовании общества, является образование молодого поколения.   Чаще всего молодёжь не сама виновата в ......   Негативную роль в воспитании молодёжи играют их родители и, конечно, советская школа.   Необходимо создать благоприятные условия для формирования личности.

C. Make up your own summary.

D. Make a short list of issues which appear most important to you.

E. Restate the main points of the article in the way in which you would have approached this subject matter. Make use of words suggested above to a) quote sources; b) express agreement/disagreement with the author; c) state your opinion and support it.

F. What title would you use for the story?

G. Conduct a TV discussion on the subject of the role of faith and religion in the life of a country and its people. Opinions on this matter vary greatly. Here are some:
    Only faith and the church can help the Soviet Union to avoid falling into an abyss of civil disorder and bloodshed. Communism as a substitute for religion has failed in the worst possible fashion by killing such feelings as love and compassion.
    The church cannot resolve the many problems facing the Soviet Union. These problems are mostly economic and can only be solved initially through political means. Tensions existing among various ethnic groups are infrequently caused solely by religious sentiments, because of different religious practices.
    The Russian Orthodox Church was always a servant to "czars or commissars". In contrast to the Catholic Church, it never provided political leadership. Today, political leadership is exactly what the people need.
    Politics is not everything. It may be the church cannot cure the people who have been molded by a "Godless state." Then, what about the younger generation who have not yet been distorted by communism?   Their minds and hearts are open and eager to be guided. Only the church can make better people out of children, and they are the only hope for a bright future.

    Distribute the roles beforehand, think through each one's line of argument, and present the arguments in a logical manner that supports your position.

O. Be prepared to discuss one of the following themes:

1. Мóжет ли америкáнский óпыт религиóзного плюралúзма помóчь разрешúть этнúческие и религиóзные трéния, существýющие в СССР?
2. Что мóгут вéрующие на Зáпаде сдéлать, чтóбы помóчь вéрующим в СССР?
3. Как, по-вáшему мнéнию, моглó случúться, что такáя религиóзная странá, как Россúя, стáла ведýщей атеистúческой сúлой в мúре?

P. Write a one-page composition on one of the above themes.

ГЛАВА ТРЕТЬЯ: СОЦИАЛЬНЫЕ ПРОБЛЕМЫ

Урок восемь - О мужчинах и женщинах

Адриан Гайгес

PART I - PRE-READING TASKS

A. Read the title of the story. What do you think it is about? What do you know about the role of women in the USSR after the Revolution? Is it different from that in the West? Read the author's credentials. How accurate would you anticipate his understanding of the Soviet women's situation to be? Discuss your thoughts with other students and write them down.

B. Skim through paragraphs 1, 2, 6 and 7. Compare what you read in them with your suppositions.

C. Culturally specific words. Pay attention to the list below.

In the West, people learn about the great achievements of Soviet women, who, many believe, play a leading role, equal to men, in Soviet society. This article shows a different picture.

1) Валентина Терешкóва - first woman astronaut.
   Пáша Ангéлина - a woman "Stakhanovite" in the 1930s on a Soviet collective farm.

2) «защита материнства и дéтства» - "protection of motherhood and children," a Soviet slogan reflecting alleged advantages of socialism.

3) 16-часовóй рабóчий день - 16-hour working day as opposed to a legal 8-hour working day. A double working day for a woman who is occupied both at work and at home.

4) óтпуск по ухóду за новорождёнными - post-birth maternity leave for child rearing. In the Soviet Union it is 18 months with half salary.

о́тпуск по бере́менности – pre-birth maternity leave. In the Soviet
Union it is 3 months with full salary.

5) «же́нский вопро́с» реши́лся одновреме́нно с «построе́нием социали́зма» –
the "women's question" was resolved simultaneously with the
construction of socialism. This sarcastic remark means
that once the communist state proclaimed that socialism
had been built, the need to protect women's rights became
redundant since under socialism each and every person is
automatically provided for.

6) Верхо́вный Сове́т страны́ и подо́бные ритуа́льные учрежде́ния – the Supreme
Soviet and similar ceremonial organizations. The author
emphasizes that these institutions had no real power and
were only a formality.

7) А премье́р-мини́стром респу́блики же́нщина мо́жет стать, то́лько тогда́,
когда́ э́то респу́блика выхо́дит из соста́ва СССР – a woman can become
Prime Minister only when her republic leaves the USSR.
This is a reference to Kazimira Prunskiene becoming the
Prime Minister of Lithuania upon its secession from the
Soviet Union.

D. Look through the following words and expressions from the text.

1) дава́ть/дать сло́во кому́-то – to give the floor to someone; to give
one's word to someone

2) характери́стики, относя́щиеся к ча́стной жи́зни – attitudes held in private
life

3) сраба́тывает стереоти́п – the stereotype is valid

4) ня́нчить дете́й – to raise, to rear children

5) на пе́рвый взгля́д – at first glance, upon superficial inspection

6) сложи́лось представле́ние о ком-то – an impression is formed about
someone

7) рабо́тать в две сме́ны – to work two shifts

8) приправля́ть/припра́вить сове́т ло́зунгами – to dress up advice with
slogans

9) восьмичасово́й рабо́чий день – 8-hour working day

10) приукра́шивать/приукра́сить ситуа́цию – to embellish the situation;
to distort something by making it look better than it actually is

11) брать/взять о́тпуск попереме́нно – to take vacations in turn

12) почу́вствовать/чу́вствовать на себе́ забо́ту – to feel taken care of

13) натыка́ться/натолкну́ться на непонима́ние – to run up against a lack of
understanding

14) подверга́ться/подве́ргнуться кри́тике –   to be subjected to criticism

15) распуска́ть/распусти́ть движе́ние – to dissolve the movement

16) мóрщить/намóрщить недовóльно нос – to wrinkle one's nose with
displeasure
17) предавáться/предáться петушúным боя́м – to devote oneself to
cock fighting
18) кричáть/крúкнуть от бóли – to shriek with pain
19) зевáть/зевнýть – to yawn
20) собирáться/собрáться раз в год на ритуáльные мероприя́тия – to convene
once a year for ceremonial activities

PART II – READING TASKS

A. Read the questions below. Then, read the text and answer the questions in written form.

Questions:

1. What is the main idea of the article?

PARAGRAPH 1
2. What is the difference between the way men and women authors are introduced in the "Three Authors' Page" section of the "Moscow News?"

3. List the individual characteristics which describe a person, according to A. Gaigers.

4. Compare the author's feeling about the status of women with that of the official Soviet "stereotype."

PARAGRAPH 2
5. A. Gaigers mentions several activities in which Soviet women are engaged. On this basis, make two lists of professions:
"feminine;"   "unfeminine:"

_____   _____
_____   _____
_____   _____

PARAGRAPH 3
6. How does the author compare the role of women in the Soviet Union with the role of women in Western Europe?

7. The author claims that women in the USSR work two shifts meaning that they ... (mark the correct answer):
a) have two jobs to make ends meet.
b) work in their place of employment and then are fully occupied with their domestic chores after working hours.

    c) have the right to work two shifts in one place of employment, which allows them to cut down on commuting time.

PARAGRAPH 4

8. Much is written about the subject. Discussants of both genders advise ... (true or false for each item):
    a) women to give up working entirely.
    b) men to drop their patriarchal attitudes.
    c) women to continue working but reduce their office hours.
    d) men to reduce their working hours to share the burden of child rearing.

9. What does "freedom of choice" mean in practice, according to A. Gaigers?

PARAGRAPH 5, 6

10. Why does the author think so highly of the post-maternity leave policy in Sweden?

11. What did the majority of young males in the West come to realize?

12. Compare the women's liberation movement in the West with that in the Soviet Union.

PARAGRAPH 7

13. Why would some "political thinkers" consider it unworthy of their attention to talk about the role of women in society?

14. In this connection, name the roles reserved for men and for women.

PARAGRAPH 8, 9

15. Compare the quotas for women's representation in West Germany with that in the Soviet Union.

16. Why does A. Gaigers call the Soviet quota for women's representation a cynical argument?

B. Stylistic analysis.

    1. Make a list of transition markers and explain the function of each.

    2. Single out different parts of the article and name them.

    3. Find uses of stylistic redundancy.

    4. Find uses of metaphors and explain them.

    5. Find uses of opposites.

6. Write an outline of the story in Russian using a) quotations from the text and b) your own questions.

C. Did you like the article? What position does the author take? Do you agree with this position?

D. Did you learn anything new for yourself in the article? List the points which surprised you.

О мужчинах и женщинах

ВО МНЕ

Адриан ГАЙГЕС,
гражданин ФРГ,
живущий в Москве,
домохозяин и будущий отец.

Давно уже меня удивляет, что на «странице трех авторов» почти всегда выступают мужчины, как будто только они могут сказать читателям что-то умное. Но вот в 29-м номере газета дала слово женщине, представив ее как «москвичку, мать двоих детей» и забыв указать ее прошлую или нынешнюю профессию. Я не имел бы ничего против такой практики, если бы подобным же образом представляли и мужчин — авторов «МН». Нет, серьезно, я уверен, что отношение к детям и другие характеристики, относящиеся к частной жизни, говорят о мужчине не меньше, чем его академическая степень или другие титулы и звания. Но, как видно, и здесь срабатывает советский стереотип, по которому домашняя работа и воспитание детей — «природное предназначение» только женщин.

Выходит, советские женщины только и делают, что нянчат детей да готовят мужьям борщи? Но, на первый взгляд, все как раз наоборот: времени на это у них просто нет. Ведь, как я видел, прокладывают железные дороги и таскают кирпичи в СССР женщины. Да и представление о советской женщине за границей сложилось в основном под влиянием Паши Ангелиной и Валентины Терешковой, для которых нет «неженских» профессий.

Но тот, кто, как я, живет в Советском Союзе достаточно долго, знает: здесь, как ни в какой другой европейской стране, живучи патриархальные представления о роли женщин в обществе и в семье. Здесь спокойно говорят о «защите материнства и детства», как будто у детей есть только матери и нет отцов. Вот и получается, что женщины у вас работают в две смены — на работе и дома.

На эту тему сейчас много пишут. И что же, комментаторы обоих полов предлагают мужчинам отказаться от патриархальных взглядов? Да нет, обычно они советуют другое и другим — женщинам отказаться от работы вообще или работать часть дня. Пропаганда приправляет этот совет лозунгами о «свободном выборе». Хорош выбор! Или 16-часовой рабочий день на работе и дома или же жизнь в тесной кухне и длинных очередях.

Не хочу приукрашивать ситуацию за границей, и все же: в большинстве высокоразвитых стран отпуск по уходу за новорожденным может брать и отец ребенка; в Швеции, например, мать и отец могут брать его попеременно. Это дает хорошие результаты: оба родителя не теряют из-за длительного отпуска своей профессиональной квалификации, а ребенок чувствует на себе заботы не только матери, но и отца. Конечно, не все отцы на Западе такие эмансипированные. Но у большинства сегодняшней западной молодежи есть по крайней мере понимание и принятие того, что домашняя работа — это обязанность в о д и н а к о в о й степени и мужчин, и женщин. Но когда я рассказываю об этом своим московским знакомым, то, как правило, натыкаюсь на непонимание.

Признаю, что мы, западные мужчины, становимся потихоньку такими эмансипированными только потому, что каждый день нас подвергает критике сильное на Западе женское движение. В Советском Союзе независимое женское движение было распущено в 20-е годы, а «женский вопрос» решился автоматически с построением «социализма».

Наверное, кое-кто из «политически мыслящих» людей (а вернее мужчин) наморщит недовольно нос: как можно спорить о таких мелочах перед лицом «огромных проблем» сегодняшнего СССР? А мне кажется, что связь между ними есть. Советские мужчины предаются петушиным боям, в то время как женщины стоят в очередях. Мужчины кричат «ура» по случаю очередных политических побед, а женщины кричат от боли, когда им делают аборт.

И еще кое-что из западного опыта. Для того чтобы женские интересы, а вернее, жизненные интересы имели больший вес для политиков, социал-демократы ФРГ определили минимум женского представительства в руководящих органах своей партии. Минимальная квота женщин равна 40 проц.; у «зеленых» еще лучше: там женщины везде составляют большинство.

«Женская квота у нас была всегда», — зевают мои советские собеседники. По-моему, циничный аргумент: кому нужна такая квота, скажем, в прежнем Верховном Совете страны или подобных ему учреждениях, которые собирались раз в год на ритуальные мероприятия? Женщины, по сути, исключены из таких органов, которые имеют реальную власть. А премьер-министром республики женщина может стать, похоже, только тогда, когда эта республика выходит из состава Союза...

PART III – POST-READING TASKS

Vocabulary exercises

A. Explain the following words and phrases using synonyms, antonyms
    and/or equivalent phrases.

    рабóтать в две смéны; семичасовóй рабóчий день; на пéрвый взгля́д;
    кричáть от бóли; мóрщить недовóльно нос; ритуáльные мероприя́тия; брать
    óтпуск.

B. Paraphrase the words and expressions in bold using appropriate words from
    the text.   Make the necessary changes.

    1) Перестрóйка **далá возмóжность** разли́чным группирóвкам **говори́ть и
        выскáзываться публи́чно.**
    2) К сожалéнию, **дéйствует сложи́вшаяся** за 70 лет отсýтствия морáли
        и свобóды **модéль поведéния,** котóрая подменя́ет вкус к нормáльной
        жи́зни пещéрным инсти́нктом борьбы́.
    3) Вéрсия разбóйного нападéния, по котóрой отéц Мень был уби́т с цéлью
        ограблéния, **стáла предмéтом кри́тики** со стороны́ людéй, хорошó знáвших
        поги́бшего.
    4) **Расформирóваны** из состáва Зáпадной и Южной групп войск две гвардéйских
        тáнковых диви́зии и оди́н авиациóнный полк.
    5) В то врéмя, как мужчи́ны **целикóм отдаю́т себя́ бесполéзным жáрким
        спóрам,** говоря́ о бýдущем Росси́и, жéнщины везýт на себé всю тя́жесть
        повседнéвных забóт.
    6) Жёны и дéти нарóдных депутáтов жáлуются, что не **ощущáют на себé
        внимáния** со стороны́ свои́х мужéй и отцóв, с тех пор как они́ стáли
        профессионáльными поли́тиками.
    7) Всё снóва и снóва слы́шится вопрóс: «Кто же в семьé нóвого ти́па бýдет
        воспи́тывать детéй?»
    8) Для бóльшего вкýса к призы́ву о подня́тии уровня жи́зни **добавля́ются**
        националисти́ческие лóзунги.
    9) Автор **представля́ет** ситуáцию с бездóмными на Зáпаде **в бóлее пригля́дном
        ви́де, чем** онá **на сáмом дéле есть.**
    10) Представлéние о том, что домáшняя рабóта явля́ется обя́занностью обóих
        супрýгов, **встречáется** с пóлным непонимáнием.

C. Find the following phrases in the text:

    1) **Давнó ужé меня́ удивля́ет, что** на «страни́це трёх áвторов» почти́ всегдá
        выступáют мужчи́ны, ...

I have been bewildered for quite a while by the fact that it is almost always men who write for the "Three Authors' Page" ...

Write five to ten sentences following the pattern below on the basis of the article.

Меня́ уже́ давно́ удивля́ет, что + *a clause*

_____

_____

Try to use some of the following expressions:

подверга́ться кри́тике; приукра́шивать ситуа́цию; «приро́дное предназначе́ние» же́нщины; собира́ться на ритуа́льные мероприя́тия; говори́ть о «защи́те матери́нства»; дава́ть хоро́шие результа́ты; таска́ть кирпичи́.

2) **Выхо́дит,** сове́тские же́нщины **то́лько и де́лают, что** ня́нчат дете́й и́ли гото́вят мужья́м борщ.
    It seems as if Soviet women **do nothing but** raise children and cook borsch for their husbands.

Write five to ten sentences following the pattern below on the basis of the article.

(кто)   **то́лько и де́лает, что**   + *a verb*

_____   _____

_____   _____

Try to use some the following expressions:

сказа́ть что-то у́мное; предава́ться петуши́ным боя́м; вводи́ть кво́ты; гото́вить в те́сной ку́хне; лета́ть в ко́смос; писа́ть на «страни́це трёх а́второв»; получа́ть академи́ческие сте́пени; дава́ть сове́ты; стоя́ть в дли́нных очередя́х.

3) Мужчи́ны **крича́т «ура́» по слу́чаю** очередны́х полити́ческих побе́д, а же́нщины крича́т от бо́ли, когда́ им де́лают або́рт.
    Men **shout "hurray" on the occasion of** another political victory, and women shriek with pain during an abortion.

Write five to ten sentences following the pattern below on the basis of the article.

(кто)   **кричи́т «ура́!» по слу́чаю**   (чего)

_____   _____

_____   _____

Try to use some of the following expressions:

вы́ход из соста́ва СССР; очередна́я полити́ческая побе́да; эмансипа́ция мужчи́н; реше́ние «же́нского вопро́са»; кво́та на же́нское представи́тельство.

D. Make a list of words from the text which can be used to talk about women's liberation issues.

Communicative exercises - for discourse management

A. Make an opening statement with respect to the following phrases using:

Для нача́ла, дава́йте разберёмся в том, ...

Model:

Интеллиге́нтен тот, кто интеллиге́нтен.

Для нача́ла, дава́йте разберёмся в том, что же тако́е _ру́сская интеллиге́нция_ и что отлича́ет её от за́падного поня́тия «интеллектуа́льности».

1) Мужчи́н и же́нщин-а́второв «МН» представля́ют по-ра́зному. Же́нщин представля́ют как «матере́й свои́х дете́й», а, когда́ представля́ют мужчи́н, то упомина́ются их профе́ссии и академи́ческие сте́пени.
2) В Сове́тском Сою́зе, как ни в како́й друго́й европе́йской стране́, живу́чи патриарха́льные представле́ния о ро́ли же́нщины.
3) В Сове́тском Сою́зе же́нское движе́ние бы́ло распу́щено в 20-е го́ды.

B. Identify the source of the following statements using the words below:

в соотве́тствии с ...
мно́гие счита́ют, что ...

Model:

Интеллигéнтом невозмóжно притвор́иться.

В соотвéтствии с Д. Лихачёвым, Глáвным Интеллигéнтом страны́, интеллигéнтом невозмóжно притвор́иться.

1) Домáшняя рабóта и воспитáние детéй – «прирóдное предназначéние» тóлько жéнщин.
2) В СССР нет «нежéнских профéссиий».
3) Жéнская квóта в СССР былá всегдá.

C. Express your agreement/disagreement with the following statements by arguing your point of view using the words below:

> я не могý не согласи́ться с ...
> мне трýдно согласи́ться с ...
> дéло в том, что ...

Model:

Интеллигéнт – э́то тот, кто нóсит очки и не матери́тся.

Мне трýдно согласи́ться с тем, что достáточно носи́ть очки́ и не матери́ться, чтóбы называ́ться интеллигéнтом. **Дéло в том, что** за слóвом *интеллигéнция* стоя́т óчень глубóкие поня́тия, кóрни котóрых нáдо искáть в рýсской истóрии вторóй половины 19-ого вéка.

1) Академи́ческие стéпени и другúе ти́тулы говоря́т о человéке бóльше, чем их отношéние к семьé.
2) Жéнщины в СССР рабóтают в две смéны – на рабóте и дóма.
3) Большинствó отцóв на Зáпаде эмансипи́рованные.
4) «Жéнский вопрóс» решáется автомати́чески с построéнием социали́зма.

D. Express your opinion concerning the following statements using some of the words below:

> мне кáжется, что ...
> ведь ...
> в то врéмя как, ...

Model:

«Интеллектуáл» и «интеллигéнт» – не однó и то же.

Мне ка́жется, что нельзя́ сме́шивать поня́тие «интеллектуа́льности» с «интеллиге́нтностью». **Ведь** пе́рвое поня́тие про́сто обознача́ет высо́кую сте́пень начи́танности и спосо́бность опери́ровать иде́ями и фа́ктами, **в то вре́мя как** второ́е включа́ет в себя́ элеме́нт нра́вственности и духо́вности, кото́рый нельзя́ приобрести́ про́сто в результа́те чте́ния.

1) Создаётся впечатле́ние, что сове́тские же́нщины то́лько и де́лают, что ня́нчат дете́й и гото́вят мужья́м борщи́.
2) Сове́тским мужчи́нам нельзя́ отказа́ться от патриарха́льных взгля́дов.
3) Дома́шняя рабо́та - это обя́занность в *одина́ковой* сте́пени и мужчи́н, и же́нщин.
4) Нельзя́ спо́рить о таки́х мелоча́х как «же́нский вопро́с» пе́ред лицо́м «огро́мных пробле́м» сего́дняшнего СССР.

E.   Continue and develop the following statements using the words below:

> при э́том ну́жно доба́вить сле́дующее ...
> де́ло не сто́лько в ... , де́ло скоре́е в ...

Model:

Интеллиге́нт - э́то како́й-то «сне́жный челове́к».

При э́том заявле́нии **ну́жно доба́вить сле́дующее. Де́ло не сто́лько в** том, что интеллиге́нт - э́то ре́дкость, **де́ло скоре́е в** том, что невозмо́жно дать объекти́вное определе́ние поня́тия «интеллиге́нтности».

1) У сове́тских же́нщин нет вре́мени на дома́шнюю рабо́ту.
2) В большинстве́ высокора́звитых стран о́тпуск по ухо́ду за новорождённым мо́жет брать и оте́ц ребёнка.
3) Большинство́ полити́ческих побе́д оде́рживается мужчи́нами.
4) Минима́льная кво́та же́нщин в руководя́щих о́рганах социа́л-демокра́тов ФРГ равна́ 40 проце́нтам.
5) Премье́р-мини́стр Литвы́ - же́нщина.

F.   Make an attempt to avoid the discussion of the problem by shifting to another subject. Use the following expressions:

> с э́тим тру́дно спо́рить, но есть и други́е причи́ны, по кото́рым ...
> нельзя́ недооце́нивать и ...

Model:

Ста́лин не люби́л интеллиге́нтов.

С э́тим тру́дно спо́рить, но есть и други́е причи́ны, по кото́рым интеллиге́нции всегда́ тру́дно приходи́лось в Росси́и. **Нельзя́ недооце́нивать и** чу́вство недове́рия, кото́рое просты́е лю́ди нере́дко испы́тывают по отноше́нию к интеллиге́нции, принима́я её за эли́ту, угнета́ющую наро́д.

1) Для сове́тских же́нщин нет «неже́нских» профе́ссий.
2) Сове́тским же́нщинам на́до отказа́ться от рабо́ты вообще́.
3) Сове́тские мужчи́ны предаю́тся петуши́ным боя́м.
4) Да́же в пре́жнем Верхо́вном Сове́те был ми́нимум же́нского представи́тельства.

G. Suggest to a friend or a colleague to read or not to read this article using the following phrases:

> о́чень сове́тую вам прочита́ть э́ту статью́, потому́ что ...
> не сове́тую вам чита́ть э́то «произведе́ние иску́сства», так как ...

Communicative exercises - for supported opinion

A. Answer the following questions:

1. Сравни́те, как представля́ются мужчи́ны-а́вторы, выступа́ющие на «страни́це трёх а́второв», и же́нщины-а́вторы.
2. Како́й стереоти́п ро́ли же́нщины существу́ет в СССР?
3. Како́е представле́ние о сове́тской же́нщине сложи́лось на За́паде и почему́?
4. Что зна́чит фра́за «же́нщины у вас рабо́тают в две сме́ны»?
5. С каки́ми предложе́ниями для реше́ния «же́нского вопро́са» выступа́ют представи́тели обои́х поло́в?
6. Почему́ в большинстве́ высокора́звитых стран о́тпуск по ухо́ду за новорождёнными мо́жет брать и оте́ц ребёнка?
7. Сравни́те за́падную молодёжь с сове́тской в их отноше́нии к распределе́нию дома́шних обя́занностей.
8. Расскажи́те об исто́рии сове́тского же́нского движе́ния.
9. Почему́ ко́е-кто из «полити́чески мы́слящих» люде́й в СССР не счита́ет ну́жным говори́ть о «же́нском вопро́се»?
10. Опиши́те ситуа́цию в ФРГ с же́нским представи́тельством в руководя́щих о́рганах в двух па́ртиях.
11. Почему́ а́втор стате́й счита́ет аргуме́нт, что в СССР всегда́ была́ же́нская кво́та, цини́чным?

B. Edit the following summary of the article:

Каку́ю же роль игра́ют же́нщины в Сове́тском Сою́зе? Е́сли суди́ть по тому́, как представля́ют же́нщин и мужчи́н–а́второв «МН», то мо́жно сказа́ть, что в СССР нет стерио́ти́па, по кото́рому дома́шняя рабо́та и воспита́ние дете́й явля́ются «приро́дным назначе́нием» то́лько же́нщин. Сове́тские же́нщины де́лают всё: прокла́дывают доро́ги, таска́ют кирпичи́ и лета́ют в ко́смос. В СССР нет «неже́нских» профе́ссий – тако́е представле́ние сложи́лось о сове́тской же́нщине за грани́цей.

В Сове́тском Сою́зе, как и в други́х европе́йских стра́нах, практи́чески исче́зли патриарха́льные представле́ния о ро́ли же́нщины в о́бществе и семье́. Сове́тская же́нщина име́ет свобо́ду вы́бора: она́ мо́жет рабо́тать и по́сле рабо́ты исполня́ть свои́ семе́йные обя́занности и́ли вообще́ не рабо́тать и по́лностью посвяти́ть себя́ до́му и семье́.

В СССР по́сле рожде́ния ребёнка мать и оте́ц мо́гут попереме́нно брать о́тпуск по ухо́ду за новорождённым. Така́я пра́ктика даёт хоро́шие результа́ты, и означа́ет понима́ние и приня́тие того́, что дома́шняя рабо́та – э́то обя́занность в одина́ковой сте́пени и мужчи́ны и же́нщины. Така́я сте́пень эмансипи́рованности сове́тских мужчи́н явля́ется результа́том мо́щного же́нского движе́ния, кото́рое в Росси́и име́ет дли́тельную исто́рию.

Сове́тские же́нщины игра́ют акти́вную полити́ческую роль и име́ют значи́тельное представи́тельство в руководя́щих о́рганах вла́сти. В одно́й из сове́тских респу́блик премье́р–мини́стр – же́нщина.

C. Make up your own summary.

D. What title would you use for the story?

E. Make a short list of issues that appear most important to you.

F. Restate the main points in the way in which you would have approached this subject matter. Make use of words suggested above to a) quote sources; b) express agreement/disagreement with the author; c) state your own opinion and support it.

G. Conduct a round–table TV discussion on the subject "Women's Rights." The group includes men and women of various age groups and from various ways of life. The participants disagree vehemently about the role that a woman should play in society and in raising a family. Roughly speaking, there are three approaches to this issue.

Some participants feel that in a modern developed society, a woman should certainly have all the rights and duties of a citizen. That automatically means that women must forget about being treated as "ladies" because the concept of "fair sex" implies weakness and a working woman simply cannot afford to be weak.

Other participants consider emancipation a great mistake. They believe that the destruction of the family started when women joined the work force. Children lost their mothers and men lost their wives. The consequences are the gradual demoralization and inevitable disintegration of society.

A fairly large group of participants believe that there is no truth in extremes and the answer is to be found somewhere in between. They think that simple economic demands compel a woman to become part of the work force and that it is a matter of accepting reality. The family will not suffer if certain rearrangements are made. Moreover, children should gain tremendously because now they will get to know both of their parents and husbands will learn how to share domestic chores with their wives. A new woman does not have to stop being feminine and attractive if her husband appreciates the fact that in the modern world the concept of femininity and masculinity will also have to be re-evaluated.

Distribute the roles beforehand, think through each line of argument, and present it in a logical fashion supporting your point of view.

H. Be prepared to discuss one of the following themes:

1. Роль же́нщины в семье́ и о́бществе: вчера́, сего́дня и за́втра.
2. Исто́рия же́нского движе́ния в США.

I. Write a one-page composition on one of the above themes.

ГЛАВА ТРЕТЬЯ: СОЦИАЛЬНЫЕ ПРОБЛЕМЫ

Урок девять – Эмиграция

А. Радзиховский
(ТАСС)

PART I – PRE-READING TASKS

A. Read the title of the story. What do you anticipate to find in it? Does it deal with different waves of emigration after the Revolution? What do you know about emigration from the Soviet Union? Why do people wish to leave now that the country is undergoing exciting changes? Discuss your thoughts with other students and write them down.

B. Skim through paragraphs 1, 2, 9, 10 and 12. Compare what you read with your expectations.

C. Culturally specific words. Pay attention to the list below.

Mikhail S. Gorbachev's reforms have failed to stop the wave of emigration. On the contrary, more and more people from different ethnic groups and social backgrounds are desperately trying to find new homes elsewhere. The article by a noted Soviet journalist makes a case that emigration is a reflection of profound problems facing the Soviet Union and that fundamental structural reforms may be in a position to put it under control.

1) немцы – descendants of German colonists who moved to Russia in the late 17th century. Most of them settled in the area of the Volga River and were therefore called the Volga Germans. After the Revolution of 1917 this territory acquired the status of an autonomous republic. However, since the beginning of the war with Nazi Germany, and through a special decree of Stalin, the German Autonomous Republic ceased to exist, and the Germans were deported to Kazakhstan. Since the late 1960s many of the Volga Germans started to repatriate to Germany.

2) ... национа́льные ограниче́ния (и́ли, скоре́е, привиле́гии) – ethnic restrictions (or rather privileges). In the Soviet Union, emigration is restricted to only a few

national groups. By calling restrictions privileges
the author implies that many other people who do not
belong to these groups would also like to be able to
leave the USSR and, therefore, regard those who have a
legal right to emigrate as privileged.

3) фи́говый листо́к «воссоедине́ния семе́й» – fig leaf of "unification of
families." According to one of the provisions of the Helsinki
Final Act, citizens of communist block countries who have
families abroad and wish to be united with them, ought to be
allowed to emigrate from their countries of residence. In
fact, many people use unification as an excuse to emigrate.

4) «разве́рзнутся хля́би небе́сные» – "the heavens will part." This figure
of speech taken from the Old Testament is used to
indicate that the forthcoming lifting of current
restrictions will start a flood of emigration.

5) «конверти́руемые» специали́сты – A "convertible" specialist is
a professional with the knowledge and skills allowing
him to compete outside of his country.

6) ... «шустри́т» там и сям – ...(he) makes additional income at every
opportunity.
шу́стрый (coll.) – quick, intelligent, entrepreneurial.

7) гора́ това́ров мани́т и льнёт – heaps of goods entice one to approach
them.

8) неуме́ха – someone clumsy; a bad worker.

9) перспекти́вы служе́бного ро́ста в соотве́тствии с «обще́ственной рабо́той»
– prospects of promotion in connection with one's "voluntary
community service." The author wants to emphasize that
a Soviet citizen has to do "community service" in order to
be promoted in his job which, needless to say, reduces the
"voluntary" nature of these services to nothing.

занима́ться свое́й рабо́той «на обще́ственных нача́лах» – to do one's work
as if it is "voluntary community
service." It means working without
enthusiasm instead of "rolling one's
sleeves up."

10) «шара́шка» – a research institute staffed by inmates. The novel
The First Circle by Alexander Solzhenitsyn provided the
world with the first glimpse into this eerie phenomenon of
the Stalinist era.

D. Look through the following words and expressions from the text.

1) по нарастáющей – at an ever-increasing rate
2) отпадýт ограничéния – restrictions will be lifted
3) привы́чка пря́тать гóлову в песóк отхóдит в прóшлое – the habit of
    burying one's head in the sand is becoming obsolete
4) дóбрых 200 ты́сяч – рýсские – a good 200 thousand are Russians
5) заполня́ть/запóлнить анкéты – to fill out forms
6) «утéчка мозгóв» – brain drain
7) счёт идёт на ты́сячи и деся́тки ты́сяч – numbers are reaching the
    thousands and even tens of thousands
8) скóлько у нас потребля́ется мя́са и имéется маши́н на дýшу населéния –
    how much meat is consumed and how many cars are owned per capita
9) ци́фры не в нáшу пóльзу – the numbers are not in our favor
10) объéхать полми́ра – to have traveled extensively
11) заколдóванный круг – vicious circle
12) вкáлывать от души́ (coll.) – to work one's heart out
13) воевáть со всеóбщим разгильдя́йством – to fight against general
    slovenliness
14) стрáх насилия и апокалипти́ческие предчýвствия распространены́ – fear
    of violence and apocalyptic premonitions are prevalent
15) дéлать/сдéлать стáвку на что-то – to havee a stake in something
16) в конéчном итóге своди́ться к одномý – in the final analysis to amount
    to one thing
17) ýровень, сопостави́мый с зáпадным – the level comparable with that in
    the West
18) дéло за мáлым – it takes very little
19) испóльзовать (perf. only) эмигрáцию на бла́го страны́ – to use
    emigration for the benefit of the country
20) двойнóе граждáнство – dual citizenship
21) стажирóвка на год – one-year internship
22) плати́ть/оплати́ть стóрицей – to repay with generosity
23) вложéния инострáнного капитáла мóгут рывкóм дви́нуть странý вперёд –
    foreign investments can move the country forward
24) провожáть/проводи́ть зави́стливо-восхищёнными взгля́дами – to follow
    with envy and admiration in their eyes

PART II – READING TASKS

A. Read the questions below. Then, read the text and answer the
questions in written form.

Questions:

1) What is the main idea of the article?

PARAGRAPH 1, 2, 3

2) These three paragraphs contain information on the emigration of four different ethnic groups. Fill in the chart below specifying details for each one in the time periods indicated.

group: time period: past/present/future   relative amount:

_____   _____/_____/_____   _____
_____   _____/_____/_____   _____
_____   _____/_____/_____   _____
_____   _____/_____/_____   _____

Brain Drain

3) According to A. Radzikhovsky, what is the real problem of this emigration?

4) Name some professions which are leaving and some which are staying.

5) The author observes a correlation which states that ... (mark the correct answer):
   a) as more professionals able to compete outside of the Soviet Union leave the country, the less competitive the country becomes.
   b) as fewer high-class professionals stay in their country, the higher the salary they will recieve.

6) What was the idea behind the third wave of emigration?

7) How does the author illustrate the costliness of this idea?

Why are people leaving?

8) List the reasons why people are leaving.

9) For every reason to emigrate, A. Radzikhovsky states a correlation. What are they?

What is there to be done?

10) The author sees two possible approaches to reduce the flow of emigration. Name them.

11) In connection with question 10, which of the following statements are correct?
   a) Another Iron Curtain is improbable because of treaties the Soviet Union has signed.
   b) A new regime of isolation is worse than brain and labor drains.
   c) Losing professionals and laborers will result in the country's further lagging behind the world standard.
   d) Professionals will not emigrate if the standard of living at home is comparable to that abroad.
   e) Soviet physicists in labor camps failed to make the "nuclear project" a reality.
   f) A technological revolution cannot be carried out in labor camps.

12) Which emigration measures could be expected to benefit the country's economy?

13) The author specifies two directions of Soviet economic development. What are they?

14) How does A. Radzikhovsky rate the problem of emigration compared to other current problems?

B. Stylistic analysis.

   1. Make a list of transition markers and explain the function of each.

   2. Single out different parts of the article and name them.

   3. Find uses of stylistic redundancy and explains the reason for its use.

   4. Find uses of metaphors and explain them.

   5. Find uses of opposites.

C. Write an outline of the story in Russian using a) quotations from the text and b) your own questions.

D. Did you like the article? What position does the author take? Do you agree with this position?

E. Did you learn anything new for yourself in the article? List the points which surprised you.

ЭМИГРАЦИЯ

В 1989 году, по официальным данным, эмигрировало 228 тысяч человек. В основном евреи, немцы, в меньшей степени армяне. Отъезд евреев и немцев будет, по всей видимости, продолжаться по нарастающей и дальше.

Но эмиграция сегодня — не еврейская и не немецкая проблема. Как только отпадут национальные ограничения (или, скорее, привилегии), известные ныне под фиговым листком «воссоединения семей» (почему-то всегда воссоединяющихся только «там»), эмиграция изменит характер: отныне начинается масштабная русская эмиграция.

Именно к этому можно быть готовым сейчас, когда привычка прятать голову в идеологический песок отходит в прошлое. Предвидеть, что «разверзнутся хляби небесные», немудрено: прогноз на 1990 год — около 500 тысяч эмигрантов, из них добрых 200 тысяч — русские. А в ближайшие 3 — 4 года можно ожидать до миллиона-полутора ежегодно — в целом это немалая трудовая армия (если угодно — небольшой народ).

«Отлив» мозгов

Но дело не только в количестве эмигрантов. Едут специалисты — вот беда. Очевидно, что большинство эмигрантов — это не спекулянты или иная криминальная публика, а молодые, активные люди, «крепкие» специалисты, рассчитывающие на свои силы и знания. Люди, считающие себя конкурентоспособными на мировом рынке, «конвертируемыми»: программисты, электронщики, механики, музыканты и художники, специалисты по молекулярной биологии и физике твердого тела — словом, надежда и будущее страны, те, кому бы и вытягивать державу из ямы. Специалисты по научному коммунизму не едут, увы, никуда...

Чем больше конкурентоспособных специалистов уезжае; — там менее конкурентоспособной становится страна. Грустный, но честный закон.

Больше того — дядюшка Сэм разумно и открыто заранее отбирает тех, кто ему нужен. Приходящие в посольство США в Москве заполняют различные анкеты, кое-кто ухитряется едва ли не экзамены сдавать. Все жестко, честно и справедливо — раз толчея, то, разумеется, будем производить выборы.

Эмиграция третьей волны, порожденная «гениальной» идеей высылать диссидентов и вообще «сомнительных», стоила нам дорого. Сегодня в СССР 3 лауреата Нобелевской премии (раз в 50 меньше, чем в США) — и за рубежом, среди русских эмигрантов, тоже три — Солженицын, Бродский, Леонтьев. И куда больше Нобелевских лауреатов, чьи родители были выходцы из России. Это была «утечка мозгов», счет шел на тысячи и десятки тысяч. А если пойдет на сотни тысяч и миллионы?..

Что делать?

Железный занавес, как известно, рухнул не только потому, что СССР подписал те или иные договоренности. Без настоящей открытости из него вполне скрутилась бы для страны — труба. Как ни велики издержки эмиграции, они в конечном итоге сводятся к одному — без специалистов, без «мозгов» и рук мы отстанем еще больше от мирового уровня. Но если опять введем режим изоляционизма — то просто покатимся в сторону, противоположную движению мировой цивилизации, упование же на новый железный занавес подобно лечению головной боли гильотиной...

Другой очевидный путь — повысить уровень жизни высококвалифицированных специалистов до уровня, сопоставимого с западным. Ведь если раньше было можно загнать половину физиков в «шарашки» и вытянуть их силами атомный проект, то совершить таким или схожим «мобилизующим» образом современную научно - техническую революцию невозможно. Дело за малым — откуда взять средства!

Очевидно, что стратегическое направление здесь должно быть не идеологическим (даже если под этим понимать идеи теоретической экономики), а прежде всего прагматическим. 1. Если говорить без метафор — нужно научиться использовать саму эмиграцию на благо страны, повернуть дело так, чтобы мы не теряли специалистов, а чтобы они повышали квалификацию на Западе и зарабатывали валюту — к пользе своей и страны.

Для этого необходимо и двойное гражданство, и расширение всех видов стажировок — на год, на несколько лет. Пусть не правительство США, а наше правительство помогает тем нашим специалистам, кто хочет найти работу «там». Ведь те, кто очень хочет, все равно уедут, но ныне они ничем не связаны, имея обязательства лишь перед правительством принимающей страны. А имей они их перед своим — можно не сомневаться, оплатят сторицей.

Экономическая политика должна всячески поощрять совместные предприятия, ибо в них — одно из перспективных направлений развития страны, ее подтягивание к уровню мировой цивилизации. Не следует бояться привлекать иностранный капитал — пример ФРГ, стран Юго-Восточной Азии показывает, что вложения иностранного капитала могут рывком двинуть страну вперед, а вовсе не превращают ее в колонию.

Совместные предприятия создают гибкие структуры, в которых люди, технологии, средства циркулируют в обе стороны — и это как раз то, что нам сегодня остро необходимо. Многое здесь может быть обидно для национального самолюбия, но разве «голосование ногами» сотен тысяч наших сограждан и завистливо-восхищенные взгляды, которыми наши подростки провожают «Вольво», — не обидны! Можно утешаться

Бесспорно одно: проблему эмиграции надо осознать как глобальную стратегическую проблему, сопоставимую по значимости с экологической или национальной, проблему, в решении которой — один из возможных ключей к перекрытому для нас пока пути к мировому научно - техническому прогрессу.

Почему едут?

Наиболее очевидны три причины.

Уровень жизни. Некоторые издания любят публиковать цифры — сколько у нас и у них потребляется мяса и имеется машин на душу населения. Все цифры не в нашу пользу, да и не в них дело. У нас и у них — давно несопоставимое качество, уровень жизни. Мы, граждане сверхдержавы с гигантским бронированным (хоть изрядно заржавевшим) кулаком, живем на уровне развивающихся стран. У них — свой дом, персональный компьютер, фрукты круглый год, студент, объехавший полмира, — банальная норма, как норма многое другое, о чем у нас не мечтает даже привилегированная номенклатура. Норма не для богачей (там совсем иные нормы и ценности), а для хорошо работающего специалиста. Чем же удержишь нашего специалиста? Хороший инженер-электронщик у нас зарабатывает рублей 300 — 400 в месяц. Если пойдет в кооператив, «шустрит» там и сям, то может зарабатывать и тысячу-полторы. Но что на них купит? В США специалист того же класса получает около 5000 долларов в месяц — и на каждом углу гора товаров манит и льет: купи меня! И тут заколдованный круг: чем больше высококлассных специалистов будет уезжать из своей страны, тем ниже в ней уровень жизни, а чем ниже уровень жизни, тем больше будут уезжать...

Работа. Для «работяги» важны не только (да и не столько) сами деньги, сколько возможность вкалывать от души. И здесь — все преимущества на «их» стороне. Что тут говорить: точность рабочих отношений, дисциплина, ответственность — разве сопоставимы! Тратить уйму времени, чтобы добиться элементарного выполнения своих прямых обязанностей от бездельников и неумех, которых, однако, нельзя ни уволить, ни наказать... Где еще, в какой стране так унижают специалиста, заставляя его не дело свое наилучшим образом делать, а воевать со всеобщим разгильдяйством! А «доставание» всего и вся — от нужного гаечного ключа до компьютера, когда нигде и ничего никогда нет! А перспективы служебного роста в соответствии с «общественной работой»? Что ж удивляться, что люди стали заниматься своей работой «на общественных началах»?

И опять — заколдованный круг. Чем больше мастеров уезжает — тем тошней мастеру, тем больше у него причин удрать от этого позорного бардака...

Наконец, политическая нестабильность. Не только нацменьшинства боятся «гражданской войны». Сегодня страх насилия, апокалиптические предчувствия очень распространены в обществе, что тоже стимулирует эмиграцию. И здесь — чем больше уезжает тех, кто не приемлет никакого насилия, тем сильнее позиция тех, кто делает ставку на него.

А. РАДЗИХОВСКИЙ
(ТАСС)

PART III - POST-READING TASKS

Vocabulary exercises

A. Explain the following words and phrases using synonyms, antonyms and/or equivalent phrases.

двойно́е гражда́нство; объе́хать полми́ра; по нараста́ющей; ци́фры не в на́шу по́льзу; заколдо́ванный круг; в коне́чном ито́ге; де́ло за ма́лым; оплати́ть сто́рицей.

B. Paraphrase the words and expressions in bold using appropriate words from the text. Make the necessary changes.

1) Сове́тские подро́стки **смо́трят глаза́ми, по́лными за́висти и восхище́ния,** на иностра́нные маши́ны.
2) Интере́сно то́чно определи́ть, ско́лько **мя́са и моло́чных проду́ктов потребля́ют сове́тские гра́ждане в год** и ско́лько маши́н **нахо́дится в их со́бственности.**
3) Стра́х пе́ред ночны́ми звонка́ми и зву́ками шаго́в на ле́стничной площа́дке постепе́нно **стано́вится ча́стью про́шлого.**
4) Те, кто утвержда́ет, что ру́сский национали́зм не поднима́ет сего́дня го́лову, про́сто **не хотя́т ви́деть очеви́дного.**
5) Когда́ начну́т эмигри́ровать ру́сские, **счита́ть придётся ты́сячами и деся́тками ты́сяч.**
6) **Не ме́нее** 25% опера́ции выполня́лось войска́ми сою́зников.
7) Что́бы поступи́ть на госуда́рственную слу́жбу, ну́жно **отве́тить на** многочи́сленные **вопро́сы в формуля́рах.**
8) Стати́стика рожда́емости и сме́ртности в СССР свиде́тельствует об у́ровне, **сравни́мом** с у́ровнем стра́н тре́тьего ми́ра.
9) Обы́чно лю́ди, труд кото́рых хорошо́ опла́чивается, **рабо́тают с энтузиа́змом.**
10) В пери́оды истори́ческих катакли́змов лю́ди **нере́дко ощуща́ют стра́х кровопроли́тия** и говоря́т о **ка́жущемся им приближе́нии конца́ ми́ра.**
11) Бы́ло бы неразу́мно опя́ть **рассчи́тывать на** изве́чное терпе́ние ру́сского наро́да.
12) Мо́жно сказа́ть, что еди́нственным позити́вным **результа́том** перестро́йки **явля́ется** гла́сность.
13) Ле́том сове́тские студе́нты обы́чно направля́ются на предприя́тия для **приобрете́ния практи́ческого о́пыта в свое́й бу́дущей специа́льности.**
14) **Иностра́нные инвести́ции** мо́гут **бы́стро помо́чь** сове́тской эконо́мике.

C. Find the following phrases in the text:

1) **Предвидеть, что «развёрзнутся хляби небесные», немудрено.**
It does not take a lot of wisdom to predict that "the heavens will part."

Write five to ten sentences following the pattern below on the basis of the article:

Предвидеть, что + *a clause*   ,   **немудрено.**

_____

_____

Try to use some of the following expressions:

делать ставку на ...; заполнять анкеты; вкалывать от души; эмигрировать из СССР; воевать с разгильдяйством; повыситься до уровня, сопоставимого с западным; рывком двинуть страну вперёд.

2) **Едут специалисты - вот беда.**
It is the professionals who are leaving - that is what the problem is.

Write five to ten sentences following the pattern below on the basis of the article:

(clause)   **- вот беда.**

_____

_____

Try to use some of the following expressions:

страх насилия; продолжаться по нарастающей; изменить свой характер; прятать голову в песок; ожидать огромную эмиграцию; «утечка мозгов»; массовый отъезд; привилегированная номенклатура; высылка диссидентов; посольство США в Москве; лауреаты Нобелевской премии; заколдованный круг; (не) использовать на благо страны.

3) **... нужно повернуть дело так, чтобы мы не теряли специалистов, ...**
It is necessary to change things in such a way that we will stop losing professionals.

Write five to ten sentences following the pattern below on the basis of the article:

Нужно повернуть дело так, чтобы + a *Subjunctive clause*.

_____

_____

Try to use some of the following expressions:

рассчитывать на свои знания; конкурентноспособные специалисты; программисты; хороший инженер-электронщик; привилегированная номенклатура; богачи; средний гражданин; русские эмигранты; объехать полмира; иметь свободу выбора; показывать кулак миру; работать на себя; тратить время от души; добиться выполнения дисциплины.

D. Make a list of words from the text which can be used to talk about issues of emigration.

Communicative exercises - for discourse management

A. Make an opening statement with respect to the following phrases using:

сначала нужно ясно представить себе, что ...

Model:

В Советском Союзе женское движение было распущено в 20-е годы.

Сначала нужно ясно представить себе, каким же было женское движение в России до и после революции, до того как «женский вопрос» был разрешён с построением «социализма».

1) Отъезд евреев и немцев будет продолжаться по нарастающей.
2) Уезжают конвертируемые специалисты.
3) Хороший инженер-электронщик может заработать много денег, но что он может на них купить?
4) Апокалиптические предчувствия сегодня очень распространены в советском оществе.
5) Саму имиграцию можно использовать на благо страны.

B. Express your agreement/disagreement with the following statements by arguing your point of view using the words below:

> тру́дно не согласи́ться с утвержде́нием, что ...
> я не могу́ согласи́ться с тем, что ...
> де́ло в том, что ...

Model:

Же́нщины в СССР рабо́тают в две сме́ны – на рабо́те и до́ма.

Тру́дно не согласи́ться с утвержде́нием, что «освобождённая» сове́тская же́нщина – э́то «работя́га», вка́лывающая в две сме́ны всю свою́ жизнь. **Де́ло в том, что** по́сле по́лного восьмичасово́го дня она́ ещё стои́т в очередя́х за проду́ктами, пото́м гото́вит обе́д, ко́рмит семью́, мо́ет и укла́дывает спать дете́й, а пото́м, возмо́жно, и пья́ного му́жа.

1) С отме́ной национа́льных ограниче́ний на «воссоедине́ние семе́й», начнётся огро́мная ру́сская эмигра́ция.
2) Чем бо́льше конкурентоспосо́бных специали́стов уезжа́ет, тем ме́нее конкурентоспосо́бной стано́вится страна́.
3) У сове́тского «работя́ги» отня́ли да́же са́мое люби́мое: вка́лывать от души́.
4) Желе́зный за́навес ру́хнул, потому́ что СССР подписа́л определённые договорённости.
5) Чем бо́льше уезжа́ет тех, кто не прие́млет никако́го наси́лия, тем сильне́е пози́ция тех, кто де́лает ста́вку на него́.
6) Если сове́тское руково́дство введёт режи́м изоляциони́зма, то страна́ пока́тится в сто́рону, противополо́жную мирово́й цивилиза́ции.
7) Вложе́ния иностра́нного капита́ла мо́гут рывко́м дви́нуть страну́ вперёд.

B. Identify the source of the following statements using the words below:

> по официа́льным да́нным, ...
> а́втор статьи́ утвержда́ет, что ...
> в представле́нии мно́гих ...

Model:

В СССР нет «неже́нских профе́ссий».

В представле́нии мно́гих на За́паде в СССР не существу́ет профе́ссий, кото́рыми бы сове́тская же́нщина не занима́лась.

1) В 1989 году́ эмигри́ровало 228 ты́сяч челове́к.
2) У за́падного специали́ста – свой дом, персона́льный компью́тер, фру́кты кру́глый год.

3) Сего́дня в СССР в 50 раз ме́ньше нобелевских лауреа́тов, чем в США.
4) Хоро́ший инжене́р-электро́нщик зараба́тывает 300–400 рубле́й в ме́сяц.

C. Express your agreement/disagreement with the following statements by arguing your point of view using the words below:

> тру́дно не согласи́ться с утвержде́нием, что ...
> я не могу́ согласи́ться с тем, что ...
> де́ло в том, что ...

Model:

Же́нщины в СССР рабо́тают в две сме́ны – на рабо́те и до́ма.

Тру́дно не согласи́ться с утвержде́нием, что «освобождённая» сове́тская же́нщина – э́то «работя́га», вка́лывающая в две сме́ны всю свою́ жизнь. **Де́ло в том, что** по́сле по́лного восьмичасово́го дня она́ ещё стои́т в очередя́х за проду́ктами, пото́м гото́вит обе́д, ко́рмит семью́, мо́ет и укла́дывает спать дете́й, а пото́м, возмо́жно, и пья́ного му́жа.

1) С отме́ной национа́льных ограниче́ний на «воссоедине́ние семе́й», начнётся огро́мная ру́сская эмигра́ция.
2) Чем бо́льше конкурентноспосо́бных специали́стов уезжа́ет, тем ме́нее конкурентноспосо́бной стано́вится страна́.
3) У сове́тского «работя́ги» отня́ли да́же са́мое люби́мое: вка́лывать от души́.
4) Желе́зный за́навес ру́хнул, потому́ что СССР подписа́л определённые договорённости.
5) Чем бо́льше уезжа́ет тех, кто не прие́млет никако́го наси́лия, тем сильне́е пози́ция тех, кто де́лает ста́вку на него́.
6) Если сове́тское руково́дство введёт режи́м изоляциони́зма, то страна́ пока́тится в сто́рону, противополо́жную мирово́й цивилиза́ции.
7) Вложе́ния иностра́нного капита́ла мо́гут рывко́м дви́нуть страну́ вперёд.

D. Express your opinion concerning the following statements using the words below:

> моё мне́ние по э́тому вопро́су сле́дующее
> ведь
> в то вре́мя как ...

Model:

Сове́тским мужчи́нам на́до отказа́ться от патриарха́льных взгля́дов.

Моё мне́ние по э́тому вопро́су сле́дующее. Мужчи́не в СССР пора́ отказа́ться от свои́х патриарха́льных взгля́дов, **ведь** его́ же́нщина уже́ живёт в сего́дняшней реа́льности, **в то вре́мя как он** обе́ими нога́ми застря́л во вчера́шнем дне.

1) Миллио́ны ру́сских – мо́жно сказа́ть трудова́я а́рмия, разме́ром с небольшо́й наро́д – уе́дут из свое́й страны́.
2) Хорошо́ рабо́тающий за́падный специали́ст име́ет всё, о чём в СССР мо́жет мечта́ть то́лько привилегиро́ванная номенклату́ра.
3) Эмигра́ция тре́тьей волны́ до́рого сто́ила Сове́тскому Сою́зу.
4) Повы́сив у́ровень жи́зни высококвалифици́рованных специали́стов, мо́жно сни́зить ци́фры жела́ющих уе́хать из СССР.
5) Экономи́ческая поли́тика должна́ вся́чески поощря́ть совме́стные предприя́тия.
6) Пробле́ма эмигра́ции должна́ осознава́ться как глоба́льная стратеги́ческая пробле́ма.

E. Make an attempt to avoid the discussion of the problem by shifting to another subject.   Use the following expressions:

> **безусло́вно, в э́том заявле́нии есть до́ля и́стины, но ...**
> **нельзя́ недооце́нивать тот факт, что ...**

Model:

Сове́тские мужчи́ны то́лько и де́лают, что занима́ются «говори́льней».

Безусло́вно, в э́том заявле́нии есть до́ля и́стины, но не забыва́йте, что перестро́йка стои́т пе́ред лицо́м огро́мных тру́дностей. **Нельзя́ недооце́нивать тот факт, что** моме́нт действи́тельно крити́ческий, и от того́, как реши́тся пробле́ма, кто победи́т в борьбе́ за власть, мо́жет зави́сеть бу́дущее всей страны́.

1) Привы́чка пря́тать го́лову в идеологи́ческий песо́к отхо́дит в про́шлое.
2) Специали́сты по нау́чному коммуни́зму не уе́дут.
3) Гра́ждане сверхдержа́вы с гига́нтским желе́зным кулако́м живу́т на у́ровне развива́ющихся стран.
4) Сове́тский Сою́з безнадёжно отстаёт от ра́звитых стран по коли́честву маши́н на ду́шу населе́ния.
5) Введе́ние но́вого желе́зного за́навеса в Сове́тском Сою́зе подо́бно лече́нию головно́й бо́ли гильоти́ной.

F. Make a concluding statement using some of the following phrases:

> **Бесспо́рно одно́**
> **в коне́чном ито́ге всё сво́дится к одному́**

Model:

Бесспо́рно одно́. В совреме́нном о́бществе, в кото́ром же́нщина не мо́жет не игра́ть ро́ли, ра́вной с мужчи́нами, необходи́мо приня́тие того́ фа́кта, что дома́шняя рабо́та – э́то обя́занность в ра́вной сте́пени и мужчи́н, и же́нщин.

1) Де́ло не в коли́честве эмигра́нтов.
2) Чем бо́льше высококла́ссных специали́стов бу́дет уезжа́ть из свое́й страны́, тем ни́же в ней бу́дет у́ровень жи́зни.
3) Что же удивля́ться, что сове́тские лю́ди занима́ются свое́й рабо́той спустя́ рукава́?!
4) Страх наси́лия существу́ет сего́дня не то́лько среди́ нацменьши́нств.
5) Те, кто о́чень хо́чет уе́хать, всё равно́ уе́дут.

G. Suggest to a friend or a colleague to read or not to read this article using the following phrases:

обяза́тельно прочита́йте э́ту статью́, так как ...
э́ту статью́ мо́жно с лёгкостью пропусти́ть, потому́ что ...

Communicative exercises – for supported opinion

A. Answer the following questions:

1. Каки́е гру́ппы населе́ния име́ют пра́во на эмигра́цию из СССР?
2. Что предска́зывает а́втор в связи́ с отме́ной ограниче́ний на эмигра́цию?
3. Почему́ а́втор счита́ет, что беда́ не в коли́честве бу́дущих эмигра́нтов?
4. Что де́лают сове́тские гра́ждане в посо́льстве США?
5. Что вы зна́ете о тре́тьей волне́ эмигра́ции из СССР?
6. По каки́м причи́нам сове́тские лю́ди хотя́т эмигри́ровать?
7. Каки́е два пути́ мо́гут позво́лить разреши́ть вопро́с «уте́чки мозго́в»?
8. Как мо́жно, по мне́нию а́втора, испо́льзовать эмигра́цию на бла́го страны́?
9. Каку́ю экономи́ческую поли́тику ну́жно проводи́ть, что́бы соде́йствовать разреше́нию э́той глоба́льной пробле́мы?

B. Edit the following summary of the article:

На сего́дняшний день то́лько евре́и, не́мцы и грузи́ны мо́гут эмигри́ровать из Сове́тского Сою́за, но как то́лько бу́дут отменены́ ...., «развёрзнутся хля́би небе́сные», и пое́дут со́тни и со́тни ру́сских. К сожале́нию, основно́й ма́ссой отъезжа́ющих бу́дут молоды́е специали́сты, кото́рые .... Тако́й отъе́зд бу́дет означа́ть дальне́йшую поте́рю конкурентноспосо́бности страны́.

По мнению автора, люди уезжают по трём причинам. Во-первых, это низкий уровень жизни. Советские граждане имеют ......, в то время как западный специалист ...... И опять ещё один заколдованный круг: ....

Второй причиной является отсутствие работы. Большую часть времени советский специалист тратит на поиски работы. Что же удивляться, что люди едут?

И наконец, политическая нестабильность. Люди боятся, что с введением рыночной экономики им придётся изменить своё отношение к труду. Страх кровопролития чрезвычайно стимулирует эмиграцию. И опять, чем больше уезжает тех, кто ....., тем сильнее .....

Как же разрешить этот вопрос? Один путь, по которому может пойти советское руководство, - это введение железного занавеса. Но если это произойдёт, то ..... Другой путь - повысить уровень жизни высококвалифицированных специалистов до уровня, сопоставимого с доперестроечным.

Важно научиться использовать саму эмиграцию на благо страны, а именно повернуть дело так, чтобы не терять специалистов, а повышать их квалификацию за границей. Для разрешения этой глобальной проблемы необходимо и поощрение совместных предприятий, и ....., и ......

C. Make up your own summary.

D. What title would you use for the story?

E. Make a short list of issues that appear most important to you.

F. Restate the main points in the way in which you would have approached this subject matter. Make use of words suggested above to a) quote sources; b) express your agreement/disagreement with the author; c) state your own opinion and support it.

G. Conduct a round-table discussion on the subject "Emigration in the USSR." The participants represent different attitudes as to what the Soviet policy toward emigration should be.

First: Emigration from the USSR means brain drain and therefore should be stopped even if it takes away from the democratic reforms which are under way today.

Second: Emigration is a normal process and in the long run may be even helpful to the Soviet Union because it will gradually create a diaspora of compatriots who will feel an emotional attachment to their former mother country.

Third: Emigration of specialists is a major problem. All neccessary steps should be taken without violating human rights to create better conditions inside the country thus possibly preventing specialists from leaving.

Distribute the roles beforehand, think through each line of argument, and present it in a logical fashion supporting your point of view.

H. Be prepared to discuss one of the following themes:

1. Почему́ в пери́од гла́сности и перестро́йки миллио́ны люде́й, включа́я этни́ческих ру́сских, хотя́т уе́хать из Сове́тского Сою́за?

2. Что вы зна́ете о пробле́ме «уте́чки мозго́в»? Наско́лько она́ реа́льна и есть ли возмо́жность поста́вить её под контро́ль в ми́ре, где существу́ют столь ра́зные экономи́ческие и полити́ческие возмо́жности?

I. Write a one-page composition on one of the above themes.

ГЛАВА ЧЕТВЁРТАЯ

ГЛАВА ЧЕТВЁРТАЯ: ОНИ И МЫ

Урок один – Безопасность: новые измерения

Владимир Петровский

PART I – PRE-READING TASKS

A. Read the title of the story and note the professional identity and degree of its author. Do you expect V. Petrovsky, a scholar and a practitioner, to spell out new ways of maintaining security or rather new dimensions of it? Is the term security exclusive for international affairs? Discuss your thoughts with other students and write them down.

B. Skim through paragraphs 3, 4, 6 and 12. Compare what you find with your predictions.

C. Specific terms. Pay special attention to the list below.

How to define security for a new confederation of sovereign states evolving in the place of the Soviet Union and anxious to be integrated in the world economy and, more broadly, in the new world order is a current preocupation of the Foreign Ministry in Moscow. The man directly responsible for conceptualizing new Soviet approaches to security is the author of this article, the recently appointed Soviet First Deputy Minister of Foreign Affairs, Vladimir Petrovsky.

1) СБСЕ – Совещáние по безопáсности и сотрýдничеству в Еврóпе – the Conference on Security and Cooperation in Europe was officially launched in 1975 in Helsinki and gradually developed into a diplomatic process involving all European states except Albania and including the US and Canada. This process which focuses on security, economics and human rights issues became particularly important with the near collapse of the Warsaw Pact and the corresponding evolution of NATO. Some, particularly the Soviet Union, believe that the CSCE will provide a framework for building a new European home from the Atlantic to the Urals in the new post-cold war environment.

2) Комиссия Пальме - the Palme Commission, a multi-national non-governmental panel preoccupied with advancing disarmament and new forms of cooperation. The commission was chaired by the late Swedish Prime Minister Olaf Palme.

D. Look through the following words and expressions from the text.

1) проблема встаёт во весь рост - the problem is arising
2) святая святых - the holiest of holies
3) выделять/выделить узловые моменты - to emphasize central points
4) отказ от конфронтации - repudiation of confrontation
5). признание взаимозависимости и целостности мира - recognition of the interdependence and integrity of the world
6) человек есть мера всех вещей - a man is the measure of all things
7) изматывать/измотать (trans.) - to exhaust, to drain
8) за чужой счёт (за счёт другого) - at somebody else's expense
9) мыслить (imperf. only) в категориях чего-то - to think in the category of ...
10) многомерность - multi-dimensional capacity
11) дело обстоит иначе - things stand differently
12) осознавать/осознать масштаб чего-либо - to become fully aware of the dimensions of ...
13) одноразовые шприцы на душу населения - disposable syringes per capita
14) трактовать (imperf. only) по-другому - to interpret in a different fashion
15) разумная достаточность - reasonable sufficiency
16) преодоление угрозы - overcoming a threat
17) встречная реакция со стороны партнёров - feedback from one's partners
18) приверженность к сверхсекретности - overattachment to secrecy
19) существовать (imperf. only) в отрыве друг от друга - to exist independently of one another

PART II - READING TASKS

A. Read the questions below. Then, read the text and answer the questions in written form.

Questions:

1) What is the main idea of the article?

PARAGRAPH 1
2) The problem of security is universal. Give a list of various forums which focus on it.

PARAGRAPH 2
3) According to the author, security ... (mark the correct answer):
   a) is urgent because of its novelty.
   b) is different in a transforming world.
   c) was and is the holiest of holies of any state.

PARAGRAPH 3
4) New political thinking means ... (true or false for each):
   a) a return to confrontation.
   b) repudiation of a fortress mentality.
   c) recognition of the interdependence of the world.

5) Why has the old concept of security become outmoded?

6) A wealthy country can feel secure ... (true or false for each):
   a) only when it has reliable armed forces.
   b) having provided each of its citizens with proper standards of living.

PARAGRAPH 4, 5
7) Decades of the arms race have proven two things. Name them.

8) What is the way to security, according to the Palme Commission?

PARAGRAPH 6
9) Name the preconditions for a viable security today.

PARAGRAPH 7, 8
10) The Soviet people feel threatened today. Explain why?

11) Emphasis on the military ... (mark the correct answer):
    a) strengthens other components of national security.
    b) weakens other elements of national might.

PARAGRAPH 9
12) According to the author, military security is ...
    (true or false for each)
    a) a reasonable sufficiency of weapons for defense.
    b) a recognition of one's ability to win in an arms race.
    c) a recognition of one's inability to win a victory in a nuclear war.
    d) a reasonable sufficiency of weaponry to deliver a retaliatory strike.

PARAGRAPH 10

13) What kind of an approach does the UN resolution on strengthening security in all its aspects support?

PARAGRAPH 11

14) List the professions of the participants in the discussion at home on what the new doctrine of security should be.

PARAGRAPH 12

15) An open statement of intentions on matters of security is important for two reasons. Name them.

PARAGRAPH 13

16) Explain the statement: The more security we have, the higher standard of living we enjoy.

B.   Stylistic analysis.

1.   Make a list of transition markers and explain the function of each.

2.   Single out different parts of the article and name them.

3.   Find uses of stylistic redundancy and explain the reasons for its use.

4.   Find uses of opposites in the text.

5.   Find uses of metaphors and explain them.

C.   Write an outline of the story in Russian using a) quotations from the text and   b) your own questions.

D.   Did you like the article? What position does the author take? Do you agree with this position?

E.   Did you learn anything new for yourself in this article? Name the points which surprised you.

Безопасность: новые измерения

В МИРЕ

Владимир ПЕТРОВСКИЙ,
*заместитель министра
иностранных дел,
доктор исторических наук*

Проблема безопасности сегодня встает во весь рост на митингах и съездах, в парламентских дебатах, на переговорах с зарубежными представителями по вопросам европейского или мирового переустройства. О безопасности много говорилось, к примеру, на недавней гуманитарной конференции СБСЕ в Копенгагене. Или взять многосторонние ее аспекты — состоявшиеся на днях советско-американские переговоры по деятельности ООН так или иначе тоже вращались вокруг глобального поддержания мира.

Остроту этого вопроса не объяснить его новизной. Напротив, всегда и во все времена безопасность — святая святых интересов каждого государства — находилась в центре его забот. Почему же именно сегодня и советские люди, и все международное сообщество вновь столь пристально вглядываются в контуры безопасности формирующегося нового мира? Выделю три узловых момента.

Первое. Новое политическое мышление — это отказ от конфронтации, от психологии «осажденной крепости», признание взаимозависимости и целостности мира. Неприменимой в таком мире оказывается устаревшая концепция безопасности, опиравшаяся только на государство, а не на общество и отдельную личность. Если человек есть мера всех вещей, то и человеческое измерение безопасности любой страны становится отныне определяющим. Говорят, богатая страна может чувствовать себя в безопасности, лишь надежно обеспечив и защитив условия жизни каждого гражданина.

Второе. На международном уровне сегодня прочно утвердилось понятие всеобщей безопасности. Десятилетия противостояния и ядерной гонки не только изматывали ее участников экономически. Они также доказали, что иметь больше оружия, чем у соседей, отнюдь не значит чувствовать себя спокойно. Нет, добиваться своей безопасности следует не за чужой счет, а лишь путем сотрудничества — вот постулат, сформулированный авторитетнейшей Комиссией Пальме и подкрепленный затем престижем ООН.

При этом безопасность перестает мыслиться пассивно в категориях защиты. Она становится активной, обеспечивается энергичными действиями по укреплению стабильности международной системы и составляющих ее частей.

Третье и главное. Новая модель безопасности раскрывает свою многомерность. Видение безопасности как проблемы прежде всего военной сменяется комплексным всеобъемлющим взглядом. Воспринимать безопасность как исключение угрозы войны ныне уже совершенно недостаточно и к тому же неточно. Реальная безопасность сегодня — это наличие не только должным образом подготовленной и вооруженной армии, но и как никогда прежде здоровой и растущей экономики, высоких научно-технологических возможностей, крепкой социальной политики, квалифицированных кадров, межнациональной гармонии, рачительного отношения к природе.

Если бы дело обстояло иначе, в воздухе, которым дышит советское общество, не витала бы тревога. Отодвинув за годы перестройки военную опасность для государства, которая до сих пор заслоняла для нас все остальное, мы впервые в полной мере осознали масштаб стоящих перед страной экономических и социальных проблем.

Более того, упор на военную составляющую безопасности сегодня непосредственным образом ослабляет другие компоненты национальной мощи. Необходим не только военный паритет, но и паритет в количестве одноразовых шприцев на душу населения.

Да и сама военная безопасность, продолжая играть важнейшую роль, трактуется уже по-другому. Она определяется разумной достаточностью для обороны, как и признанием невозможности победы в ядерной войне или в гонке вооружений. Безопасность складывается не из количества оружия, а из качества надежного предотвращения войны — это убеждение и раньше разделялось многими профессиональными военными. И выковывается она все больше через переговоры о взаимном сокращении арсеналов, а не через накачивание военных мускулов.

Стремление к всеобъемлющей безопасности — это отличительный и системообразующий принцип современной международной жизни. Многомерный подход к безопасности складывается как всемирно признанный стандарт. Именно ему оказали год назад поддержку 159 государств — членов ООН, приняв на основе общего согласия на 44-й сессии Генеральной Ассамблеи резолюцию об укреплении безопасности во всех ее аспектах.

Напомним, Советский Союз был в числе инициаторов идеи всеобъемлющей безопасности. Будучи закреплена как международная норма поведения, теперь эта идея должна воплотиться в национальные доктрины безопасности, разумеется, и в нашей стране. Вестись разработка такой доктрины должна открыто, с участием общественности, ученых, военных, политиков, дипломатов.

Нужен общественный консенсус в отношении параметров безопасности: кто или что нам угрожает. Открыто заявив о своих целях в сфере безопасности, мы сами себе поможем проконтролировать преодоление тех или иных угроз да и получим встречную реакцию со стороны партнеров. Сохранение же здесь приверженности к сверхсекретности — это непредсказуемость, это антипод сотворчества в деле мира.

Сформулировать приоритеты политики так, чтобы они выражали баланс интересов (личности, общества, государства), значит заложить основу успеха. А успех в политике и экономике не существует в отрыве друг от друга: больше безопасности — выше уровень жизни, и наоборот.

22 июля 1990 г.

PART III - POST-READING TASKS

Vocabulary exercises

A. Explain the meaning of the following words using synonyms, antonyms and/or equivalent phrases.

общественный консенсус; мировое переустройство; вглядываться во что-то; психология «осаждённой крепости»; противостояние; ядерная гонка; постулат; рачительное отношение к природе; военный паритет; военные мускулы; параметры безопасности; антипод.

B. Paraphrase words and expressions in bold using appropriate words from the text. Make the necessary changes.

1) Вопрос отказа от самой идеи «противника» **встал на первый план** при новом политическом мышлении.
2) Если бы **всё было по-другому**, то Советский Союз не оказался бы безнадёжно отсталой страной.
3) В настоящей демократической системе человек является **точкой отсчёта**.
4) Холодная война и гонка вооружений **ослабляли** обоих участников и в результате привели к взаимному отказу от **противостояния**.
5) Разумная достаточность ядерного потенциала сегодня **интерпретируется по-новому.**
6) Мы вооружаемся в одностороннем порядке без **ответной реакции** Запада.
7) Сталинская бюрократия отличалась **склонностью к повсеместному засекречиванию.**
8) Качество образования и средства, потраченные на него, не существуют **вне зависимости** друг от друга.
9) Чтобы сохранить привычный и удобный для себя уклад жизни, среднему американцу необходимо **понять размеры** надвигающейся экологической катастрофы.
10) Настоящая безопасность не может строиться **чужими руками.**
11) **Устранение** «коммунистической» угрозы деморализовало многих любителей борьбы с СССР.
12) В своей статье автор **акцентировал внимание на центральных вопросах** формирующегося нового мира.
13) Мекка является **сокровенным местом** для мусульман всего мира.

C. Find the following phrases in the text:

1) **Пробле́ма** безопа́сности **встаёт во весь рост** на ми́тингах и съе́здах.
The problem of security **arises** at meetings and conferences.

Write five to ten sentences following the pattern below on the basis
of the article:

Пробле́ма   (чего́)   **встаёт во весь рост**   (где)
_____   _____
_____   _____

Try to use the following expressions:

парла́ментские деба́ты; ми́тинги и собра́ния; съезд па́ртии;
переговоры по вопро́су ...; конфере́нция по ...; ООН; отка́з от
конфронта́ции; я́дерная го́нка; сотру́дничество; угро́за войны́;
нехва́тка одноразовых шприцо́в; масшта́б социа́льных пробле́м.

2) **О** безопа́сности **мно́го говори́лось**. - Security **was much talked about.**

Write five to ten sentences following the pattern below on the basis of
the article

(о чём, о ком)   **мно́го говори́лось.**
_____
_____

Try to use the following expressions:

вое́нный парите́т; национа́льная мощь; разу́мная доста́точность
вооруже́ний; многоме́рность безопа́сности; невозмо́жность побе́ды
в я́дерной войне́; профессиона́льная а́рмия; нака́чивание вое́нных
му́скулов; приве́рженность к сверхсекре́тности; свята́я святы́х ....

3) Остроту́ э́того вопро́са **не объясни́ть** его́ новизно́й.
The acuteness of this issue **cannot be explained by** its novelty.

Write five to ten sentences following the pattern below on the basis of the article:

Но́вое мышле́ние	**не объясни́ть**	(чем)
Отка́з от конфронта́ции		_____
Экономи́ческий кри́зис		_____
Масшта́б социа́льных пробле́мм		
и т.д.		

Try to use the following expressions:

доста́точность вооруже́ний; обще́ственный консе́нсус; экономи́ческие пробле́мы; успе́х в поли́тике; взаймное сокраще́ние арсена́лов; разрабо́тка но́вых ти́пов ору́жия; но́вая моде́ль безопа́сности; психоло́гия «осаждённой кре́пости».

4) **Стремле́ние к** всеобъе́млющей безопа́сности – э́то **отличи́тельный** при́нцип совреме́нной междунаро́дной жи́зни.
The desire to have encompassing security is a trademark of modern international life.

Write five to ten sentences following the pattern below on the basis of the article:

Стремле́ние	(к чему́)	– **э́то отличи́тельный при́нцип** (чего́, кого́)
_____		_____
_____		_____

Try to use the following expressions:

призна́ние це́лостности ми́ра; ослабле́ние национа́льной мо́щи; я́дерное противостоя́ние; формиру́ющийся но́вый мир; парла́ментские деба́ты; но́вое полити́ческое мышле́ние; укрепле́ние стаби́льности; профессиона́льная а́рмия; вы́года за чужо́й счёт; бога́тая страна́; ка́ждый граждани́н; бо́льше ору́жия, чем у сосе́дей.

5) А успе́х в поли́тике и эконо́мике **не существу́ет в отры́ве друг от дру́га.**
Successes in politics and economics **do not exist independently of one another.**

Write five to ten sentences following the pattern below on the basis of the article.

(что)   **не существу́ет(ют) в отры́ве друг от дру́га.**

_____
_____

Try to use the following expressions:

здоро́вая эконо́мика; нау́чно–технологи́ческие возмо́жности; межнациона́льная гармо́ния; пра́во на ...; квалифици́рованные ка́дры; профессиона́льная подгото́вка; охра́на окружа́ющей среды́; разу́мное отноше́ние к приро́де; перестро́йка; правова́я рефо́рма; добрососе́дские отноше́ния; разу́мная доста́точность; призна́ние невозмо́жности побе́ды в го́нке вооруже́ний.

D. Make a list of words from the text which can be used to talk on the subject of security.

Communicative exercises – for discourse management

A. Identify the source of the statements using the words below:

в печа́ти мно́го говори́лось о ...
как бы́ло сформули́ровано в ...,

Model:

Организо́ванная престу́пность представля́ет собо́й пирами́ду.

Как бы́ло сформули́ровано в да́нном иссле́довании, организо́ванную престу́пность мо́жно предста́вить в ви́де пирами́ды.

1) Безопа́сность – свята́я святы́х интере́сов ка́ждого госуда́рства.
2) Добива́ться безопа́сности сле́дует не за чужо́й счёт, а путём сотру́дничества.

B. Express your agreement/disagreement with the following statements by arguing your point of view. Use the following:

> я до́лжен (должна́) согласи́ться с тем, что ..., так как ...
> мне тру́дно согласи́ться с тем, что ..., поско́льку ...
> де́ло обстои́т ина́че
> ведь ...

Model:

Исто́ки и структу́ра организо́ванной престу́пности везде́ одина́ковы.

Мне тру́дно согласи́ться с тем, что мо́жно автомати́чески сра́внивать исто́ки и структу́ру организо́ванной престу́пности в ра́зных стра́нах. **Ведь** то́лько специ́фика страны́, т.е. её исто́рия и госуда́рственное устро́йство, мо́жет определя́ть хара́ктер организо́ванной престу́пности.

1) Во все времена́ и во всех стра́нах проблема́ безопа́сности занима́ла важне́йшее ме́сто.
2) Челове́к есть ме́ра всех веще́й.
3) Нали́чие здоро́вой и расту́щей эконо́мики создаёт реа́льную безопа́сность.
4) Вое́нная безопа́сность определя́ется сего́дня разу́мной доста́точностью для оборо́ны.

C. Express your opinion concerning the following statements using as many of the words below as possible:

> мне ка́жется, что ...
> де́ло в том, что ...
> и́менно поэ́тому ...

Model:

Перераспределе́ние фу́нкций в подпо́льном би́знесе дви́нуло де́ло.

Мне ка́жется, что дельца́м подпо́льного ры́нка на́до бы́ло нести́ двойну́ю нагру́зку. **Де́ло в том, что** они́ до́лжны бы́ли реализо́вывать кра́деные това́ры и одновреме́нно осуществля́ть фу́нкцию охра́ны. **И́менно поэ́тому,** договори́вшись ме́жду собо́й, они́ перераспредели́ли фу́нкции, чтобы дви́нуть де́ло.

1) Остроту́ вопро́са безопа́сности не объясни́ть его́ новизно́й.
2) Бога́тая страна́ мо́жет чу́вствовать себя́ в безопа́сности.
3) Межнациона́льная рознь создаёт ощуще́ние неуве́ренности в за́втрашнем дне у всех слоёв населе́ния.

4)   Доста́точное коли́чество одноразовых шприцо́в на ду́шу населе́ния и определя́ет реа́льную безопа́сность.

5)   Успе́х в поли́тике и эконо́мике не существу́ет в отры́ве друг от дру́га.

D.   Continue and develop the following statements using as many of the words below as possible:

> я хоте́л(а) бы доба́вить сле́дующее
> де́ло обстои́т ина́че
> е́сли проследи́ть ..., то стано́вится очеви́дным тот факт, что ...

Model:

Организо́ванная престу́пность так про́сто не исче́знет.

Я хоте́ла бы доба́вить сле́дующее.   Если проследи́ть явле́ние организо́ванной престу́пности в ра́зных стра́нах, **то стано́вится очеви́дным тот факт, что** она́ так про́сто не исчеза́ет, а обы́чно перемеща́ется в други́е сфе́ры.

1)   Сего́дня всё мирово́е соо́бщество приста́льно вгля́дывается в ко́нтуры формиру́ющегося но́вого ми́ра.

2)   Десятиле́тия конфронта́ции изма́тывали её уча́стников экономи́чески.

3)   Если мы не начнём серьёзно относи́ться к охра́не окружа́ющей среды́, то мы разру́шим дом, в кото́ром мы живём.

4)   В исто́рии междунаро́дных отноше́ний всегда́ наблюда́лись ци́клы нака́пливания ору́жия и сокраще́ния его́ арсена́лов.

E.   Make an attempt to avoid the discussion of the problem and shift to another subject by using some of the following words:

> э́то пра́вда, но нельзя́ забыва́ть о ...
> ведь ...
> существу́ют и други́е причи́ны, по кото́рым ...

Model:

Существова́ние подпо́льного ры́нка породи́ло двойну́ю мора́ль.

Это пра́вда, но нельзя́ забыва́ть о том, что двойна́я мора́ль как такова́я существова́ла в о́бществе и ра́ньше.   **Есть и други́е причи́ны, по кото́рым** возникнове́ние двойно́й мора́ли бы́ло неизбе́жным.   Вся жизнь сове́тских люде́й была́ прони́зана ло́жью.   Они́ слы́шали одно́, а ви́дели совсе́м друго́е.

1)   Но́вое полити́ческое мышле́ние явля́ется результа́том отка́за от конфронта́ции как ме́тода разреше́ния спо́рных вопро́сов.

2)   Исключе́ние угро́зы войны́ должно́ создава́ть ощуще́ние безопа́сности.

3) Впервы́е в по́лной ме́ре сове́тские руководи́тели осозна́ли масшта́б
    стоя́щих пе́ред страно́й экономи́ческих пробле́м.

4) Приве́рженность к сверхсекре́тности стои́т на пу́ти вое́нной рефо́рмы в
    сове́тской а́рмии.

F. Suggest to a friend or a colleague to read or not to read this
    article by using the following words:

> не прочита́ть э́той статьи́ нельзя́, поско́льку ...
> вам лу́чше не чита́ть э́той статьи́, поско́льку ...

Communicative exercises – for supported opinion

A. Answer the following questions:

1. В чём суть сове́тского полити́ческого мышле́ния?
2. Как измени́лась при Горбачёве сове́тская тракто́вка национа́льной
    безопа́сности?
3. Какова́ связь ме́жду безопа́сностью и эконо́микой с то́чки зре́ния но́вой
    сове́тской вне́шней поли́тики?
4. Почему́ сове́тское руково́дство бо́льше не счита́ет, что рост вое́нной
    угро́зы не приво́дит к безопа́сности?
5. В чём суть сове́тской конце́пции всеобъе́млющей безопа́сности?

B. Edit the following summary of the story:

Всегда́ и во все времена́ пробле́ма безопа́сности находи́лась ....
Сего́дня но́вое формиру́ющееся мирово́е устро́йство тре́бует пересмо́тра ста́рой
конце́пции безопа́сности.   А́втор выделя́ет три узловы́х моме́нта.

В ми́ре, опира́вшемся на отде́льную ли́чность, конце́пция
конфронта́ции как ору́дия разреше́ния конфли́ктов явля́лась одни́м из
важне́йших инструме́нтов вне́шней поли́тики.   В но́вом полити́ческом
устро́йстве, кото́рое опира́ется на госуда́рство, безопа́сность
определя́ется ....

Десятиле́тия я́дерной го́нки ослабля́ли проти́вника полити́чески.   Они́
показа́ли, что ..... не зна́чит чу́вствовать себя́ в безопа́сности.   При
тако́м подхо́де безопа́сность приобрета́ет значе́ние пасси́вного инструме́нта
в междунаро́дной поли́тике.

Ста́рое ви́дение безопа́сности заменя́ется .....   Настоя́щая безопа́сность
сего́дня включа́ет не то́лько си́льную а́рмию, но и ....   Она́ определя́ется
призна́нием невозмо́жности сове́тской побе́ды в экономи́ческом соревнова́нии
с ра́звитыми стра́нами.

C. Make up your own summary.

D. What title would you use for the story?

E. Make a short list of issues which appear most important to you.

F. Restate the main points of the article in the way in which you would
    have approached this subject matter. Make use of words suggested above
    to a) quote sources; b) express agreement/disagreement with the
    author; c) state your opinion and support it.

G. Conduct a discussion in the US Senate Armed Services Committee on a new
    US strategy in the light of the end of the cold war. There are two
    points of view on what our national security policy should now be.
        First: With the end of the cold war and with a new cooperative Soviet
    government attitude, the US can reduce military spending, get the peace
    dividend and rely more on the UN and other international organizations.
    The role of nuclear power is bound to decline in the international
    environment, and what will increasingly matter will be a strong economy
    and the ability to work with the community of nations on the basis of
    international law.
        Second: The end of the cold war does not lead to peace.   It just
    shifts geopolitical confrontation from that of East-West to North-South.
    The Iraqi aggression against Kuwait is a manifestation of things to come.
    The American economy depends on an uninterrupted flow of relatively cheap
    energy. This is even more true of the democratic industrial nations
    whose economic health is essential to American prosperity. As a result
    of the Soviet global retrenchment the US remains the only   true
    superpower. The international community cannot become a substitute for
    US unilateral action.

        Distribute the roles beforehand, think through each one's line of
    argument, and present it in a logical fashion supporting your point of
    view.

H. Be prepared to discuss one of the following themes:

    1. Что побудило СССР отвергнуть конфронтационный подход брежневской
        эпохи?
    2. До какой степени новое советское внешнеполитическое мышление
        отражает нынешнюю слабость СССР, и до какой его можно считать
        перманентным явлением?

I. Write a one-page composition on one of the above themes.

ГЛАВА ЧЕТВЁРТАЯ: ОНИ И МЫ

Урок два – Вектор неприязни
Пётр Гладков

PART I – PRE-READING TASKS

A. Read the title of the story and the professional credentials of its
   author. Then look at everything printed in bold on that page. Could the
   word *vector* have a mathematical meaning in this context or is it rather an
   index? What kind of resentment is Peter Gladkov writing about? After all,
   there is a lot to choose from. The crumbling of the last of the great
   empires has released an array of previously suppressed resentments.   Does
   the author discuss the surge of nationalism currently on the rise in many
   parts of the USSR? Or is he focusing on the bitterness of former Soviet
   clients toward the Soviet Union? Is it possible that he is analyzing the
   new pattern of US-Soviet relations? Discuss your thoughts in class and
   write them down.

B. Skim through paragraphs 2, 3 and 10. What do they say? Compare what
   you discovered with your previous suppositions.

C. Culturally specific words. Pay special attention to the list below.

   Russia's relations with its neighbors both in Eastern Europe and in
   Soviet territory are grossly complicated by what Boris Yeltsin described
   as "imperial baggage," namely animosity of former dependents to their "big
   brother" in Moscow. The article talks about the roots of this animosity
   in the East European case, but its insightful observations are relevant to
   the relations between the new Russia and other former Soviet republics as
   well.

   1) па́мятник Ле́нину – monuments to Lenin were built all over Europe by
                          Soviet-installed communist regimes.

   2) па́вшие сове́тские во́ины – Soviet soldiers killed in action while
                          fighting to wrest Eastern Europe away from the
                          Nazis.

   3) ста́линский образе́ц экономи́ческой систе́мы – администрати́вно-кома́ндная
                                                систе́ма.

4) Ве́нгрия 56 и Чехослова́кия 68 – Soviet interventions to supress the Hungarian 1956 uprising and the 1968 Prague Spring Revolution.

5) Хо́ннекер – long–time East German communist leader.

6) Чауше́ску – Communist dictator of Romania.

7) Вале́нса – the leader of the Polish Solidarity Movement.

8) доктри́на Бре́жнева – the 1968 Brezhnev statement proclaiming the Soviet right to interfere anywhere in Eastern Europe in the name of defending socialism.

9) по объекти́вным причи́нам – a Marxist term meaning: according to objective laws of political economy rather than subjective personal reasons.

10) великодержа́вное мышле́ние – Superpower mind–set which emphasizes maintaining and expanding the empire from the position of strength.

11) социали́зм с челове́ческим лицо́м – Socialism with a human face, proclaimed as an objective by Czech reformers in 1968.

D. Look through the following words and expressions from the text.

1) испы́тывать/испыта́ть чу́вство жгу́чей оби́ды (на кого́-то) – to feel bitter resentment (against someone)
2) выплёскиваться/выплесну́ться на страни́цы печа́ти и экра́ны телеви́зоров – to splash across the pages of the press and across TV screens
3) слы́шится затаённый уко́р – one can sense a deep-seated reproach
4) опра́вдывать/оправда́ть вражде́бные а́кции и же́сты в а́дрес ... – to justify hostile actions against...
5) дава́йте разберёмся – let's get to the bottom of this
6) остана́вливаться/останови́ться на о́бщих моме́нтах – to analyze general circumstances
7) отве́тственность за навя́занную систе́му – responsibility for the system imposed on
8) сле́по копи́ровать ста́линский образе́ц – to copy the Stalinist model blindly
9) (не) соотве́тствовать тради́циям – (not) to correspond to tradition
10) при всей свобо́де вы́бора – with complete freedom of choice
11) междунаро́дное разделе́ние труда́ – international division of labor
12) при вне́шнем отсу́тствии при́знаков репре́ссий – without visible signs of repression

13) пресекáть/пресéчь в зарóдыше – to nip in the bud
14. отсекáть/отсéчь странý от своегó истори́ческого мéста –
                    to cut the country off from its historical place
15) отождествля́ться с социали́змом, вы́ращенным в Москвé –
                    to be identified with Moscow-grown socialism
16) в очереднóй раз стоя́ть пéред нелёгким вы́бором – once again to face
                                        a difficult choice
17) настáло врéмя от óбщих заявлéний переходи́ть к ... – the time has
                    come to shift from general statements to ...
18) у нас на глазáх – right before our eyes
19) всплывáть/всплы́ть на повéрхность – to come to the surface
20) ущемлённая национáльная гóрдость – wounded national pride
21) порá привы́кнуть к и́стине, усвóенной в зáпадных демокрáтиях –
        it is time to get used to the truth learned by Western democracies
22) не допусти́ть возврáта к ... – not to allow a return to ...

PART II – READING TASKS

A. Read the questions below. Then, read the text and answer the questions
   in written form.

Questions:

1) What is the main idea of this article?

    PARAGRAPH 1
2) "What did we do? What for?" This cry is often heard or read in the
    Soviet mass media today. Name three particular types of actions which
    cause this reaction among the Soviet population.

3) A hidden reproach to the anti-Soviet nature of the demonstrations can
    be read as ... (mark the correct answer):
    a) they owe us a good deal.
    b) we love them dearly.

    PARAGRAPH 2
4) Hostile gestures toward the Soviet Union are a result of what process?

5) According to the author, these actions ... (mark the correct answer):
    a) are justifiable.
    b) cannot be justified.

PARAGRAPH 3

6) P. Gladkov wants to find out ... (true or false for each item):
    a) who hates the Soviet Union.
    b) whom the Eastern Europeans hate.
    c) what is the reason for hatred.

PARAGRAPH 4, 5, 6, 7

7) Which of the following statements are correct?
    a) The Soviet Union bears responsibility for the economic system
       imposed on Eastern Europe.
    b) The Soviet Union is partially responsible for the unfair distribution
       of labor inside the countries of Eastern Europe.
    c) Any attempts at political change in Eastern Europe were nipped in the
       bud by the Kremlin.
    d) The Soviet authorities alternated methods of "repressive
       tolerance" with that of total control.
    e) The Soviet Union cut Eastern Europe off from its place in the
       European cultural community.

PARAGRAPH 8

8) According to the author, it is wrong for the Soviet people to use the
    pronoun "we" in talking about the Soviet state.   Explain why.

9) The system identified with Moscow-type socialism produced ...
    (true or false for each item):
    a) Stalin and Honneker.
    b) Gorbachev and Walesa.
    c) Brezhnev and Ceaucescu.

PARAGRAPH 9

10) According to the author, Eastern Europe owes its progress toward freedom
     to the Soviet Union.   Name two reasons why.

11) The time has come for the Soviet Union to ...
    (true or false for each item):
    a) face a difficult choice.
    b) move from concepts to a concrete regional policy.
    c) work out a coherent position on change in Eastern Europe.

PARAGRAPH 10

12) According to the author, "state and society" exist independently of one
    another.   Therefore, ... (true or false for each):
    a) Eastern European anti-Sovietism is directed against the system which
       oppressed these countries.
    b) today's resentment by Eastern Europeans is directed against every
       Soviet citizen.
    c) the peoples of Eastern Europe abhor the iron fist that smashed the
       human face of socialism.

B. Stylistic analysis.

    1. Make a list of transition markers and explain the function of each.

    2. Single out different parts of the article and name them.

    3. Find uses of stylistic redunduncy and explain the reasons for its use.

    4. Find uses of opposites in the text.

    5. Find uses of metaphors and explain them.

C. Write an outline of the story using a) quotations from the text and b) your own questions.

D. Did you like the article? What position does the author take? Do you agree with this position?

E. Did you learn anything new for yourself in this article? List the points which surprised you.

ВЕКТОР НЕПРИЯЗНИ

В МИРЕ

Петр ГЛАДКОВ,
кандидат исторических наук

Это нельзя оправдать, но понять следует обязательно. Едва ли многие среди нас обладают достаточным иммунитетом, чтобы не испытывать каждый раз чувство жгучей обиды при сообщении о сносе памятника Ленину, переименовании улиц, осквернении памяти павших советских воинов в странах, которые мы привыкли называть братскими. «За что?» — кричит все в нас, и этот крик часто выплескивается на страницы печати и экраны телевизоров с требованием извинений и санкций к виновникам. Во многих публикациях в нашей печати по поводу событий в Восточной Европе с острой обидой подчеркиваются и «антисоветская направленность выступлений оппозиции», и «антисоветские лозунги демонстрантов». Так и слышится затаенный укор: мы так много для них сделали, а они нас так не любят.

В условиях резкого роста подавлявшегося десятилетиями национального самосознания, возрождения национально-государственной самоидентификации, которая может выражаться в том числе и во внешней агрессивности, развитие событий в Восточной Европе способно привести и к значительному числу недружественных, если не сказать — враждебных, акций и жестов в адрес Советского Союза, которые, повторяю, нельзя оправдать.

Давайте, однако, разберемся: за что и кого именно все-таки они не любят? Разумеется, в Восточной Европе страны разные, и в каждой к СССР относятся по-своему. А потому попробуем остановиться на общих моментах.

Во-первых, давайте осознаем свою долю ответственности за навязанную в свое время этим странам экономическую систему, слепо копировавшую сталинский образец и не соответствовавшую ни традициям, ни условиям большинства восточноевропейских стран. При всей свободе выбора странам Восточной Европы будет теперь чрезвычайно трудно найти для себя нишу в международном (и в первую очередь европейском) разделении труда.

Во-вторых, за подавление любых попыток перестройки или усовершенствования политических структур. Оно велось как методами чистой репрессии (Венгрия в 1956 г., Чехословакия в 1968 г.), так и средствами «репрессивной толерантности», когда тотальный контроль над обществом при внешнем отсутствии признаков подавления пресекал в зародыше любые попытки инакомыслия.

В-третьих, попытки отсечения стран Восточной Европы от их исторически сложившегося места в европейской культурной общности. Не надо забывать, что Восточная Европа традиционно была неотъемлемой частью Европы в целом.

Даже этот максимально сокращенный список свидетельствует, что нельзя с восторгом относиться к тому, кто это отделение осуществил.

Но по привычке употребляя местоимение первого лица в применении ко всему государству, мы производим серьезную подмену. Они не любят не нас, а «их» — тех, кого мы сами не любим. Они не любят тех, кто отдавал приказы в 1956 и 1968 гг. и кто сегодня с «чувством глубокого удовлетворения» увидел бы танки на улицах и площадях восточноевропейских столиц. Они не любят ту систему, которая породила Сталина и Брежнева, Хонеккера и Чаушеску и которая в массовом сознании отождествляется с социализмом, выращенным в Москве. Хотя и Горбачев, и Валенса также возникли в лоне этой и никакой другой системы.

В данной ситуации, когда Европа в очередной раз стоит перед нелегким выбором, у каждой европейской страны, в том числе и у Советского Союза, должна быть четкая позиция по поводу происходящего на континенте. Да, советское руководство провозгласило свободу выбора, фактически отказавшись тем самым от «доктрины Брежнева». Да, без перемен в Советском Союзе не было бы и перемен в Восточной Европе. Однако настало время от общих концептуальных заявлений переходить к разработке конкретной политики в регионе.

Дело это нелегкое. И не только по объективным причинам. Даже твердые сторонники перемен в Восточной Европе у нас в стране вынуждены вести борьбу не только с оппонентами, но и не менее тяжелую — внутреннюю: с собственными пережитками великодержавного мышления, которые часто у нас на глазах всплывают на поверхность. Эмоции, чувство ущемленной национальной гордости очень часто мешают трезвой и реалистичной оценке событий.

Нам, как и нашим соседям в Восточной Европе, пора привыкнуть к истине, давно усвоенной в западных демократиях: государство и гражданское общество существуют независимо друг от друга. И сегодняшний «антисоветизм» восточноевропейцев направлен отнюдь не против «нас», против граждан, против общества, а против «них», против той системы, которая в единстве с их собственными аналогичными системами угнетала их на протяжении 40 лет, а нас — еще дольше. Надо не обижаться, а спокойно думать о том, что мы можем сделать все вместе, чтобы не допустить возврата к этой системе и чтобы железный кулак никогда больше не разбил человеческое лицо социализма.

11 февраля 1990 г.

PART III – POST-READING TASKS

Vocabulary exercises

A. Explain the meaning of the following words using synonyms, antonyms and/or equivalent phrases.

переименова́ние у́лиц; иммунитéт; **оскверне́ние** па́мяти; трéбование извине́ний; недру́жественный; репресси́вная толера́нтность; найти́ для себя́ ни́шу; неотъéмлемый; **в ло́не** э́той систéмы; доктри́на; твёрдые сторо́нники; усво́ить и́стину.

B. Paraphrase words and expressions in bold using appropriate words from the text.   Make the necessary changes.

1) В статья́х, появля́ющихся сегóдня **в больши́х коли́чествах в** совéтской **прéссе, мóжно услы́шать скры́тую оби́ду на** восточноевропéйцев.
2) Мнóгим ру́сским óчень **оби́дно** слы́шать о **недру́жественных дéйствиях по отноше́нию к** Совéтскому Сою́зу.
3) Дава́йте **попыта́емся поня́ть,** почему́ же к нам, ру́сским, плóхо отнóсятся в Востóчной Еврóпе.
4) Чтóбы поня́ть прирóду враждéбности, котóрую испы́тывают поля́ки к ру́сским, необходи́мо **проанализи́ровать гла́вные обстоя́тельства,** при котóрых скла́дывались отноше́ния мéжду двумя́ стра́нами.
5) Совéтский Сою́з **насади́л** восточноевропéйцам **чу́ждую для них** систéму.
6) Стра́нам Востóчной Еврóпы бу́дет **слóжно определи́ть своё мéсто** в совремéнном распределéнии труда́.
7) В нéкоторых стра́нах **безду́мно имити́руется** америка́нский óбраз жи́зни.
8) Вся́кие проявлéния инакомы́слия **сра́зу же прекраща́лись путём гру́бого вмеша́тельства.**
9) Ста́линское руковóдство стреми́лось **отре́зать** Востóчную Еврóпу от её сложи́вшегося на континéнте мéста.
10) Восточноевропéйцы не лю́бят ту систéму, котóрая **ассоции́руется с** социали́змом, **привезённым** из Москвы́.
11) **Пришлó врéмя приня́ть тру́дное реше́ние** относи́тельно истори́ческого пути́, по котóрому пойдёт Росси́я.
12) **На на́ших глаза́х стано́вятся очеви́дными** и на́ши сóбственные неприя́тные пережи́тки.
13) Ва́жно **не позвóлить** великодержа́вному шовини́зму ещё раз всплы́ть на повéрхность.

C. Find the following phrases in the text:

1) Мно́гие из нас **испы́тывают чу́вство** жгу́чей оби́ды, **при сообще́нии** о сно́се па́мятника Ле́нину.
   Many of us **feel** bitter resentment **at the news about** the destruction of the monument to Lenin.

Write five to ten sentences following the pattern below on the basis of the article:

Кто не испы́тывает чу́вство (чего)   **при сообще́нии**   (о чём)   !

_____   _____

_____   _____

(что)

_____

_____

Try to use the following expressions:

неприя́знь; жгу́чая оби́да; враждéбность; гнев, нéнависть; любо́вь; го́рдость; страх; зата́ённый уко́р; презрéние; нерво́зность; враждéбные а́кции; переименова́ние у́лиц, снос па́мятников; трéбование извинéний; подавлéние инакомы́слия; возрождéние национа́льного самосозна́ния; внéшняя агресси́вность; навя́зывание свое́й систéмы цéнностей; но́вое разделéние труда́; отсечéние ...от....

2) Этот крик ча́сто **выплёскивается на страни́цы печа́ти и экра́ны телеви́зоров.**
   This cry often **splashes across the pages of the press and TV screens.**

Write five to ten sentences following the model below on the basis of the story:

(что)   **выплёскивается на страни́цы печа́ти и экра́ны телеви́зоров.**

_____

_____

Try to use the following expressions:

пережи́тки великодержа́вного мышле́ния; ущемлённая национа́льная
го́рдость в связи́ с ...; антисовети́зм; репресси́вная толера́нтность;
серьёзная подме́на...; чу́вство глубо́кого удовлетворе́ния
по по́воду ...; подде́ржка доктри́ны «....»; о́бщие заявле́ния о ...;
на́ша отве́тственность за ...; слепо́е копи́рование...; вражде́бные
же́сты в а́дрес ...

3) «Антисовети́зм» восточноевропе́йцев **напра́влен отню́дь не про́тив** нас,
а про́тив «них»...
The "Anti-Sovietism" of Eastern Europeans **is aimed in no way at** "us."
Rather, it is **directed against** "them"....

Write five to ten sentences according to the pattern below on the basis of
the article.

(что)   **напра́влено отню́дь не про́тив** (кого), **а про́тив**   (кого)
_____напра́влен   _____   _____
_____напра́влена   _____   _____
         напра́влены

Try to use the following expressions:

желе́зный кула́к; великодержа́вный шовини́зм; ста́рая и́стина о ...;
чу́вство оби́ды; оскверне́ние ...; ло́зунги демонстра́нтов;
агресси́вность; подавле́ние попы́ток ...; тота́льный контро́ль.

4) **Дава́йте разберёмся, кого́** и́менно они не лю́бят.
Let us get to the bottom of precisely **whom** they dislike.

Write five to ten sentences following the pattern below on the basis
of the article:

Дава́йте разберёмся, (кто)   _____
                    (почему́) _____
                    (за что) _____ + a clause
                    (кого́)   _____
                    и т.д.

Try to use the following expressions:

отождествля́ться с ...; пресека́ть в заро́дыше; стоя́ть пе́ред нелёгким
вы́бором; слы́шать зата́ённый уко́р; всплыва́ть на пове́рхность; вести́

внýтреннюю борьбý; привы́кнуть к и́стине; перейти́ к ...; опрáвдывать враждéбные áкции в áдрес ...; отдавáть прикáзы.

D. Make a list of words from the text which can be used to talk on the history of Soviet relations with Eastern Europe.

Communicative exercises – for discourse management

A. Identify the source of the statement using the words below:

> **«...?» – выплёскивается на страни́цы печáти**
> **как утверждáет áвтор,**
> **в соотвéтствии с ...,**

Model:

Нельзя́ добивáться безопáсности за чýжой счёт.

Как утверждáет áвтор, нельзя́ добивáться безопáсности своéй страны́ за счёт другóй.

1) «За что? Мы так мнóго для них сдéлали, а они́ нас так не лю́бят.»
2) Восточноевропéйцы не лю́бят не рýсских, а ту систéму, котóрая породи́ла Стáлина и дрýгих диктáторов, подавля́вших их стрáны десятилéтиями.

B. Express your agreement/disagreement with the following statements by arguing your point of view. Use the following:

> **я соглáсен (соглáсна) с тем, что ..., ведь ...**
> **я не могý согласи́ться с тем, что ..., поскóльку ...**

Model:

Человéк есть мéра всех вещéй.

Я соглáсна с тем, что благосостоя́ние госудáрства мóжно измеря́ть тóлько тем, счáстливы ли лю́ди, живýщие в нём. **Ведь** тóлько странá, обеспéчившая и защити́вшая услóвия жи́зни кáждого граждани́на, мóжет чýвствовать себя́ в безопáсности.

1) Госудáрство и граждáнское óбщество существýют незави́симо друг от дрýга.

2) Мо́жно поня́ть тех восточноевропе́йцев, кото́рые оскверня́ют па́мять па́вших сове́тских во́инов.

3) В Восто́чной Евро́пе стра́ны ра́зные, и в ка́ждой отно́сятся к СССР по-сво́ему.

4) Ещё есть лю́ди, кото́рые «с чу́вством глубо́кого удовлетворе́ния» уви́дели бы та́нки на у́лицах восто́чно-европе́йских столи́ц.

5) Без переме́н в Сове́тском Сою́зе не́ было бы и переме́н в Восто́чной Евро́пе.

C. Express your opinion concerning the following statements using as many of the words below as possible:

по-мо́ему, ...
мне ду́мается, ...
ведь

Model:

Успе́х в поли́тике и в эконо́мике не существу́ет в отры́ве друг от дру́га.

По-мо́ему, невозмо́жно отделя́ть успе́х в поли́тике от успе́ха в эконо́мике. **Ведь** страна́ со сла́бой эконо́микой уязви́ма на мирово́й аре́не.

1) Стра́ны Восто́чной Евро́пы бы́ли отсечены́ от их истори́чески сложи́вшегося ме́ста в европе́йской культу́рной о́бщности.

2) Нелегко́ да́же сторо́нникам Горбачёва преодоле́ть в себе́ пережи́тки великодержа́вного мышле́ния.

3) Сове́тским лю́дям ва́жно осозна́ть свою́ до́лю отве́тственности за навя́занную э́тим стра́нам полити́ческую систе́му.

4) И Горбачёв, и Вале́са возни́кли в ло́не э́той, а никако́й ино́й систе́мы.

5) Чу́вство ущемлённой го́рдости меша́ет тре́звой и реалисти́ческой оце́нке собы́тий.

D. Continue and develop the following statements using as many of the words below as possible:

мне хоте́лось бы доба́вить сле́дующее
не то́лько ... , но и ...

Model:

Десятиле́тия конфронта́ции изма́тывали её уча́стников экономи́чески.

Мне хоте́лось бы доба́вить сле́дующее.   Десятиле́тия конфронта́ции изма́тывали её уча́стников **не то́лько** экономи́чески.   Бесполе́зная го́нка вооруже́ний ока́зывала негати́вное влия́ние **и** на мора́льный дух наро́да.

1) Мно́гие сове́тские лю́ди испы́тывают жгу́чую оби́ду при сообще́нии о сно́се па́мятника Ле́нину.
2) Ре́зкий рост национа́льного самосозна́ния восточноевропе́йцев выража́ется в их вне́шней агресси́вности в а́дрес Сове́тского Сою́за.
3) Стра́нам Восто́чной Евро́пы бу́дет тру́дно найти́ для себя́ ни́шу в междунаро́дном разделе́нии труда́.
4) Любы́е попы́тки перестро́йки полити́ческих структу́р подавля́лись ме́тодами чи́стой репре́ссии.
5) В да́нной ситуа́ции Евро́па стои́т пе́ред нелёгким вы́бором.

E. Make an attempt to avoid the discussion of the problem and shift to another subject by using some of the following words:

это, коне́чно, так, но есть и други́е причи́ны, по кото́рым ...
нельзя́ забыва́ть и о ...

Model:

Исключе́ние угро́зы войны́ должно́ создава́ть ощуще́ние безопа́сности.

Это, коне́чно, так, но нельзя́ забыва́ть и о том, что исключе́ние угро́зы войны́ даёт возмо́жность заня́ться други́ми дела́ми, ва́жными для о́бщества, как наприме́р, охра́ной окружа́ющей среды́.

1) Ва́жно не допусти́ть возвра́та к той систе́ме, при кото́рой желе́зный кула́к мог разби́ть челове́ческое лицо́ социали́зма.
2) Ста́линский Сове́тской Сою́з навяза́л Восто́чной Евро́пе экономи́ческую систе́му, не соотве́тствующую тради́циям э́тих стран.
3) Тота́льный контро́ль пресека́л в заро́дыше любы́е попы́тки инакомы́слия.
4) Провозгласи́в свобо́ду вы́бора, сове́тское руково́дство тем са́мым отказа́лось от «доктри́ны Бре́жнева».

F. Suggest to a friend or a colleague to read or not to read this article by using the following words:

Обяза́тельно прочита́йте э́ту статью́! Её а́втору удало́сь ...
Не сто́ит тра́тить вре́мени на э́ту статью́. Её а́втор не смог ...

Communicative exercises - for supported opinion

A. Answer the following questions:

1. Почему́ мно́гие в СССР чу́вствуют жгу́чую оби́ду в связи́ с собы́тиями в Восто́чной Евро́пе?
2. Почему́ у Восто́чной Евро́пы кра́йне враждéбное отношéние к Совéтскому Сою́зу?
3. В чём выража́лся сове́тский контро́ль над стра́нами Восто́чной Евро́пы?
4. Какова́ связь мéжду перестро́йкой и перемéнами в Восто́чной Евро́пе?
5. Распространя́ется ли враждéбность восточноеропéйцев на всё сове́тское и ру́сское?

B. Edit the following summary of the story:

Мно́гие сове́тские гра́ждане испы́тывают чу́вство разочарова́ния, когда́ они́ ста́лкиваются с сообщéниями о сно́се па́мятника Лéнину или осквернéнии па́мяти па́вших сове́тских во́инов. Но при э́том они́ понима́ют и опра́вдывают э́ти враждéбные а́кции.

Что́бы разобра́ться в ......, ну́жно проанализи́ровать о́бщие момéнты взаимоотношéний СССР и стран Восто́чной Евро́пы за послéдние нéсколько десятилéтий. Во-пéрвых, Сове́тской Сою́з до́лжен нести́ отвéтственность за полити́ческую и экономи́ческую систéму, навя́занную восточноевропéйцам, потому́ что .... Во-вторы́х, вину́ за подавлéние любо́го инакомы́слия мо́жно возложи́ть то́лько на прави́тельства э́тих стран, поско́льку они́ не сопротивля́лись сове́тскому нажи́му. И в-трéтьих, отсечéние Восто́чной Евро́пы от её истори́чески сложи́вшегося мéста в европéйской культу́ре то́же дéло рук сове́тской внéшней поли́тики пери́ода ....

Совсéм друго́й вопро́с - э́то, кого́ восточноевропéйцы не лю́бят. Автор стате́й счита́ет, что ва́жно разделя́ть госуда́рство и ..... И поэ́тому сего́дняшний «антисовети́зм» напра́влен не про́тив угнета́вшей их систéмы, а про́тив сове́тских гра́ждан.

В связи́ с происходя́щими сейча́с в Восто́чной Евро́пе собы́тиями сове́тское руково́дство должно́ перейти́ от о́бщих заявлéний к ..... Это дéло нелёгкое, так как .... меша́ет трéзвой оцéнке ситуа́ции.

C. Make up your own summary.

D. What title would you use for the story?

E. Make a short list of issues which appear most important to you.

F. Restate the main points of the article in the way in which you would have approached this subject matter. Make use of words suggested above to a) quote sources; b) express agreement/disagreement with the author; c) state your opinion and support it.

G. Conduct a hearing at the Foreign Affairs Committee of the all-Union Congress of Peoples' Deputies. There are three opposing points of view on the events in Eastern Europe. According to one of them, the loss of Eastern Europe may have catastrophic consequences for the Soviet Union.
    Another point of view is as follows. Changes in Eastern Europe were determined by the Eastern Europeans themselves. The only way to stop them would be to use brute force. That would be contrary to the new Soviet foreign thinking and would jeopardize relations with the West.
    According to the third position, the process of change in Eastern Europe was perhaps inevitable but the Soviet government was caught off-guard and did not get proper compensations for its flexibility. Gorbachev expected that his encouragement of Eastern European style perestroika would bring to power Eastern European communists. Instead anti-communists came to power in many countries.

    Distribute the roles beforehand, think through each one's line of argument, and present it in a logical manner supporting your position.

H. Be prepared to discuss one of the following themes:

    1. Ду́маете ли вы, что, освободи́вшись от коммуни́зма, стра́ны Восто́чной Евро́пы суме́ют приобрести́ демокра́тию и стаби́льность?
    2. Приведёт ли освобожде́ние Восто́чной Евро́пы к гармо́нии на европе́йском контине́нте и́ли, напро́тив, поя́вятся каки́е-то но́вые исто́чники противоре́чий и конфли́ктов?

I. Write a one-page composition on one of the above themes.

ГЛАВА ЧЕТВЁРТАЯ: ОНИ И МЫ

Урок три – Доктрина разумной оборонной достаточности

> Интервью военного обозревателя газеты «Труд» полковника
> В. Морозова с начальником управления Генерального штаба
> Вооружённых сил СССР генерал-полковником Н. Ф. Червовым.

PART I – PRE-READING TASKS

A. Read the title of the interview and look at the professional credentials
of its participants. What kind of sufficiency, do you think, is being
discussed? What do you know about the doctrines used during the Cold
War? How are they different from the doctrines in the post-Cold War
period? In what way are the political and military aspects of a
doctrine connected? Discuss your thoughts with other students and write
them down.

B. Skim through question 1 and paragraphs 2, 3, 5 and 9 following
question 2. Compare what you find in them with your predictions.

C. Specific terms. Pay special attention to the list below.

Military reform and the development of a new strategic doctrine are
among the most important and the most controversial subjects of the
Soviet political debate. Some of the dilemmas associated with shifting
to a more defense oriented military posture are discussed in this
article by a top Soviet general who, like many of his colleagues, is
clearly uneasy about his country's declining superpower status.

1) «Труд» – an official publication of the Soviet trade-unions.

2) генерал-полковник – colonel-general, a three-star general in the
Soviet army.

3) ОВД – Организация варшавского договора – the Warsaw Pact Treaty,
dissolved in April 1991.

4) ВМС – Военно-морские силы – the navy.

D. Look through the following words and expressions from the text.

1) вое́нный обозрева́тель – defense columnist
2) нача́льник управле́ния Генера́льного шта́ба Вооружённых Сил –
     Chief of Directorate, the General Staff of the Armed Forces
3) наступа́тельный хара́ктер – offensive character
4) оборони́тельный хара́ктер – defensive character
5) соблюда́ть (*usually imperf.*) при́нцип разу́мной доста́точности –
     to observe the principle of reasonable sufficiency
6) подверга́ться/подве́ргнуться агре́ссии – to be subjected to
     an aggression
7) не име́ть территориа́льных притяза́ний к кому́-либо – to have no
     territorial claims to
8) вое́нно-техни́ческая сторона́ подчинена́ полити́ческой –
     military-technical aspect is subordinated to the political aspect
9) вое́нное строи́тельство – military organization, structure
10) подгото́вка вооружённых сил – preparation, training of armed forces
11) отража́ть/отрази́ть агре́ссию – to repel an aggression
12) оснаще́ние вооружённых сил – equipping of the armed forces
13) предполага́ть (*imperf. only*) испо́льзование я́дерного ору́жия –
     to imply the use of nuclear weapons
14) не применя́ть пе́рвыми я́дерное ору́жие – not to use nuclear weapons
     first
15) ослабля́ть/осла́бить мощь сде́рживания – to weaken the strength of
     deterrence
16) война́ с примене́нием обы́чных средств – conventional warfare
17) равноце́нный по эффекти́вности примене́ния – equally effective
18) боево́й соста́в – combat composition
19) уда́рная систе́ма – strike system
20) дислока́ция вооружённых сил – deployment of armed forces
21) ли́чный соста́в – personnel
22) артиллери́йская систе́ма – artillery system
23) боево́й самолёт (*pl.* самолёты) – combat aircraft
24) та́нковая диви́зия – tank division
25) авиапо́лк – air regiment
26) вертолётный отря́д – helicopter detachment
27) соедине́ния и ча́сти – units and formations
28) я́дерные такти́ческие боезаря́ды – nuclear tactical warheads
29) подво́дная ло́дка – a submarine
30) прекраща́ть/прекрати́ть произво́дство хими́ческого ору́жия – to stop the
     production of chemical weapons
31) уничтоже́ние запа́сов ору́жия – elimination of weapons' arsenals
32) высокообогащённый ура́н для вое́нных це́лей – highly enriched uranium
     for military use
33) реа́ктор по нарабо́тке оруже́йного плуто́ния – reactor for the production
     of weapon-grade plutonium
34) введе́ние (ввод) но́вых мощносте́й на заме́ну ста́рым (*or:* ста́рых) –
     opening of new facilities to replace the old ones

35) удéльный вес расхóдов на оборóну – share of (proportion of) expenses
for defense

36) в односторóннем порядке – unilaterally

PART II – READING TASKS

A. Read the questions below. Then, read the text and answer the questions in written form.

Questions:

1) What is the interview about?

QUESTION/ANSWER 1

2) According to the defense columnist Colonel V. Morozov, there are two interpretations of Soviet military doctrine in the West. What are they?

3) What is Colonel V. Morozov's attitude toward the latter interpretation of Soviet military doctrine?

4) According to Colonel-General N.F. Chervov, which one of the two is accurate?

5) The political aspect of the military doctrine contains certain obligations on the part of the Soviet Union. Name some.

6) What is the correlation between the political and the military-technical aspects of the doctrine?

7) The defensive character of the Soviet doctrine manifests itself in ...
(true or false for each item):
a) solely political obligations of the Soviet Union.
b) military planning.
c) general direction of military organization.
d) military training.

QUESTION/ANSWER 2

8) According to N. Chervov, there are four groups of issues which affect the formulation of the military-technical aspect of Soviet doctrine.
Name each of the groups.

9) How can the second set of issues be eliminated?

10) Compare defense sufficiency, as presented by N. Chervov, in both strategic offensive weapons and conventional armed forces.

11) What do the Soviet proposals at the negotiations in Vienna stipulate?

12) What is the new Soviet approach in repelling possible aggression?

QUESTION/ANSWER 3

13) Colonel–General N.F. Chervov gives several examples to illustrate the realization of a new doctrine in Soviet military organization. Group them into four categories.

14) Compare Soviet armed forces reductions with that of NATO.

B. Stylistic analysis.

   1. Make a list of transition markers and explain the function of each.

   2. Single out different parts of the article and name them.

   3. Find uses of stylistic redundancy and explain the reason for its use.

   4. Find uses of opposites in the text.

   5. Find uses of metaphors and explain them.

C. Write an outline of the story in Russian using a) quotations from the text and b) your own questions.

D. Did you like the article? What position does the author take? Do you agree with this position?

E. Did you learn anything new for yourself in this article? Name the points which surprised you.

ДОКТРИНА РАЗУМНОЙ ОБОРОННОЙ ДОСТАТОЧНОСТИ

По просьбе редакции военный обозреватель «Труда» полковник В. Морозов встретился с начальником управления Генерального штаба Вооруженных Сил СССР генерал-полковником Н. Ф. ЧЕРВОВЫМ и попросил его ответить на вопросы, связанные с особенностями современной военной доктрины СССР.

— На Западе все еще нередко искажают существо советской военной доктрины, приписывая ей исключительно наступательный характер. Другие заявляют о том, что они видят позитивные изменения в нашей доктрине в сторону придания ей оборонительного характера. Но все это якобы имеет отношение только к политической стороне доктрины. А вот, дескать, в военно-технической области принцип разумной достаточности еще не полностью соблюдается...

— Ни одна из этих оценок не отражает реальной сущности советской военной доктрины.

Что вкладываем мы в содержание политической стороны советской военной доктрины? Это — обязательство СССР никогда, ни при каких обстоятельствах не начинать действий против любого государства, если мы сами не подвергнемся агрессии. Мы никогда не применим первыми ядерного оружия. СССР не имеет ни к кому территориальных притязаний и не относится ни к одному государству, ни к одному народу как к своему врагу.

И политическая, и военно-техническая стороны современной доктрины строго согласованы, причем военно-техническая сторона подчинена политической. Обе они имеют единую оборонительную направленность. Это отражено в главной цели, которую мы ставим перед собой, — предотвратить войну.

Оборонительный характер советской доктрины проявляется не только в наших политических обязательствах, но и в общей направленности военного строительства, военного планирования, подготовки Вооруженных Сил, во всех наших практических делах.

— А если сказать о содержании военно-технической стороны нашей доктрины более конкретно, то что в первую очередь следует выделить?

— Военно-техническая сторона прежде всего включает вопросы оборонительного оснащения Вооруженных Сил СССР, их подготовки, определения форм и способов отражения возможной агрессии. Она имеет дело по крайней мере с четырьмя группами вопросов.

Первая связана с характером военной угрозы для СССР. Кто является нашим потенциальным противником? Обе стороны — СССР и США, ОВД и НАТО — отрицают, что угроза войны исходит от них. В то же время руководители США и НАТО, несмотря на произошедшие в мире серьезные позитивные сдвиги, не сняли с повестки дня вопрос о пресловутой «советской военной угрозе». Очевидно, мы не можем пока игнорировать это в нашей практической деятельности.

Во-вторых, военная доктрина США и НАТО, несмотря на публичные заявления об «оборонительном» ее характере, предполагает до сих пор использование ядерного оружия в войне. США не отказались от возможности применить ядерное оружие первыми. Это записано в американских боевых уставах.

Почему США, а также Франция и Англия не хотят взять обязательство не применять первыми ядерное оружие? Разве это ослабит их мощь сдерживания? Мы убеждены, что сейчас, в новых условиях, ядерные страны могли бы принять такое совместное обязательство. СССР за то, чтобы было принято также обязательство не начинать первыми и войны с применением только обычных средств.

В-третьих, важное значение имеет вопрос о том, какие вооруженные силы нужны для отражения агрессии. Здесь мы исходим из принципа разумной достаточности для обороны. Что это означает?

В отношении стратегических наступательных вооружений этот принцип означает равновесие в таких вооружениях между СССР и США. Их структура может быть различна, но потенциальные возможности на любом уровне сокращений должны быть равноценны по эффективности применения.

— Не могли бы вы привести конкретные примеры реализации современной советской военной доктрины в нашем оборонном строительстве?

— Примеров много. Назову лишь некоторые.

К 1 января 1991 года мы сократим свои Вооруженные Силы на 500 тыс. человек, 10 тыс. танков, 8,5 тыс. артиллерийских систем, 820 боевых самолетов. Сейчас уже проведено сокращение более чем на 235,5 тысячи человек. Кроме того, по постановлению Верховного Совета СССР уволено свыше 172 тысяч студентов. Исключены из боевого состава 7.120 танков, свыше 3.000 артиллерийских систем, 735 боевых самолетов, 40 кораблей.

Из состава советских войск, дислоцирующихся за границей, выведено более 50 тысяч человек, около 3,2 тыс. танков, большое количество других вооружений и техники. Из запланированных к выводу с территории союзников шести танковых дивизий выведено три. В 1990 году будут выведены остальные. Все выводимые танковые дивизии расформировываются. Одновременно из групп войск выведены авиационная дивизия, два авиаполка, два отдельных вертолетных отряда и одна вертолетная эскадрилья, а также 29 других соединений и частей.

К концу 1989 года осуществим вывод с территории союзных стран 500 ядерных тактических боезарядов (166 авиационных, 284 ракетных, 50 артиллерийских). До конца 1990 года выведем из Балтийского моря все подводные лодки с ядерными ракетами. Уничтожим и боезапас ядерных ракет, предназначенный для этих подводных лодок.

Для обычных вооруженных сил оборонная достаточность означает такой их боевой состав, при котором стороны способны отразить возможную агрессию, но вместе с тем не угрожают друг другу и не обладают способностью вести наступательные действия. Это означает: придание вооруженным силам ненаступательной структуры; ограничение состава ударных систем вооружений; изменение группировок вооруженных сил и их дислокации с учетом оборонительных задач; снижение масштабов военного производства.

На реализацию принципа разумной достаточности для обороны направлены наши предложения на переговорах в Вене о составе вооруженных сил двух союзов в Европе после их сокращения. Эти предложения предусматривают радикальное сокращение вооруженных сил каждой стороны — более чем на 1 млн. человек. После сокращения армий ОВД и НАТО имели бы одинаковое количество личного состава и вооружений, а их структура была бы преобразована в сугубо оборонительную.

Четвертая группа вопросов связана со способами военных действий, к каким должны готовиться Советские Вооруженные Силы для отражения агрессии. Мы никогда не собирались развязывать войну первыми. Но, опираясь на опыт второй мировой войны, мы до недавнего прошлого планировали отражение агрессии осуществлять как оборонительными, так и наступательными действиями. Сегодня же мы пересмотрели свою стратегию, произошло изменение в мышлении генералов и офицеров. В случае агрессии основными способами военных действий Советских Вооруженных Сил в случае войны будут оборонительные операции.

Мы прекратили производство химического оружия и начнем уничтожение его запасов. Прекратили производство высокообогащенного урана для военных целей. Закрываем в 1989—1990 годах два промышленных реактора по наработке оружейного плутония без ввода им на замену новых мощностей. Еще один такой реактор был закрыт два года назад. Наш военный бюджет будет уменьшен в предстоящие два года более чем на 14 процентов (на 10 млрд. рублей), в том числе в этом году — более чем на 8 процентов. А к 1995 году мы собираемся сократить удельный вес расходов на оборону в национальном доходе в 1,5—2 раза.

СССР смело выдвигает нестандартные, новаторские подходы к вопросам разоружения. Нездоровой и опасной психологии конфронтации мы противопоставляем логику разума, доброй воли и конструктивного диалога.

К сожалению, мы не видим осязаемых встречных практических шагов со стороны США и НАТО. Подчас получается даже наоборот: ОВД в одностороннем порядке сокращает и переводит свои вооруженные силы на ненаступательную структуру, а страны НАТО планируют «довооружение», не проявляют готовности вести переговоры о сокращении ВМС и тактического ядерного оружия.

Со всей определенностью хочется подчеркнуть, что нам надо совместно работать, чтобы снимать взаимные озабоченности. Нынешняя обстановка диктует необходимость для обеих сторон взвешенных отношений не только в политической, но и в военной сфере. В этой связи мы приветствуем предстоящий семинар в Вене, в ходе которого можно обстоятельно сопоставить военные доктрины и концепции, снять взаимные подозрительность и недоверие, искать пути к ускорению процесса разоружения.

PART III – POST-READING TASKS

Vocabulary exercises

A. Explain the meaning of the following words using synonyms, antonyms and/or equivalent phrases.

наступа́тельный хара́ктер; **искажа́ть существо́** доктри́ны; при́нцип **разу́мной доста́точности**; отража́ть реа́льную су́щность; равнове́сие; ни при каки́х обстоя́тельствах; име́ть еди́ную напра́вленность; потенциа́льный проти́вник; позити́вные сдви́ги; **пресловутая** сове́тская угро́за; **публи́чные** заявле́ния; боево́й уста́в; исходи́ть из при́нципа ...; **сниже́ние масшта́бов** вое́нного произво́дства; измене́ния в **мышле́нии; осяза́емые встре́чные шаги́**; «**довооруже́ние**».

B. Paraphrase words and expressions in bold using appropriate words from the text.   Make the necessary changes.

1) За свою́ дли́нную исто́рию Росси́я ча́сто **была́ объе́ктом нападе́ний** и с восто́ка, и с за́пада.
2) Партиза́нам удало́сь **успе́шно отби́ть** ата́ку значи́тельно превосходи́вшего его́ по си́лам проти́вника.
3) Стра́ны, подписа́вшие э́то соглаше́ние, обязу́ются **останови́ть** произво́дство и испо́льзование хими́ческого ору́жия.
4) Сего́дня Сове́тский Сою́з заявля́ет, что он **не стреми́тся к получе́нию не принадлежа́щих ему́ земе́ль**.
5) Кто на сего́дняшний день явля́ется веду́щим америка́нским **а́втором обзо́ров на вое́нные те́мы**?
6) **Соотноше́ние** расхо́дов на оборо́ну ста́нет краеуго́льным ка́мнем в предстоя́щей избира́тельной кампа́нии.
7) Под Москво́й в го́роде Ду́бна нахо́дится старе́йший сове́тский реа́ктор, кото́рый **произво́дит** плуто́ний **для вое́нных це́лей**.
8) В развива́ющихся стра́нах постоя́нно происхо́дят региона́льные конфли́кты **с испо́льзованием конвенциона́льного ору́жия**.
9) Сове́тский Сою́з перево́дит свои́ си́лы на ненаступа́тельную структу́ру без **уча́стия в э́том проце́ссе друго́й стороны́**.
10) Вое́нная доктри́на накла́дывает отпеча́ток на всю **вое́нную организа́цию** страны́.
11) В ира́ко-куве́йтском конфли́кте Ира́к **на́чал** войну́ пе́рвым.
12) В соотве́тствии с ка́нцлером ФРГ, Герма́ния не име́ет территориа́льных **прете́нзий** к По́льше.

C. Find the following phrases in the text:

1) Что в пе́рвую о́чередь сле́дует вы́делить?
    What is to be singled out first?

Write five to ten sentences following the pattern below on the basis of
the article:

В вопро́се   (чего́)   **в пе́рвую о́чередь сле́дует вы́делить** (что)
_____   _____
_____   _____

Try to use the following expressions:

вое́нное строи́тельство; обы́чные вооруже́ния; наступа́тельный хара́ктер;
уда́рные систе́мы; боево́й соста́в; подгото́вка вооружённых сил;
стратеги́ческие наступа́тельные вооруже́ния; оборо́нная доста́точность;
вое́нное плани́рование; отраже́ние возмо́жной агре́ссии; сокраще́ние
вооружённых сил; дислока́ция с учётом оборони́тельных зада́ч.

2) Они отрица́ют, что угро́за войны́ исхо́дит от них.
    They deny that the threat of war originates with them.

Write five to ten sentences following the pattern below on the basis of
the article:

Угро́за   (чего́)   **исхо́дит**   (от кого́, от чего́) - *country or*
_____   _____ *organization*
_____

Try to use the following expressions:

война́ с примене́нием хими́ческого ору́жия; я́дерное ору́жие;
односторо́ннее сокраще́ние; интенсифика́ция вое́нного строи́тельства;
сниже́ние масшта́бов вое́нного произво́дства; доктри́на сде́рживания;
наступа́тельный хара́ктер; пресловута́я «импе́рия зла»; территориа́льные
притяза́ния к ...; испо́льзование но́вой техноло́гии; оборони́тельная
напра́вленность доктри́ны; отраже́ние возмо́жной ата́ки.

3) Здесь мы исхо́дим из при́нципа разу́мной доста́точности.
    Here the point of departure for us is the principle of reasonable
    sufficiency.

Write five to ten sentences following the pattern below on the basis of the article:

(в чём)	мы исхо́дим	(из чего́)
_____		_____
_____		_____

Try to use the following expressions:

односторо́ннее сокраще́ние; двусторо́ннее сниже́ние расхо́дов на ...; оборони́тельное оснаще́ние; спосо́бность отрази́ть агре́ссию; конце́пция разу́мной доста́точности; определе́ние эффекти́вности примене́ния ...; примене́ние я́дерного ору́жия пе́рвыми; прекраще́ние произво́дства; уничтоже́ние запа́сов ору́жия; закры́тие промы́шленных реа́кторов; дислока́ция группиро́вок; соста́в уда́рных систе́м; коли́чество ли́чного соста́ва.

4) Руководи́тели США и НАТО ...не сня́ли с пове́стки дня вопро́с о пресловутой «сове́тской угро́зе».
The leaders of the US and NATO **did not** take **the issue of** the notorious "Soviet threat" **off their agenda.**

Write five to ten sentences following the pattern below on the basis of the text:

(кто)	(не) снял с пове́стки дня вопро́с	(о чём)
_____		_____
_____		_____

Try to use the following expressions:

ввод та́нковых диви́зий; расформирова́ние вертолётной эскадри́льи; уничтоже́ние я́дерных боезаря́дов; уничтоже́ние проти́вника с во́здуха; нанесе́ние уда́ра пе́рвым; дислока́ция группиро́вок войск; подчине́ние полити́ческой стороны́ вое́нно-техни́ческой; сокраще́ние уде́льного ве́са расхо́дов на оборо́ну; ввод но́вых мощносте́й на заме́ну ста́рым; нарабо́тка оруже́йного плуто́ния; произво́дство высокообогащённого ура́на; вы́вод подло́док.

D. Make a list of words from the text which can be used to talk about arms control.

Communicative exercises - for discourse management

A. Identify the source of the statement using the words below:

а́втор исхо́дит из того́, что ...
... отме́тил тот факт, что ....

Model:

Челове́к есть ме́ра всех веще́й.

А́втор исхо́дит из того́, что челове́ческое измере́ние при но́вом мышле́нии нахо́дится в це́нтре конце́пции безопа́сности.

1) Вое́нно-техни́ческая сторона́ сове́тской вое́нной доктри́ны име́ет де́ло по кра́йней ме́ре с четырьмя́ гру́ппами вопро́сов.
2) Сове́тский Сою́з прекрати́л произво́дство хими́ческого ору́жия и начина́ет уничтоже́ние его́ запа́сов.

B. Express your agreement/disagreement with the following statements by arguing your point of view. Use the following:

я не могу́ не согласи́ться с тем, что ... , потому́ что ...
я не могу́ согласи́ться с тем, что ... , ведь ...

Model:

Госуда́рство и гражда́нское о́бщество существу́ют незави́симо друг от дру́га.

Я не могу́ согласи́ться с тем, что мо́жно раздели́ть поня́тия госуда́рства и гражда́нского о́бщества, **потому́ что** госуда́рственное устро́йство да́нной страны́ ока́зывает возде́йствие на жизнь ка́ждого граждани́на в ча́стности и, соотве́тственно, на о́бщество, в кото́ром живу́т э́ти гра́ждане в о́бщем.

1) ОВД в односторо́ннем поря́дке сокраща́ет и перево́дит на ненаступа́тельную структу́ру свои́ вооружённые си́лы.
2) На За́паде всё ещё нере́дко искажа́ют существо́ сове́тской вое́нной доктри́ны.
3) Вое́нная доктри́на США и НАТО предполага́ет испо́льзование в войне́ я́дерного ору́жия.
4) В слу́чае агре́ссии основны́ми спо́собами вое́нных де́йствий должны́ быть исключи́тельно оборони́тельные опера́ции.

C. Express your opinion concerning the following statements using as many
of the words below as possible:

мне ка́жется, что ...
у меня́ сложи́лось тако́е впечатле́ние, что ...
ведь

Model:

Сове́тским лю́дям ну́жно осозна́ть свою́ до́лю отве́тственности за навя́занную
стра́нам Восто́чной Евро́пы полити́ческую систе́му.

У меня́ сложи́лось тако́е впечатле́ние, что большинство́ сове́тских люде́й не
осознаёт свое́й до́ли отве́тственности за навя́занную восточноевропе́йцам
систе́му, ника́к не соотве́тствующую ни тради́циям, ни усло́виям э́тих стран.
Ведь, е́сли бы они́ понима́ли, како́й вред их страна́ нанесла́ Восто́чной
Евро́пе, то мы бы не слы́шали: «Мы так мно́го для них сде́лали, а они́ нас так
не лю́бят!»

1) Стра́ны НА́ТО плани́руют «довооруже́ние», не проявля́я гото́вности вести́
переговоры о сокраще́нии ВМС.
2) Руководи́тели США и НА́ТО ещё не сня́ли с пове́стки дня вопро́с о
пресло́ву́той «сове́тской вое́нной угро́зе».
3) В америка́нских боевы́х уста́вах ещё напи́сано, что США гото́вы применя́ть
я́дерное ору́жие пе́рвыми.
4) При́нцип разу́мной доста́точности означа́ет равнове́сие в стратеги́ческих
наступа́тельных вооруже́ниях.

D. Continue and develop the following statements using the words below:

мне ка́жется ва́жным доба́вить сле́дующее
и при э́том в пе́рвую о́чередь ну́жно вы́делить тот факт, что ...

Model:

Стра́нам Восто́чной Евро́пы бу́дет тру́дно найти́ для себя́ ни́шу в
междунаро́дном разделе́нии труда́.

Мне ка́жется ва́жным доба́вить сле́дующее. Восто́чной Евро́пе бу́дет тру́дно
найти́ для себя́ ме́сто в междунаро́дном разделе́нии труда́, когда́ уже́ давно́
существу́ют хорошо́ нала́женные экономи́ческие свя́зи на европе́йском
контине́нте. **И в пе́рвую о́чередь ну́жно вы́делить тот фа́кт,** что по́сле
сорока́ пяти́ лет кома́ндно-администрати́вной систе́мы веде́ния хозя́йства
лю́ди потеря́ли заинтересо́ванность в том, что́бы хорошо́ труди́ться.

1) Сове́тский Сою́з не собира́ется развя́зывать войну́ пе́рвым.

2) Оборони́тельный хара́ктер сове́тской доктри́ны проявля́ется не то́лько в сове́тских полити́ческих обяза́тельствах.

3) Вое́нно-техни́ческая сторона́ доктри́ны подчинена́ полити́ческой.

4) Отка́з от примене́ния я́дерного ору́жия пе́рвыми ослабля́ет мощь сде́рживания.

E. Make an attempt to avoid the discussion of the problem and shift to another subject by using some of the following words:

э́то, коне́чно, так, но нельзя́ забыва́ть и о ...
а как насчёт ... ?

Model:

Тота́льный контро́ль пресека́л в заро́дыше любы́е попы́тки инакомы́слия.

Это, коне́чно, так, но нельзя́ забыва́ть и о том, что из-за постоя́нного стра́ха пресле́дований бы́ли дли́тельные пери́оды, когда́ никаки́х попы́ток инакомы́слия и не существова́ло.

1) Сего́дня в Сове́тском Сою́зе произошло́ измене́ние в мышле́нии генера́лов и офице́ров.

2) СССР за то, что́бы не начина́ть пе́рвым войну́ с примене́нием то́лько обы́чных сре́дств.

3) Опира́ясь на о́пыт второ́й мирово́й войны, сове́тская вое́нная доктри́на предполага́ла испо́льзование как оборони́тельных, так и наступа́тельных де́йствий.

4) Для обы́чных вооружённых сил оборо́нная доста́точность означа́ет тако́й их соста́в, при кото́ром сто́роны спосо́бны отрази́ть агре́ссию, не угрожа́я друг дру́гу свое́й наступа́тельной спосо́бностью.

F. Suggest to a friend or a colleague to read or not to read this article by using the following words:

Непреме́нно прочита́йте э́то интервью́! В нём затра́гиваются ...
Это интервью́ мо́жно с лёгкостью пропусти́ть, потому́ что

Communicative exercises – for supported opinion

A. Answer the following questions:

1. Опиши́те две стороны́ сове́тской вое́нной доктри́ны.

2. В чём проявля́ется оборони́тельный хара́ктер сове́тской вое́нной доктри́ны?
3. Почему́ вое́нная доктри́на НАТО до после́днего вре́мени допуска́ла возмо́жность примене́ния я́дерного ору́жия пе́рвым?
4. Как интерпрети́рует но́вая сове́тская доктри́на при́нцип оборо́нной доста́точности?
5. Расскажи́те об измене́ниях в сове́тских пла́нах веде́ния войны́.
6. Каки́е конкре́тные шаги́ предприня́л СССР по сокраще́нию вооруже́ний?

B. Edit the following summary of the story:

Отвеча́я на вопро́сы полити́ческого обозрева́теля газе́ты «Труд», нача́льник управле́ния Генера́льного шта́ба Вооружённых Сил СССР отме́тил, что на За́паде искажа́ют существо́ сове́тской вое́нной доктри́ны, припи́сывая ей .....
С друго́й стороны́, есть и таки́е, кто ви́дит позити́вные измене́ния в сове́тской доктри́не, но тем не ме́нее утвержда́ет, что .....

...... – э́то обяза́тельство СССР никогда́ и ни при каки́х обстоя́тельствах не начина́ть де́йствий про́тив любо́го госуда́рства, да́же е́сли он подве́ргнется агре́ссии. Полити́ческая и вое́нно-техни́ческая сторона́ совреме́нной доктри́ны стро́го согласо́ваны, причём полити́ческая подчинена́ вое́нно-техни́ческой.

Оборони́тельный хара́ктер сове́тской доктри́ны проявля́ется не то́лько в полити́ческой напра́вленности, но и в .....

Говоря́ о вое́нно-техни́ческой стороне́ сове́тской доктри́ны, Н. Ф. Черво́в отме́тил, во-пе́рвых, что она́ свя́зана с вопро́сом о том, от кого́ исхо́дит вое́нная угро́за. В настоя́щий моме́нт э́та угро́за исхо́дит от США и НАТО. Во-вторы́х, вое́нная доктри́на США и НАТО всё ещё предполага́ет .... Это да́же напи́сано в америка́нских боевы́х уста́вах. В-тре́тьих, ва́жную роль игра́ет и то, каки́е вооружённые си́лы нужны́ для отраже́ния агре́ссии. В э́том вопро́се СССР исхо́дит из при́нципа разу́мной доста́точности для оборо́ны, что означа́ет равнове́сие ме́жду США и СССР в ...... Для обы́чных вооружённых сил э́то зна́чит тако́й их боево́й соста́в, при кото́ром ..... И наконе́ц, в-четвёртых, э́то спо́собы вое́нных де́йствий для нача́ла агре́ссии. В результа́те того́, что ......, основны́ми спо́собами вое́нных де́йствий Сове́тских Вооружённых Сил в слу́чае войны́ тепе́рь явля́ются наступа́тельные опера́ции.

В конце́ интервью́ Н. Ф. Черво́в приво́дит приме́ры .....

C. Make up your own summary.

D. What title would you use for the story?

E. Make a short list of issues which appear most important to you.

F.   Restate the main points of the article in the way in which you would
have approached this subject matter. Make use of words sugested above
to a) quote sources; b) express agreement/disagreement with the
author; c) state your opinion and support it.

G.   Conduct a discussion at the National Security Council in Washington,
D.C., held by the participants representing three different schools of
thought.

   One school of thought suggests that changes in the Soviet Union have
not yet resulted in major reductions in armed forces and anyway these
changes can be revised. Accordingly, the US should stick to its
commitments to nuclear modernization and maintain its presence in
Europe.

   The second school of thought claims that the Persian Gulf crisis
demonstrates new military priorities for the US. The conflict is
changing from East–West to North–South, from nuclear to conventional and
from heavy arms to force projection capability.

   The third school of thought emphasizes the budget deficit and declining
infrastucture in the US, and it wants to cut drastically defense
spending in order to address pressing domestic priorities.

   Distribute the roles beforehand, think through each one's line of
argument, and present it in a logical manner supporting your position.

H.   Be prepared to discuss one of the following themes:

   1.   Как объяснить, что СССР постоянно говорил об оборонном характере
своей доктрины, но одновременно создавал силы наступательного
характера?
   2.   Думаете ли вы, что до прихода М. Горбачёва к власти существовала
реальная угроза советского нападения на страны Запада, или же
Москва просто пыталась использовать вооружённые силы в качестве
рычага давления и для распространения своего влияния в третьем мире?
   3.   Каковы последствия уменьшения или даже уничтожения советской
военной угрозы для американской военной стратегии?

I.   Write a one-page composition on one of the above themes.

ЭПИЛОГ

ЭПИЛОГ: ПОСЛЕ ПОПЫТКИ ПЕРЕВОРОТА

Урок – Победа! Что дальше?

Александр Бовин

PART I – PRE-READING TASKS

A. Look at the date of this issue. What does it tell you? Examine the newspaper's title. Do you find anything unusual about its layout? Read the title of the story. What victory does Alexander Bovin have in mind? What does he mean by posing the question, "What is next?" Discuss your thoughts with your fellow students and write them down.

B. Skim through paragraphs 1, 3, 8 and 10. What do you find in them? Compare what you discover with your thoughts before reading the paragraphs.

C. Culturally specific words. Pay special attention to the list below.

1) «так называемые демократы» – so-called democrats – the phrase used derogatively to indicate contempt toward those actors of perestroika who insisted on profound democratic reforms in the Soviet government and society.

2) ... мы столько читали «о мерах по дальнейшему ...» – we read so much "about measures for further ..." A cliche used as an opening phrase in all sorts of bureaucratic directives, rubber-stamped on a routine basis.

3) Крючков – Chairman of the KGB.
Язов – Minister of Defense.
Both were members of the State Emergency Committee.
Лукьянов – Speaker of the Supreme Soviet, USSR.
The mastermind behind the coup.

Кра́вченко – Chairman of the Radio and TV Committee, USSR. Central Television, a state-run organization, was tightly controlled by the central government. During the coup it covered events with a slant favorable to the State Emergency Committee.

4) «ГКЧП» – Госуда́рственный комите́т по чрезвыча́йному положе́нию – State Emergency Committee, set up by the perpetrators of the coup as a substitute for legal government.

5) Прези́диум Верхо́вного Сове́та СССР позо́рно самоликвиди́ровался – Presidium of the Supreme Soviet, USSR, embarrassingly liquidated itself.

6) «Сове́тская Росси́я», «День», «Молода́я гва́рдия» – these three publications were adamant opponents of liberal changes. They published materials which were highly critical of perestroika's democratic developments.

7) «ЦТ» – Центра́льное телеви́дение – Central Television. (see item 3)

8) Тепе́рь, что́бы за тремя́ дня́ми в а́вгусте не после́довали три́дцать три дня в декабре́, на́до доказа́ть, что мы ста́ли умне́е. – Now, so as not to have three days in August followed by thirty-three days in December, we must prove that we have grown wiser. – Three days in August refer to the events of August 19–21, 1991, when the abortive coup actually occurred. Thirty-three days in December refer to the events of December 1990 and January 1991, when forces on the right started to prevail. This period culminated during the massacres in Latvia and Lithuania.

D. Look through the following words and expressions from the text.

1) попы́тка переворо́та бессла́вно провали́лась – an attempted coup d'etat failed miserably
2) по́чва, кото́рая взрасти́ла за́говор – the soil which nourished the plot
3) по́льзоваться/воспо́льзоваться ша́нсом – to take advantage of an opportunity
4) извлека́ть/извле́чь уро́ки – to learn a lesson
5) слы́шать/услы́шать бо́друю болтовню́ – to hear upbeat babble
6) приостана́вливать/приостанови́ть стихи́йный дрейф – to slow a spontaneous downward slide
7) проходи́ть/пройти́ мучи́тельный путь самокри́тики – to go through painful self-criticism
8) мно́гое переосмы́слить – to rethink a lot of things

9) нет ху́да без добра́ – every cloud has a silver lining
10) встря́хивать/встряхну́ть всех – to give a jolt to everyone
11) нетерпи́мый к наруше́нию демокра́тии – intolerant of infringements on democracy
12) упроща́ть и недопонима́ть – to simplify and not to fully grasp
13) хва́тит обма́на и самообма́на – we've had enough lies and self-deception
14) говори́ть жёсткую пра́вду – to tell the unpleasant truth
15) стру́сить – to become frightened
16) сдать власть ху́нте – to hand power over to the junta
17) служи́ть всем и вся – to be a servant to everyone and everything
18) проглоти́ть всё – to swallow everything
19) вдохнови́тели и исполни́тели – inspirators and executors
20) цы́кать/цы́кнуть (на кого́-то) – to hush someone
21) просчита́ться – to miscalculate
22) хрупки́ ещё ростки́ демокра́тии – the shoots of democracy are very fragile
23) здесь есть о чём поду́мать – it gives food for thought
24) чёткая систе́ма разделе́ния власте́й – coherent system for the separation of power
25) сниже́ние уде́льного ве́са ВПК – reduction in the share of the military-industrial complex
26) усло́вные и относи́тельные гара́нтии – conditional and relative guarantees
27) ничего́ лу́чшего челове́чество не приду́мало – the human race has not come up with anything better
28) соверши́ть рыво́к вперёд – to leap forward
29) зава́ливать/завали́ть – to fail, to flunk, to bury

PART II – READING TASKS

A. Read the questions below. Then, read the text and answer the questions in written form.

Questions:

1) What is the main idea of the story?

PARAGRAPH 1
2) The coup failed because of the actions of certain groups and organizations. List them.

PARAGRAPH 2
3) Bovin believes that it is too early to be jubilant. Why does he feel this way?

PARAGRAPH 3

4) The author wonders whether ... (true or false for each item):
    a) they won the victory.
    b) the victory is a mere opportunity.
    c) the leadership will take advantage of the opportunities which have
       presented themselves.
    d) they taught a good lesson.

PARAGRAPH 4, 5

5) What made the President declare that he was "in command of the
    situation?" Name several factors.

6) How does Bovin define being "in control of the situation?"

PARAGRAPH 6

7) How did the days under the State Emergency Council affect everybody?

8) Bovin feels that the time has come to be intolerant of ...
    (true or false for each item):
    a) lies and self-deception.
    b) cowardly half-measures.
    c) any compromises.
    d) white lies.

PARAGRAPH 7

9) The author urges the readers not to forgive or forget specific
    political behavior before and during the abortive coup. Specify which
    kinds of behavior.

PARAGRAPH 8

10) In the final analysis, what made the coup possible?

11) What justified the plotters' conviction that they would succeed?

PARAGRAPH 9

12) According to Bovin, certain restructuring is necessary to create
    guarantees against another coup d'etat. List three.

PARAGRAPH 10

13) Bovin emphasizes that some of the anti-coup guarantees simply hinder
    anti-constitutional actions, while others block them completely. Specify
    which would block and which would hinder.

14) In what connection does the author quote Churchill?

PARAGRAPH 11

15) Why does Bovin feel that the democratic forces ought to prove wiser
    in addition to being more decisive?

B. Stylistic analysis.

    1. Make a list of transition markers and explain the function of each.

    2. Single out different parts of the article and name them.

    3. Find uses of stylistic redundancy and explain the reasons for its use.

    4. Find uses of opposites in the text.

    5. Find uses of metaphors and explain them.

C. Write an outline of the story in Russian using a) quotations from the text and b) your own questions.

D. Did you like the article? What position does the author take? Do you agree with this position?

E. Did you learn anything new for yourself in this article? Name the points which surprised you.

ИЗВЕСТИЯ

№ 201 (23467)   ●   Московский вечерний выпуск Пятница, 23 августа 1991 года

ПОЛИТИЧЕСКИЙ ДНЕВНИК

ПОБЕДА! ЧТО ДАЛЬШЕ?

ПОПЫТКА государственного переворота бесславно провалилась. Точнее, она была провалена. Провалена прежде всего москвичами и ленинградцами. Провалена Верховным Советом РСФСР. Провалена людьми, которых еще недавно именовали «так называемые демократы».

Победа — всегда праздник, радость, счастливые лица. Но, слыша вчера вечером орудийные залпы, которыми Россия салютовала победе, я подумал: не рано ли? Ведь, по существу, та социальная почва, которая взрастила заговор, те проблемы, беды наши и боли, которыми спекулировали заговорщики, те настроения, которые помогли им, и — главное! — те люди, которые помогали им, поддерживали их,— все это осталось, все это окружает нас.

Да, мы победили. Но победа дает лишь шанс, дает лишь возможность. Сумеем ли мы, сумеет ли руководство воспользоваться ими? Извлечь уроки? Исправить ошибки? Вопросы отнюдь не риторические. Мы слышали столько бодрой болтовни, столько читали «о мерах по дальнейшему...» Неужели все повторится?

Меня очень смутило заявление Президента о том, что он «владеет ситуацией». Ну, разумеется, владеет, поскольку Крючков и Язов арестованы, телефоны работают, и поредевшая президентская рать, включая Лукьянова и Кравченко, изъявляет все признаки верности и послушания.

А теперь серьезно. Овладеть ситуацией—значит приостановить, прекратить стихийный дрейф нашей страны, нашего общества. А он продолжается. Овладеть ситуацией — значит пройти мучительный путь самокритики, многое переоценить, переосмыслить и переделать. А путь этот едва-едва начат. Кстати, это относится не только к Президенту.

Нет худа без добра. Три дня, прошедшие под знаком «ГКЧП», встряхнули всех нас и, кажется, сделали более суровыми, более нетерпимыми к нарушениям демократии, более требовательными. Может быть, я что-то упрощаю, чего-то «недопонимаю», но мне хочется сказать: хватит трусливых полумер и беспринципных компромиссов, хватит обмана и самообмана. Попробуем говорить жесткую правду.

Ведь это же факт, что министры струсили, испугались, позорно сдали власть хунте. Ведь это же факт, что Президиум Верховного Совета СССР столь же позорно фактически самоликвидировался и не сделал ни малейшей попытки противостоять путчистам. Ведь это же факт, что такие издания, как «Советская Россия», «День», «Молодая гвардия», всем своим содержанием идейно, психологически готовили переворот. А проституированное «ЦТ», служившее всем и вся... Так что же, мы так и проглотим все это? Или снова будем ждать мудрых решений Президента и аплодировать им?

Ведь в конце концов переворот стал возможным именно потому, что его вдохновители и исполнители были уверены: стоит им цыкнуть, топнуть ногой — и от перестройки, от демократии, от гласности ничего не останется. Мне скажут: они просчитались. Да, но они имели право так думать, ибо слишком тонки и хрупки еще ростки демократии и гласности.

Говорят, нужны правовые, конституционные гарантии против переворотов. Наверное. Здесь есть о чем подумать. И о более четкой системе разделения властей. И о глубоких радикальных реформах таких монстров, как Министерство обороны и КГБ. (В частности, во главе этих ведомств должны стоять не маршалы, не профессиональные разведчики или контрразведчики, а гражданские лица, политические деятели). И о снижении удельного веса военно-промышленного комплекса в жизни общества.

Многое можно и нужно сделать. Но все гарантии, лежащие в плоскости совершенствования права, институтов, государственных структур, условны и относительны. Они затрудняют антиконституционные ходы, но не перекрывают их. Главная гарантия, решающий участок формирования правового государства—это новые люди, люди перестройки, и действительное, реальное расширение демократии на всех мыслимых направлениях. Тысячу раз цитировали Черчилля. Повторю в тысяча первый раз. Очень неудобная штука демократия, писал он, но ничего лучшего человечество не придумало. Крах хунты, победа народа дают уникальную возможность совершить рывок вперед в деле демократизации общественной, политической жизни. Не сделаем это — все завалим.

Победа над заговорщиками показала, что мы стали решительнее, мужественнее. Теперь, чтобы за тремя днями в августе не последовали тридцать три дня в декабре, надо доказать, что мы стали умнее.

Александр БОВИН.

PART III - POST-READING TASKS

Vocabulary exercises

A. Explain the meaning of the following words using synonyms, antonyms and/or equivalent phrases.

служи́ть всем и вся; воспо́льзоваться возмо́жностью; бо́драя болтовня́; вдохнови́тели и исполни́тели; нетерпи́мый к наруше́нию демокра́тии; цы́кать на кого́-то; упроща́ть; говори́ть го́рькую пра́вду; разделе́ние власте́й; стру́сить; хру́пкий росто́к демокра́тии; рыво́к вперёд.

B. Paraphrase words and expressions in bold using appropriate words from the text. Make the necessary changes.

1) Если демокра́ты не **нау́чатся чему́-то** в результа́те попы́тки переворо́та, то де́ло перестро́йки **поте́рпит по́лную неуда́чу.**
2) В си́лу свое́й **нето́чности** и подча́с да́же **символи́чности** правовы́е гара́нтии про́тив переворо́тов нере́дко ока́зываются неэффекти́вными.
3) Нечёткая систе́ма разделе́ния власте́й создала́ **атмосфе́ру,** кото́рая **сде́лала** путч **возмо́жным.**
4) Собы́тия после́дних трёх дней **даю́т пи́щу для размышле́ний** на мно́гие го́ды.
5) Что́бы **задержа́ть непреры́вное и неконтроли́руемое сполза́ние** страны́ в про́пасть, ну́жно **крити́чески отнести́сь к свои́м со́бственным де́йствиям.**
6) **Да́же в плохо́м есть позити́вное зерно́.**
7) На́до наде́яться, что собы́тия в а́вгусте **прида́дут но́вую эне́ргию** ма́ссам.
8) **Доста́точно лжи!** Послу́шайте го́рькую пра́вду!
9) Прези́диум Верхо́вного Сове́та **сде́лал оши́бку,** когда́ **переда́л свои́ полномо́чия** ху́нте.
10) Мно́гие на За́паде **не понима́ют до конца́** ва́жность **уменьше́ния зна́чимости** вое́нно-промы́шленного ко́мплекса в СССР.
11) В декабре́ 1990 го́да, когда́ Па́влов откры́то бро́сил вы́зов Горбачёву на се́ссии Верхо́вного Сове́та, ли́дер перестро́йки **смолча́л.**

C. Find the following phrases in the text:

1) Суме́ем ли мы извле́чь уро́ки? Испра́вить оши́бки? ...**Вопро́сы отню́дь не риори́ческие.**
   Will we be able to learn a lesson? To correct our mistakes? **These questions are far from rhetorical.**

Write five to ten sentences following the pattern below on the basis of the article:

(question) ....?   **Вопрос отнюдь не риторический.**

_____
_____

Try to use the following expressions:

мучительный путь самокритики; хрупки ростки демократии; рывок вперёд; относительные гарантии от переворота; лучшее, что придумало человечество.

2) ... Президиум Верховного Совета **не сделал ни малейшей попытки** противостоять путчистам.
    ... The Presidium of the Supreme Soviet **did not make the slightest effort** to resist the putschists.

Write five to ten sentences following the pattern below on the basis of the article:

(кто, что)   **не сделал ни малейшей попытки**   (сделать что)

_____   _____
_____   _____

Try to use the following expressions:

военно-промышленный комплекс; президент; министерство обороны; КГБ; Президиум Верховного Совета; извлечь уроки; приостановить; многое переосмыслить; создать гарантии; законодатели.

3) ... **стоит им цыкнуть, топнуть ногой - и от** перестройки, от демократии и гласности **ничего не останется.**
    ... **all they have to do is say hush or stamp their feet, and there will be nothing left of** perestroika, democracy and glasnost.

Write five to ten sentences following the pattern below on the basis of the text:

Стоит (кому) **цыкнуть, топнуть ногой - и от** (чего) **ничего не останется.**

_____   _____
_____   _____

D. Make a list of words from the text which can be used to describe the theme "coup d'etat."

Communicative exercises – for discourse management

A. Make an opening statement with respect to the following phrases using:

чтóбы разобрáться с э́тим вопрóсом, нýжно начáть с тогó, что ...

Model:

Дéмон национали́зма цари́т во всём ми́ре.

Чтóбы разобрáться с э́тим вопрóсом, нýжно начáть с тогó, что же представля́ет собóй национали́зм и каковы́ его кóрни. Это мóжет объясни́ть, почемý национали́зм сегóдня продолжáет оставáться такóй огрóмной дви́жущей си́лой.

1) Попы́тка переворóта провáлена «так называ́емыми демокрáтами».
2) Горбачёв заяви́л, что «владéл ситуáцией».
3) Три дня, прошéдшие под знáком «ГКЧП» встряхнýли всех.
4) Все конституциóнные гарáнтии прóтив переворóта услóвны и относи́тельны.

B. Identify the source of the following statements, using the words below:

как пи́шет .... ,
по оцéнке ... ,

Model:

Обмéн информáцией шёл не тóлько мéжду президéнтами, но и мéжду их ближáйшими помóщниками.

По оцéнке «осведомлённых истóчников», обмéн информáцией шёл не тóлько мéжду президéнтами, но и мéжду их ближáйшими помóщниками.
1) Хвáтит трусли́вых полумéр.
2) Прези́диум Верхóвного Совéта СССР не сдéлал ни малéйшей попы́тки противостоя́ть путчи́стам.

C. Express your agreement/disagreement with the following statements by arguing your point of view:

> я до́лжен (должна́) согласи́ться с тем, что ...
> мо́жет быть, я чего́-то недопонима́ю, но мне тру́дно согласи́ться с тем,
> что ...
> ведь ...

Model:

Борьба́ за демокра́тию отрица́ет национали́зм.

Я должна́ согласи́ться с тем, что демокра́тия и национали́зм несовмести́мы. **Ведь** национали́зм – э́то стремле́ние одного́ наро́да утверди́ть себя́ за счёт друго́го.

1) Попы́тка переворо́та не провали́лась, а была́ прова́лена.
2) По́чва, кото́рая взрасти́ла за́говор, ещё оста́лась.
3) Сове́тские лю́ди слы́шали сто́лько бо́дрой болтовни́, что они́ боя́тся, что их руково́дство не извлечёт уро́ка из попы́тки переворо́та.
4) В результа́те трёх дней в а́вгусте лю́ди ста́ли бо́лее нетерпи́мыми к наруше́ниям демокра́тии.
5) Путчи́сты име́ли пра́во ду́мать, что сто́ит им цы́кнуть, и от перестро́йки и гла́сности ничего́ не оста́нется.
6) Во главе́ Министе́рства оборо́ны и КГБ должны́ стоя́ть профессиона́лы.

D. Express your opinion concerning the following statements using the words below:

> мне ка́жется, что ...
> стро́го говоря́, ...

Model:

Стратеги́ческая це́ль – ры́ночная эконо́мика.

Мне ка́жется, что ры́ночная эконо́мика должна́ остава́ться стратеги́ческой це́лью. **Стро́го говоря́,** рассужде́ния о деталя́х и вре́мени реализа́ции э́того пла́на – э́то та́ктика. Цель же ясна́: нужна́ норма́льная ры́ночная эконо́мика, кото́рая позво́лит стране́ встать на́ ноги.

1) Ра́но салютова́ть побе́де.
2) Вопро́с, извлечёт ли руково́дство уро́к, отню́дь не ритори́ческий.
3) Что́бы «владе́ть ситуа́цией», недоста́точно арестова́ть загово́рщиков.
4) Президиум Верхо́вного Сове́та самоликвиди́ровался.
5) Нужны́ правовы́е и конституцио́нные гара́нтии про́тив переворо́та.
6) Вдохнови́тели и исполни́тели переворо́та просчита́лись

E. Continue and develop the following statements using as many of the words below as possible:

>   здесь есть о чём подумать
>   дело не только в ... , дело скорее в ...

Model:

Сторонники поспешных и необдуманных суверенитетов могут привести страну к гражданской войне.

Здесь есть о чём подумать. Ведь **дело не только в** решении пограничной проблемы и выяснении, какой народ в федерации остаётся. **Дело скорее в том, что** эти территории тесно связаны экономически. Разрыв связей в результате объявления суверенитета, может привести к катастрофическим последствиям.

1) Хватит самообмана. Давайте говорить суровую правду.
2) Попытка государственного переворота бесславно провалилась
3) Сегодня в СССР ещё слишком тонки и хрупки ростки демократии и гласности.
4) Очень неудобная штука демократия, но ничего лучшего человечество не придумало.

F. Make an attempt to avoid the discussion of the problem and shift to another subject by using some of the following:

>   тут всё более или менее ясно
>   иначе обстоит дело с вопросом ...

Model:

Каждый народ имеет право на собственный язык.

Тут всё более или менее ясно. **Иначе обстоит дело с** правом каждого народа принимать решения относительно своей политической судьбы.

1) Президент заявил, что он «владел ситуацией».
2) Нужно пройти мучительный путь самокритики, многое переосмыслить и переделать.
3) Некоторые издания своим содержанием готовили переворот.
4) Гарантии против переворота, лежащие в плоскости совершенствования права и государственных структур, не перекрывают его.

G. Suggest to a friend or a colleague to read or not to read this article using the following words:

непреме́нно прочита́йте э́ту статью́, потому́ что ...
не́зачем чита́ть э́ту статью́ ...

Communicative exercises - for supported opinion

A. Answer the following questions:

1. Попы́тка переворо́та провали́лась и́ли была́ прова́лена?
2. Почему́, по мне́нию Бо́вина, ра́но пра́здновать побе́ду?
3. Как объясни́ть, что Бо́вин называ́ет вопро́с о том, извлечёт ли руково́дство уро́к, не риторическим?
4. Как по-ра́зному мо́жно интерпрети́ровать фра́зу «владе́ть ситуа́цией»?
5. Объясни́те значе́ние «нет ху́да без добра́» в конте́ксте попы́тки переворо́та.
6. Каку́ю жёсткую пра́вду хо́чет говори́ть Бо́вин?
7. Почему́ вдохнови́тели и исполни́тели переворо́та реши́лись на него́?
8. Каки́е правовы́е и конституцио́нные гара́нтии мо́гут помо́чь про́тив переворо́та?
9. Почему́ таки́е гара́нтии недоста́точны?
10. Объясни́те значе́ние изве́стной фра́зы Че́рчилля о демокра́тии в конте́ксте э́той статьи́.

B. Edit the following summary of the article:

Попы́тка госуда́рственного переворо́та была́ прова́лена ..... , но пра́здновать э́ту побе́ду ра́но. Ведь загово́рщики не отража́ли настрое́ния, существу́ющие в стране́. Вопро́с вопро́сов: смо́жем ли мы, смо́жет ли руково́дство извле́чь уро́к из э́той ситуа́ции?

Президе́нт Горбачёв счита́л и счита́ет, что он «владе́л ситуа́цией». Но так ли э́то на са́мом де́ле? Дава́йте разберёмся, что зна́чит «владе́ть ситуа́цией». В пе́рвую о́чередь э́то зна́чит, аресто́ваны ли загово́рщики. Зате́м э́то зна́чит, ...

Но нет ху́да без добра́. Три дня под зна́ком «ГКЧП» сде́лали нас бо́лее нетерпи́мыми к наруше́ниям демокра́тии. Пришло́ вре́мя говори́ть жёсткую пра́вду. Ведь э́то же факт, что ..... , что ..... , что ..... Де́ло в том, что переворо́т оказа́лся успе́шным и́менно потому́, что сре́дства ма́ссовой информа́ции поддержа́ли путч.

Про́тив переворо́тов нужны́ правовы́е и конституцио́нные гара́нтии, кото́рые включа́ют в себя́ ...... Э́ти гара́нтии по́лностью исключа́т возмо́жность бу́дущих переворо́тов. ...... должно́ стать реа́льное расшире́ние демокра́тии на всех направле́ниях. Хотя́, по слова́м Че́рчилля, демокра́тия - шту́ка очень неудо́бная, ничего́ лу́чшего челове́чество не приду́мало.

C. Make up your own summary.

D. What title would you use for the story?

E. Make a short list of the issues which appear the most important to you.

F. Restate the main points of the article in the way in which you would have approached the subject matter. Make use of words suggested in the above exercises to a) quote sources; b) express agreement/disagreement with the author; c) state your opinion and support it.

G. Conduct a discussion on the aftermath of the coup which started on August 19, 1991, and failed three days later on August 21, 1991. The discussion includes three approaches to what happened during those days and to what the consequences of those events might be.
       First: The failed coup has deliverd a devastating blow to both the totalitarian system and the empire. Whatever else may happen in the USSR, there will be no return to the past.
       Second: The coup has failed for both objective and subjective reasons. The members of the junta who acquired the unique name of "black clowns," were incompetent and insufficiently ruthless to accomplish their objectives. But, if the situation in the Soviet Union continues to disintegrate into bloody chaos, there may be another reaction Putsch, and this time perhaps organized and implemented more brutally.
       Third: The old system and the old empire are gone, but a disorderly disintegration of a multi-nuclear superpower presents problems of its own. There is an old Russian tradition of authoritarianism. Objective pressures to have a strong executive authority are already obvious. Only the emergence of credible democratic checks and balances would ensure that today's heroes would not become tomorrow's villans.

       Distribute the roles beforehand, think through each line of argument, and present it in a logical way supporting your position.

H. Be prepared to discuss the following themes:

    1. Каковы́ предпосы́лки для успе́шного госуда́рственного переворо́та на осно́ве истори́ческого о́пыта?
    2. Явля́ются ли организа́торы переворо́та всегда́ злоде́ями, осо́бенно, е́сли они́ выступа́ют про́тив демокра́тии, и́ли их субъекти́вные наме́рения должны́ принима́ться во внима́ние?

3. Считаете ли вы, что Михаил Горбачёв, который очевидно не принимал участия в перевороте и был его жертвой, может объективно рассматриваться как полусоучастник, потому что он назначил членов хунты на их посты, терпел их присутствие несмотря на их анти-демократические действия и, по всей вероятности, создал у них впечатление, что он мог быть убеждён ими перейти на их сторону?

I. Write a one-page composition on one of the above themes.